MATRIMONIO E FAMIGLIA
in una società multireligiosa e multiculturale

Giornata Accademica e Solenne Atto Accademico
della Pontificia Università Gregoriana
10 marzo 2011

a cura di
JANUSZ KOWAL S.J.
MIRJAM KOVAČ

Cover: Serena Aureli

Layout: Lisanti Srl - Roma

© 2012 Pontifical Biblical Institute

Gregorian & Biblical Press
Piazza della Pilotta 35, 00187 - Roma
www.gbpress.net - books@biblicum.com

2015 prima ristampa

ISBN 978-88-7839-**235**-9

PRESENTAZIONE

Il presente volume raccoglie relazioni ed interventi della Giornata Accademica, organizzata dalla Facoltà di Diritto Canonico e celebrata dall'intera comunità della Pontificia Università Gregoriana giovedì 10 marzo 2011.

Il matrimonio e la famiglia fanno parte di quelle realtà naturali che rispondono ai bisogni più profondi della persona umana e accompagnano l'uomo sin dall'inizio della sua esistenza sulla terra, costituendo, come tali, oggetto d'interesse delle diverse scienze. Per questo motivo, dalla proposta di dedicare il Solenne Atto Accademico dell'Università al «*Matrimonio e famiglia in una società multireligiosa e multiculturale*», quasi spontaneamente è nata l'idea di considerare l'argomento proposto in modo più esteso e più approfondito. Si è strutturato e sviluppato, infine, il progetto della Giornata Accademica, in cui il Solenne Atto Accademico è stato inglobato come culmine e sintesi.

Il *Dies Academicus* della *Gregoriana* è stato celebrato con l'intenzione di offrire l'impulso per l'indagine e la riflessione sulle sfide che il matrimonio e la famiglia lanciano ai diversi campi di studio e di ricerca coltivati nella nostra Università. Per questa ragione la prima parte del *Dies Academicus* si è concretizzata in otto sessioni, proposte contemporaneamente da diverse Facoltà e Istituti.

Lo schema dei lavori è stato generalmente questo: un docente ha introdotto il tema (intervento di 30 minuti ca.), due dottorandi hanno offerto ulteriori spunti di riflessione con i propri contributi, alla fine aprendo la discussione ai partecipanti attorno al tema proposto. Le sessioni hanno coinvolto attivamente quasi tutti i docenti e moltissimi studenti dell'Università. I partecipanti, indipendentemente dall'appartenenza alle unità didattiche, potevano liberamente scegliere a quale sessione prendere parte.

Le sessioni della prima parte della Giornata Accademica

Nell'Aula Magna Mons. Antonio Nitrola, Professore di Teologia Dogmatica, ha presentato la famiglia come "sacramento" del *dia-Logos*. I Dottorandi Emanuela Zurli (dalla prospettiva biblica) e Robert Cheaib (affrontando matrimonio come sacramento dell'amore) hanno approfondito ulteriormente il tema, con nuovi spunti per la successiva discussione.

Nella sessione organizzata dalla Facoltà di Diritto Canonico, la Dott.ssa Linda Ghisoni, ex-studentessa della Facoltà e Giudice al Tribunale di Appello del Vicariato di Roma, ha parlato de «La prevenzione della nullità del matrimonio nella preparazione alle nozze». La viva discussione, che è seguita a questa relazione, è stata preceduta da alcuni spunti e domande presentate da don Tomasz Pocałujko e dalla condivisione sulla preparazione al matrimonio in Giappone da parte di don Tatsuya Maeda, ambedue studenti del III ciclo nella Facoltà. Nel corso del dibattito è apparsa palese la sfida più urgente che s'impone al diritto canonico: affrontare, non tanto la questione della celere dichiarazione di nullità dei matrimoni falliti, ma piuttosto il problema della preparazione ai matrimoni e, in un certo senso, della prevenzione delle rotture e delle nullità già nella fase che precede la celebrazione delle nozze.

Con simile approccio metodologico la Facoltà di Filosofia ha trattato una tematica del tutto diversa: la Prof.ssa Rosanna Finamore ha prospettato la cultura della vita come una sfida per il futuro e l'umanità. Il suo intervento è stato seguito dai commenti introduttivi di due dottorandi della Facoltà: Farida Chahreddine e Michele Sciotti.

Nella Facoltà di Storia e Beni Culturali della Chiesa le presentazioni e le successive discussioni sono scaturite dal duplice scopo di quest'unità: storico e artistico. La Prof.ssa Lydia Salviucci ha presentato il matrimonio e la famiglia nell'arte del Rinascimento e del Barocco. Successivamente il Decano, Padre Norman Tanner, s.j., ha esposto la visione del matrimonio e famiglia secondo i Concili Ecumenici. Ulteriori commenti e spunti per la discussione sono stati offerti da due dottorandi della medesima Facoltà: Livia Mandalà ha spiegato le caratteristiche dell'istituto matrimoniale in epoca pre-tridentina, don Stefano Brancatelli ha indagato sulle unioni di fatto e concubinato, cercando una possibile linea di continuità.

Una prospettiva di studio del tutto diversa, benché sempre collegata al tema centrale della Giornata Accademica, è stata offerta dalla Facoltà di Missiologia insieme con l'Istituto di Studi Interdisciplinari su Religioni e Culture (ISIRC). Tutti gli interventi, infatti, sono stati finalizzati ad offrire una conoscenza più dettagliata della visione dei fedeli delle altre religioni sul matrimonio e sulla famiglia. Grande interesse e viva discussione hanno suscitato le presentazioni: «Matrimonio e famiglia nell'Islam europeo» del Dr. Adnane Mokrani, professore dell'ISIRC, seguito dagli studenti dell'ISIRC Yashahiko Okamoto con la relazione «La famiglia secondo la religione giapponese Ten Ri Kyo» e Rezart Beka con una riflessione su «Il concetto della comunione matrimoniale secondo i testi fondamentali dell'Islam».

Nell'ambito delle ricerche e dell'insegnamento della Facoltà di Scienze Sociali, hanno offerto i loro contributi la Prof.ssa Isabella Pitoni, trattando di famiglia tra lavoro e dinamiche economiche, il Prof. Riccardo Cinquegrani, di famiglia tra crisi istituzionale e problemi relazionali. La discussione, moderata da Luz Erika Limachi Mejia, studentessa del III° ciclo della Facoltà, ha aiutato a collocare meglio lo stato delle famiglie contemporanee, messe in condizione sfavorevole a causa della disoccupazione, crisi economica, ma, soprattutto, a causa dei cambiamenti culturali e socio-politici, che in nessun modo appoggiano il matrimonio, né come inteso nella tradizione, né come il focolare famigliare, quale cellula di ogni società e mattone essenziale di ogni paese.

La tematica intrapresa nell'Istituto di Spiritualità, può essere considerata come una ricerca del rimedio alla difficile situazione delle famiglie moderne e ai matrimoni in crisi. La Prof.ssa Donna L. Orsuto ha centrato il suo intervento sulla spiritualità del matrimonio e della famiglia oggi, come un percorso dalla fede all'accoglienza. Due commenti, introduttivi alla discussione, hanno seguito la stessa linea: la Dott.ssa Emma Caroleo, studentessa del III° ciclo nell'Istituto, ha prospettato l'itinerario che conduce dalla fede in Cristo crocifisso, all'accoglienza dell'alterità nel matrimonio; P. Paul Rolphy Pinto, s.j., anche lui dottorando nell'Istituto, ha trattato dell'importanza dell'accoglienza del diverso nella famiglia allargata in India.

L'Istituto di Psicologia ha basato la sua riflessione sul tema condiviso, ma con un approccio, a prima vista, piuttosto trascendentale. Così almeno suggeriva il titolo dell'intervento di Padre Giovanni Cucci, s.j.: «Il matrimonio, l'ultimo simbolo di eternità dell'uomo moderno». I Tirocinanti dell'Istituto, Sr. Thelma D'Paula, Sr. Mary Penayo Monges e P. Agostinho Maholele, hanno descritto il matrimonio in tre diverse culture: indiana, paraguaiana e mozambicana.

Solenne Atto Accademico

Dopo la conclusione della prima parte il Rettore Magnifico, P. François-Xavier Dumortier, s.j., ha inaugurato nell'Aula Magna l'annuale Solenne Atto Accademico dell'Università e ha dato un caloroso benvenuto ai Relatori, alle autorità religiose e civili intervenute e a tutti i presenti. Il Moderatore della sessione, il Prof. Janusz Kowal, s.j., Decano della Facoltà di Diritto Canonico, ha presentato all'assemblea l'importanza del tema scelto, «*Matrimonio e famiglia in una società multireligiosa e multiculturale*».

I Relatori principali dell'Atto Accademico sono stati il Prof. Ivo Stefano Germano, sociologo della famiglia e dei processi culturali all'Università del Molise e alla Libera Università Internazionale degli Studi Sociali *Guido Carli* di Roma, e la Dott.ssa Maria Elena Campagnola, ricercatrice della Facoltà di Giurisprudenza dell'Università *La Sapienza* di Roma. Ai loro contributi è seguita una breve relazione sulla

Communicatio in sacris nelle famiglie interreligiose, presentata dal Prof. Janusz Kowal, s.j.

In seguito il Prof. Kowal ha aperto il dibattito. *In primis* ha invitato S.E.R. Mons. Francesco Coccopalmerio, attuale Presidente del Pontificio Consiglio dei Testi Legislativi, a prendere parola. Mons. Coccopalmerio è conosciuto dagli alunni ed ex-alunni della Facoltà di Diritto Canonico della Gregoriana come docente della normativa sulla parrocchia e sulla Curia diocesana, ma nelle sue ricerche ha affrontato e approfondito anche le questioni inerenti la *communicatio in sacris*.

Dopo la sua pronta e generosa condivisione, anche diversi altri partecipanti sono intervenuti, sia per condividere le proprie riflessioni al riguardo, sia per approfondire qualche particolare questione, in una vera e propria disputa con i Relatori di questa seconda parte del *Dies Academicus*.

Il notevole interesse per la tematica affrontata durante la Giornata Accademica è stato palese così nel coinvolgimento delle diverse unità didattiche, come nell'attiva e la rilevante partecipazione del corpo docente e studentesco. Dagli scambi e conversazioni immediatamente dopo la chiusura dei lavori, come peraltro nei giorni seguenti, si è potuta percepire una comune soddisfazione, sia per la nuova formula scelta per la Giornata Accademica e il Solenne Atto Accademico, sia per i contenuti presentati nelle varie relazioni, comunicazioni e introduzioni alla discussione.

Affinché gli impulsi e stimoli per lo studio e per la riflessione offerti durante tutto l'evento risultino durevoli e portino diversi frutti per tutta la comunità universitaria della Gregoriana, offrendo inoltre a tutti

l'opportunità di conoscere i contenuti delle diverse sessioni, la Facoltà di Diritto Canonico ha preparato il presente volume, con tutti gli interventi e commenti, sia delle singole sessioni, sia del Solenne Atto Accademico, celebrato nella seconda parte della Giornata Accademica del 10 marzo 2010.

JANUSZ KOWAL, S.J.

Facoltà di Teologia

ANTONIO NITROLA, *La famiglia "sacramento" del dia-Logos*
EMANUELA ZURLI, *L'impegnativo cammino verso l'"altro": una prospettiva biblica sul matrimonio*
ROBERT CHEAIB, *Le nozze: idolo, icona e sacramento*

LA FAMIGLIA "SACRAMENTO" DEL DIA-LOGOS

1. Società multiculturale e multireligiosa

Che il nostro sia un mondo multiculturale e multireligioso è certamente vero, ma a ben guardare non la dice tutta[1]. Infatti, che all'interno di una stessa comunità o paese o nazione si trovino a convivere, e quindi ad incontrarsi e in certo modo a scontrarsi, uomini appartenenti a diverse culture non è un fenomeno tipicamente contemporaneo, basti pensare alle città ellenistiche, p.es. alla biblica Corinto. Andando allora alla ricerca dello specifico del multiculturalismo contemporaneo si potrebbe innanzitutto riconoscere una sorta di evoluzione del principio democratico. Se la democrazia moderna si è fondata innanzitutto sull'identità comune, ossia sul vedere l'altro uomo come un simile, per cui vigeva l'indifferenza rispetto alle differenze, che perciò passavano in secondo piano, quella che potremmo chiamare la democrazia postmo-

---

[1] Sul multiculturalismo contemporaneo, tra i vari testi di diversa natura, cf. A. HONNETH, *Lotta per il riconoscimento*, Milano 2002; U. BECK, *La società cosmopolita. Prospettive dell'epoca postnazionale*, Bologna 2003; J. HABERMAS – C. TAYLOR (ed.), *Multiculturalismo. Lotte per il riconoscimento*, Milano 2007; W. KYMLICKA, *Multicultural Odysseys*, Oxford 2007; P. SAVIDAN, *Il multiculturalismo*, Bologna 2010; M. C. NUSSBAUM, *Coltivare l'umanità. I classici, il multiculturalismo, l'educazione contemporanea*, Roma 2010².

derna all'interno e sulla scia delle conquiste moderne ha bisogno di rivalutare le differenze dell'identità dell'altro, trovandosi chiamata in tal modo ad un compito innovativo e al tempo stesso molto difficile di fronte al quale non è sempre preparata, come purtroppo continuamente sperimentiamo[2].

---

[2] Cf. p.es. C. Taylor che vede il riconoscimento moderno costruirsi intorno a una polarità tra due cambiamenti: il primo è quello del passaggio dall'onore diverso a seconda della gerarchia sociale alla dignità uguale di tutti; il secondo è quello dell'emergenza dell'identità individuale o anche dell'autenticità. Da qui il riconoscimento sociale si trova a doversi rivolgere al tempo stesso all'uguaglianza e alla differenza con inevitabili complicazioni: «Ciò che si afferma con la politica della pari dignità è voluto come universalmente uguale, come un bagaglio universale di diritti e dignità; la politica della differenza ci chiede invece di riconoscere l'identità irripetibile, distinta da quella di chiunque altro, di questo individuo o questo gruppo. L'idea di base è che proprio questa differenza è stata ignorata, trascurata, assimilata a un'identità dominante o maggioritaria. E tale assimilazione è il peccato capitale contro l'ideale dell'autenticità». C. TAYLOR, «La politica del riconoscimento», in J. HABERMAS – C. TAYLOR (ed.), *Multiculturalismo* (cf. nt. 1), 24. Cf. anche quanto C. Vigna e S. Zamagni dicono a proposito della "regola del riconoscimento" come via d'uscita di diverse e inefficaci soluzioni del problema del multiculturalismo: «Da, un lato, si cerca la soluzione per sottrazione, e si bada al reperimento di alcune costanti dell'umano che dovrebbero da tutti essere riconosciute per via della loro universalità; da altro lato, si nega che un compito siffatto possa essere eseguito e si ricorre ad una soluzione per addizione. Il molteplice culturale dovrebbe essere semplicemente registrato come tale e tutte le differenze essere onorate [...] la multiculturalità, governata a partire dalla regola del riconoscimento, è il reciproco rispetto e il reciproco sostegno delle identità culturali, sul fondamento — per primo riconosciuto — di ciò che tutti accomuna in quanto semplicemente esseri umani; questo dovrebbe almeno togliere la dinamica generale del conflitto nascente dalla gelosa e unilaterale custodia della propria identità». C. VIGNA – S. ZAMAGNI (ed.), *Multiculturalismo e identità*, Milano 2002, VII. IX.

Ma forse neanche dicendo questo siamo arrivati al cuore dell'odierno multiculturalismo, che piuttosto risiede, come M. Heidegger aveva intuito, nell'emergere del destino tecnico di quella civiltà occidentale divenuta *in re* o *in voto* globale[3]. Questo significa che la nostra società è multiculturale non solo perché girando per la città posso incontrare persone di razze diverse, ma anche perché dovunque, se non altro come linea di tendenza, posso entrare in contatto con queste diverse culture, attraverso potenti mezzi di spostamento e di comunicazione, in ultimo tramite internet, al punto che il multiculturalismo è letteralmente il mio mondo, ossia quella situazione con cui giornalmente si ha a che fare. Questo significa anche che, proprio come avviene per la tecnica, il multiculturalismo non sta solo nelle strade o nelle università, ma anche nella testa, pian piano di tutti, fino al punto che le diverse immagini di mondo che lo caratterizzano possono arrivare a rappresentare quel radicale pluralismo che da una parte complica la vita delle società (problemi della convivenza pacifica, delle rivendicazioni di gruppi, dei matrimoni misti ecc.) e dall'altra rende frammentaria anche la vita di ciascuno con le diverse prospettive che si assumono a seconda dei casi, così da trasformare parole antiche come fedeltà, coerenza, fermezza, senza che però questo cambiamento sia necessariamente da ascrivere, come a volte si crede, ad un venire meno del senso morale.

---

[3] Cf. M. HEIDEGGER, «La questione della tecnica», in *Saggi e discorsi*, Milano 1991, 5-27; ID., *Filosofia e cibernetica*, Pisa 1988.

2. Posizioni di fronte al pluralismo

Ora la domanda è: quale posizione assumere di fronte a un pluralismo così radicale e globalizzato? La domanda, molto generica e quotidiana, che sta inconfessata sotto molte delle nostre pratiche di vita, può ricevere due risposte e sostanzialmente solo due, seppure secondo tutta una gamma con diverse gradazioni.

La *prima* è la risposta "forte" del *fondamentalismo*, che ha allargato il suo originario religioso. Il fondamentalismo ritiene che il pluralismo non è tra posizioni uguali perché solo una è quella vera e questa perciò deve prevalere *a prezzo* delle altre: può capitare con le cattive, ma forse il più delle volte con le buone, in ogni caso generando un clima di "guerra", nel mondo ma anche in sé stessi, p.es. con il seguire la forza dell'attimo qualunque sia il rapporto con il passato.

La *seconda* risposta è quella "debole" del *dialogo*. Il dialogo rappresenta lo sforzo di cercare di entrare in ogni "mondo", di ascoltare ogni posizione convinti che può dirci qualcosa, e questo al fine di trovare un senso condiviso, un legame tra le storie e le tradizioni, insomma qualcosa di comune che dica che non è il frammento, alla fine inevitabilmente violento, l'ultima parola e impedendo in tal modo la guerra nelle sue varie forme.

Poiché istintivamente (e già questo è significativo) la nostra propensione è per il dialogo, approfondiamo un po' la cosa, facendo parlare la parola.

3. Dialogo

Dialogo è il calco del greco διάλογος che è una parola composta dal sostantivo λόγος e dalla preposizione διά. Ora la parola λόγος, che nel mondo greco ha avuto un'importanza anche filosofica crescente[4], ha alcuni significati apparentemente diversi: parola, espressione, discorso, concetto, logica. Il legame tra questi sta nel rimando al verbo λέγω[5] che, proprio come il latino *legere*, originariamente significa raccogliere, ma non nel senso di raccogliere qualcosa da terra, quanto in quello p.es. di raccogliere le margherite da un campo, dicendo perciò un prendere insieme con una "ragione", un raccogliere ragionevole[6]. Se questo rimando etimologico è massimo nel significato di logica ed è ancora visibile in quello di discorso, a ben guardare sta anche nel significato di concetto e di parola. La parola, infatti, non come semplice *flatus vocis*, tiene insieme, si regge sul tenere insieme, sul raccogliere, perché *nasce* dal raccogliere altre parole e dal distanziarsi da esse, e cioè dallo stabilire quelle distanze che vanno a formare il vocabolario. A un simile λόγος la preposizione διά aggiunge una precisazione importante: dice infatti l'attraversare[7]. Dunque il διάλογος, e quindi il nostro dialogo, è un λόγος διά, cioè un λόγος, un raccogliere, un parlare, che attra-

---

[4] Cf. p.es. M. Fattal, *Ricerche sul logos. Da Omero a Plotino*, Milano 2005.

[5] Cf. P. Chantraine, *Dictionnaire étymologique de la langue grecque. Histoire des mots*, Paris 1999^2, 625-626.

[6] A. Debrunner, «λέγω», in G. Kittel – G. Friedrich (ed.), *Grande lessico del Nuovo Testamento*, VI, Brescia 1970, 205-206: «Prendere con ordine le cose che da un determinato punto di vista sono simili. Il concetto comprende perciò due aspetti: 1. la successione delle cose, la loro ripetizione, 2. il giudizio, una cernita logica». Per questo il verbo λέγω ha anche i significati di contare, enumerare, narrare, dire etc., tutte azioni che in modi diversi dicono un tenere insieme una pluralità di elementi che stanno in una relazione.

[7] Cf. P. Chantraine, *Dictionnaire étymologique* (cf. nt. 5), 275-276.

versa. Ma cosa attraversa il λόγος del/nel διάλογος? Esattamente la persona con cui si parla: le sue parole, il mondo delle sue parole cioè il suo mondo. Vediamo meglio la cosa.

Il dialogo è un parlare che è più di un semplice chiacchierare, è un parlare con l'altro all'interno di un ascolto, per cui il mio λόγος, che sempre dice il mio mondo perché questa è la realtà dei λόγοι, delle parole, va verso l'altro, ma, ed ecco la caratteristica dell'ascolto, *passa* attraverso l'altro, cioè attraverso il suo mondo che "raccoglie" e torna a me arricchito da questo viaggio, da questa "esperienza", trasformando perciò il mio mondo grazie a qualcosa del mondo dell'altro. E se la stessa cosa accade con l'altro che parla con me, i diaoganti lentamente si avvicinano perché i loro mondi si trasformano "reciprocamente", si "raccolgono", conducendoli a condividere un cammino; un cammino di discorso, certo, ma per ciò stesso anche un cammino di vita perché la vita è fatta di parole. Il dialogo, perciò, si rivela come un parlare e conseguentemente un vivere, insomma se vogliamo usare la parola precisa una *prassi*. Ora, però, perché questa prassi possa avvenire sono necessarie tre condizioni, le condizioni di possibilità del dialogo.

La *prima condizione* è che ognuno parla in verità, cioè che quello che dice non è indifferente, ma rappresenta per lui la verità che "difende", altrimenti ciò che esce fuori è proprio il relativismo di cui si parla tanto e la risultante condivisione non regge lo spazio di un mattino.

La *seconda condizione* è che ognuno è disposto a mettere in questione la sua verità, la verità del suo mondo, della sua tradizione, della sua cultura, della sua storia, per approfondirla con la verità dell'altro e per cancellarla a favore della verità dell'altro se dal dialogo capisce di essersi sbagliato. Usando una parola a noi cara potremmo dire che c'è dialogo se si accetta la kenosi, se cioè si rinuncia alla propria chiusa autosufficienza.

La *terza condizione* di possibilità, che tutto sommato è poi la prima, è che l'altro per me è importante, conta in quanto... ecco conta in quanto "niente", conta non in quanto è questo o quello, ha fatto questo o quello, ma conta in quanto è "nudo" davanti a me. È in fondo ciò che E. Lévinas chiamava il "volto" dell'altro[8]. Il dialogo, perciò, presuppone un andare verso l'altro perché semplicemente mi sta davanti, mi guarda, mi interpella, cioè interpella il mio mondo, chiedendo in quanto prossimo di entrarvi, di "essere

---

[8] E. Lévinas, «Determinazione filosofica dell'idea di cultura», in E. Lévinas – A. Paperzak, *Etica come filosofia prima*, Napoli 1989, 70: «Ci si deve domandare se, proprio nella molteplicità umana, l'alterità dell'altro uomo significhi solo l'alterità logica delle parti – le une di fronte alle altre – in un Tutto frazionato le cui relazioni rigorosamente reciproche siano rette esclusivamente dall'unità di questo Tutto, di quest'Uno degradato nelle sue componenti; detto altrimenti, ci si deve domandare se, nella molteplicità umana, l'alterità dell'Altro uomo significhi originariamente sulla base di un sapere – sapere politico ma essenzialmente sapere – in cui l'io si riconosce come frazione di un Tutto che impone la solidarietà umana, alla stregua di un organismo la cui unità garantisce la solidarietà delle membra. Oppure – e questo sarebbe il secondo termine di un'alternativa – ci si domanderà: l'alterità dell'altro uomo, l'alterità di altri, non ha forse, per l'io, di primo acchito, un carattere di assoluto, nel senso etimologico di questo termine, come se altri non fosse solo altro in senso logico e formale (cioè altro di un'alterità logicamente o anche trascendentalmente superabile, che si presti alla sintesi dell'unità dell'"io penso" kantiano), ma *altro* in una maniera irriducibile, altro di un'alterità e di una separazione refrattarie a ogni sintesi, anteriori a ogni unità?».

raccolto", e proprio per questa sua "nudità" egli vale, precedentemente a ogni ulteriore caratteristica e valore che a questo punto si rivelano secondari. Una nudità dell'altro che precede ogni oggetti- vazione e che, seguendo le intuizioni di un altro grande esponente della tradizione ebraica del pensiero, M. Buber, potremmo dire come il prendere corpo del rapporto dialogico io-tu piuttosto che di quello cosificante e perciò violento io-esso[9], così che il dialogo, alla fine, altro non è che la pratica del riconoscimento dell'altro come uomo e non cosa, nel suo valore non relativo[10].

È solo il dialogo così strutturato che permette di fronte al pluralismo di evitare la guerra e costruire *un* mondo pacifico e condiviso, un'unità che è ben più della globalizzazione perché rappresenta ciò che ci dice un'altra parola a noi tanto cara, quella di *communio*. Innanzitutto il mondo al di fuori di me, nella società multiculturale e multireligiosa. Ma anche, e

---

[9] M. BUBER, *Il principio dialogico e altri saggi*, Cinisello Balsamo 1993, 59: «Le parole fondamentali non sono singole, ma coppie di parole. Una di queste parole fondamentali è la coppia io-tu. L'altra parola fondamentale è la coppia io-esso; dove, al posto dell'esso, si possono anche sostituire le parole lui o lei, senza che la parola fondamentale cambi. E così anche l'io dell'uomo è duplice. Perché l'io della parola fondamentale io-tu è diverso da quello della parola fondamentale io-esso».

[10] M. BUBER, *Il principio dialogico* (cf. nt. 9), 64: «Se sto di fronte a un uomo come di fronte al mio tu, se gli rivolgo la parola fondamentale io-tu, egli non è una cosa tra le cose e non è fatto di cose. Non è un lui o una lei, limitato da altri lui e lei, punto circoscritto dallo spazio e dal tempo nella rete del mondo; e neanche un modo di essere, sperimentabile, descrivibile, fascio leggero di qualità definite. Ma, senza prossimità e senza divisioni, egli è tu e riempie la volta del cielo. Non come se non ci fosse nient'altro che lui: ma tutto il resto vive nella sua luce».

anzi prima, il mondo dentro di me, superando la frammentazione della mia esistenza attraverso quel particolare e originario dialogo con se stessi che è il pensiero, come aveva ben visto Platone quando dice che il pensiero (διάνοια) è «quel διάλογος senza voce ἄνευ φωνῆς della ψυχή con se stessa»[11]. Perché in fondo è proprio questo dialogo interiore con se stessi che, quasi allenando, rende capaci di dialogare con gli altri. Chi non sa pensare, chi non sa mettersi in questione come fa a dialogare sul serio con gli altri?

E rimanendo all'interno del pensiero platonico possiamo anche aggiungere che, poiché l'uomo è la sua ψυχή[12], questo dialogo dell'anima con se stessa corrisponde a quella ἐπιμέλεια, a quella cura di sé come cura della ψυχή. Ma allora, senza assolutamente tradire il verbo μέλω, se l' ἐπιμέλεια dice una cura, dunque un'attenzione, non possiamo intravedere proprio nel διάλογος la struttura elementare e non emotiva dell'amore? Non è forse vero che l'amore alla sua radice, nella sua essenzialità e prima di ogni "sentimento" dice un "raccogliere" l'altro, un farlo entrare nella nostra vita, un andare "kenotico" verso di lui e camminare insieme?

4. Dialogo in ambito cristiano

Torniamo ora alla nostra questione del multiculturalismo e domandiamoci: la scelta del dialogo e non del fondamentalismo vale anche in ambito cristiano?

---

[11] PLATONE, *Sofista*, 263e.
[12] Cf. PLATONE, *Alcibiade primo*, 130c.

La risposta non sembri scontata perché quando si ha a che fare con le religioni entra in gioco una dimensione di assolutezza che tende ad affermarsi, tanto che sembrano esserci alcune ragioni per l'una e per l'altra strada. Ma il cristiano non procede innanzitutto in base a delle ragioni, bensì guardando a Gesù e alla sua storia, dove a saperla leggere, sta l'indicazione di ogni strada e di ogni risposta. Bene, questa storia al modo del germe, il prologo di Giovanni l'ha racchiusa proprio nella parola λόγος. Gesù è il Figlio, il Λόγος del Padre che si fa carne, che entra nella storia degli uomini per portarla a Dio. Non mi sembra che sia decisivo qui andare a cercare cosa c'è dietro questo antico inno che Giovanni riprende e adatta al suo vangelo[13], già l'ascolto della parola è sufficiente. Così il Figlio è il Λόγος perché, in quanto tutto è stato fatto per mezzo di lui, è la parola che λέγει, che raccoglie per eccellenza: raccoglie ogni parola come l'origine che racchiude il senso e perciò la salvezza. Bene, il "movimento" del farsi carne del Λόγος può ben essere detto dalla preposizione διά che abbiamo già incontrato: che il Λόγος si fa carne vuol dire allora che il Λόγος si fa διά-λογος. Il Λόγος va verso l'altro, verso ogni uomo, entra nel suo mondo, lo ascolta, si fa carico di esso, lo "raccoglie", e questo movimento è arricchente. In un certo senso arricchisce lo stesso Figlio, come dice *Eb* 5,8-9 secondo cui Gesù «imparò l'obbedienza dalle cose che patì e, reso perfetto, divenne causa di salvezza eterna per tutti coloro che gli obbediscono». In ogni caso arricchisce gli uomini perché porta la salvezza.

---

[13] Cf. p.es. R. SCHNACKENBURG, *Il vangelo di Giovanni*, I, Brescia 1973, 357-373.

In questo διάΛογος salvifico tra Dio e uomo che è Gesù e la sua storia ritroviamo tutte e tre le condizioni di un vero dialogo che abbiamo individuato sopra.

1) Ciò che il Λόγος porta non è una parola qualsiasi, indifferente, ma una parola di verità che in quanto di Dio è *la* parola di verità, la verità in persona per *Gv* 14,6, che illumina il cammino del*le* verità degli uomini.

2) In questo dialogo il Λόγος è disposto a mettersi in questione, potremmo dire ad accettare la kenosi, come ci ricorda *Fil* 2,6-8[14], anche se questa "umiliazione" mai potrà avere a che fare con il riconoscimento dell'errore, e cioè con il perdere la sua divinità, come sancisce il dogma di Calcedonia (DH 301-302).

3) Se guardiamo a quanto ci raccontano i vangeli capiamo molto bene che questo dialogo presuppone che per Dio sono importanti gli uomini in quanto... niente, al di là delle loro caratteristiche, al di là di quello che hanno fatto, al punto che la preferenza di Gesù per gli ultimi e il suo frequentare i peccatori non possono che essere letti proprio in questa prospettiva universale.

Ora se Gesù è il Λόγος incarnato, il Λόγος che si fa διάΛογος, e Gesù secondo i vangeli annuncia e prima ancora *è* il Regno di Dio, l'αὐτοβασιλεία secondo la bella espressione di Origene[15], questo significa che il Regno di Dio è dialogico, ha la forma e l'essenza del dialogo e della condivisione, come poeticamente im-

---

[14] «Il quale, pur essendo di natura divina, non considerò un tesoro geloso la sua uguaglianza con Dio; ma spogliò se stesso, assumendo la condizione di servo e divenendo simile agli uomini; apparso in forma umana, umiliò se stesso facendosi obbediente fino alla morte e alla morte di croce».

[15] Cf. ORIGENE, *Commento al vangelo di Matteo*, 14,7.

magina *Is* 11,6-8[16], e per questo ha la forma dell'amore: quel dialogo e quell'amore che la croce innalza sulla storia intera come la verità che vince nonostante tutto. Volendo precisare: il Regno ha la forma del dialogo tra Dio e l'uomo, del dialogo degli uomini tra di loro, e, in ultimo ma non meno importante, del dialogo dell'uomo con se stesso, finalmente coerente e pacificato. Per questo l'annuncio del vangelo del Regno sempre, ma soprattutto in un'epoca essenzialmente e radicalmente pluralista come la nostra, ha a che fare con il dialogare, con le parole e con i fatti, cioè ha a che fare con una prassi dialogica come prassi di amore. È perciò questa *prassi* ciò che in verità evangelizza, perché permette all'evangelizzatore di indicare: ecco com'è, ecco dov'è il Regno di Dio! Perché mi sembra che è proprio nello sforzo per il dialogo che oggi riusciamo a far capire cos'è il Regno di Dio come regno di pace e di amore; è proprio nello sforzo per camminare insieme che i nostri contemporanei percepiscono la novità del vangelo in un mondo che sembra continuamente sulla soglia del fondamentalismo a tutti i livelli e della guerra, perché sempre a rischio di vedere l'umanità come un semplice mucchio, un insieme di monadi autosufficienti, in ultimo davanti al proprio computer divenuto mondo.

---

[16] «Il lupo dimorerà insieme con l'agnello, la pantera si sdraierà accanto al capretto; il vitello e il leoncello pascoleranno insieme e un fanciullo li guiderà. La vacca e l'orsa pascoleranno insieme; si sdraieranno insieme i loro piccoli. Il leone si ciberà di paglia, come il bue. Il lattante si trastullerà sulla buca dell'aspide; il bambino metterà la mano nel covo di serpenti velenosi».

5. Luogo "sacramentale" del dialogo nella storia

Ma dove trovare questa prassi dialogica da indicare come prassi del Regno? Quale è il suo luogo "sacramentale" nella storia? La prima risposta che viene in mente è ovviamente: la Chiesa, basti pensare alla Chiesa sacramento del Vaticano II (*LG* 1). Lasciando da parte la questione di quanto sia teologicamente precisa l'espressione, proviamo a domandarci, però, se oggi la Chiesa, cioè la Chiesa in quanto tale e non nei suoi singoli e volenterosi membri, nel nostro *mondo multiculturale* riesce ad essere un eloquente sacramento di quell'originario διάΛογος che è la storia salvifica di Gesù e quindi sacramento del dialogo come prassi del Regno. Mi sembra che la risposta debba essere: *sì e no*.

Guardando alle statistiche o anche p.es. alla necessità di istituire un apposito organismo per la nuova evangelizzazione, dobbiamo riconoscere un problema, o una difficoltà nell'annuncio del vangelo del Regno. A mio parere questa difficoltà non dipende tanto, o soprattutto come i media ci portano a credere, da quei terribili scandali di cui alcuni membri della Chiesa si sono macchiati, o da quegli altri "peccati" che purtroppo hanno sempre accompagnato la sua storia. E neanche, ribaltando la frittata e spostando fuori la colpa, dalla perdita del senso di Dio di cui spesso si parla. Certo tutti questi fattori hanno la loro responsabilità, ma c'è dell'altro e precisamente la difficoltà a dialogare.

Qui non si tratta dello sforzo per il dialogo ecumenico, né di quello con le altre religioni, e neanche della questione del rapporto più o meno tollerante nei riguardi delle diverse posizioni teologiche. Con quell'onestà, quella schiettezza e anche quel coraggio con cui Benedetto XVI ci ha insegnato a guardare alla vita della

Chiesa, anche nei suoi aspetti meno belli o in ogni caso un po' carenti, pensando non alla Chiesa dei media, ma alla Chiesa concreta, quella cioè che la gente continuamente incontra, mi vengono in mente tre fatti, di diversa natura, che sono più che puramente contingenti.

Il *primo* è qualcosa che mi ha sempre colpito e continua a colpirmi nonostante l'età: troppo spesso nella Chiesa c'è timore dei superiori, dei vari superiori, perché alla fine ognuno ha il suo.

Il *secondo* fatto è la formalità degli organi di partecipazione, desiderati dal Concilio (p.es. *CD* 27), ma molte volte chiamati a discutere su questioni astratte o a precisare una linea già decisa altrove.

Il *terzo* fatto è la risposta che spesso nelle parrocchie si dà a chi chiede di fare un'esperienza cristiana: gli si prospettano i vari gruppi che già ci sono e lo si invita a partecipare, cioè ad adattarsi, aprendogli in tal modo davanti una realtà molto organizzativa e manageriale.

Ora, senza approfondire troppo, tutto questo mi sembra che sia indice proprio della difficoltà a dialogare, a tener conto dell'altro, a dirgli: tu per me sei importante e per questo, cioè *per te*, sono pronto a mettermi in discussione per costruire una Chiesa anche su tua misura, in cui tu possa sentirti pienamente a casa, ovviamente senza snaturarla. Una difficoltà che si aggrava nell'epoca della tecnica in cui i risultati pesano come non mai e arrivano a relativizzare la peculiarità, il peso dell'altro che rischia di rallentare il processo risolutivo individuato. È soprattutto questo che rende la Chiesa poco interessante ed "accattivante", e quindi poco ascoltabile ed ascoltata dai nostri contemporanei, i quali, invece, almeno in buona parte hanno se non capito almeno intuito l'importanza del dialogo nel mondo multiculturale e multireligioso.

6. Famiglia cristiana e dialogo

Ma la Chiesa resta sacramento del Regno nonostante i suoi limiti, perché le porte degli inferi non prevarranno (*Mt* 16,18), e così questa difficoltà a livello della Chiesa nelle sue forme "istituzionali" non impedisce che nella stessa Chiesa ci sia un luogo anch'esso sacramentale in cui la prassi dialogica del Regno si rende maggiormente visibile. È la famiglia, cioè la famiglia cristiana fondata sul sacramento del matrimonio. Infatti è nella famiglia che si cerca di andare verso l'altro dimentichi di sé, pronti alla *kenosi* delle proprie aspirazioni e desideri, pronti a un sacrificio che non è solo una bella parola di cui riempirsi la bocca e teorizzare, ma vita concreta e sofferta. È nella famiglia che ci si ascolta, o almeno ci si sforza di farlo, per far tesoro dei pensieri, delle speranze e delle paure dell'altro. È nella famiglia che l'altro conta in quanto niente, e cioè al di là di quello che può essere diventato o può aver fatto anche di male. È nella famiglia che il perdono è praticato realmente. È nella famiglia che si cerca di creare un clima in cui ognuno possa sentirsi bene. È nella famiglia, infine, e starei per dire solo nella famiglia, che si fa l'esperienza di una prassi che "raccoglie" i vari io facendoli diventare un noi.

Ma, dobbiamo ora aggiungere, di quale famiglia si sta parlando? Questo non è forse un parlare irenico, un chiudere gli occhi di fronte alle tante difficoltà che attanagliano oggi la famiglia, anche quella cristiana? Certo, difficoltà ci sono oggi e ci sono sempre state, e la famiglia "sacramento" resta pur sempre un luogo umano, e i tratti che abbiamo delineato hanno inevitabilmente qualcosa di ideale, proprio come l'immagine della Chiesa che ci dà *At* 2,42-48. Ma questi tratti, umani quanto si vuole, nascosti quanto si vuole, restano come forza ineliminabile dello stare insieme familiare, tanto che alla fine è guardando alle storie delle famiglie e non alla storia della Chiesa che i nostri contemporanei arrivano a dire: guarda come si amano e a percepire i tratti "laici" e quotidiani del Regno di Dio. E anche il sostenere, come si fa spesso, che la parrocchia deve diventare una grande famiglia sembra suggerire che l'idea di Chiesa da sola non basta e deve essere perfezionata.

La famiglia cristiana, allora, annuncia al mondo, e particolarmente al nostro mondo così multiculturale e cioè pluralista, il διάλογος che è Gesù e il dialogo come la prassi di amore del suo Regno, creando qui e là, in piccoli e a volte piccolissimi spazi, un anticipo dell'*eschaton*. La famiglia fondata sul sacramento del matrimonio certo, ma forse, seguendo l'input della gerarchia delle verità indicataci dal Vaticano II[17] e la logica dei cristiani anonimi di K. Rahner[18], a loro modo anche tutte quelle altre famiglie al di fuori del sacramento, ovviamente intendendo sempre quelle unioni di un uomo e di una donna che generano vita.

La famiglia, le famiglie, sono dunque, ciascuna a suo modo, un annuncio del vangelo al mondo di oggi e direi anche alla Chiesa. Alla Chiesa nelle sue varie forme, anche in quella del tutto particolare di un'università pontificia. Anche noi sperimentiamo ogni giorno il pluralismo: nelle forme del multiculturali-

---

[17] «Nel mettere a confronto le dottrine si ricordino che esiste un ordine o "gerarchia" nelle verità della dottrina cattolica, in ragione del loro rapporto differente col fondamento della fede cristiana» (*UR* 11).

[18] Cf. K. Rahner, «I cristiani anonimi», in *Nuovi saggi*, I, Roma 1968, 759-772.

smo, ma anche della semplice diversità, soprattutto di idee. Anche noi, ciascuno di noi, professori e alunni, dovremmo così guardare alle nostre famiglie, quelle che nel giorno "originario" della vocazione molti di noi facendo le valigie hanno lasciato, e imparare da loro. E così, trovando la forza di sorridere di fronte alle nostre "scienze", diventare ogni giorno più capaci di ascoltarci e metterci in questione, per rivivere anche qui, in questa nostra "casa", la storia di Gesù διάΛογος e la prassi dialogica del Regno di Dio e della sua pace.

Antonio Nitrola

L'IMPEGNATIVO CAMMINO VERSO L'"ALTRO": UNA PROSPETTIVA BIBLICA SUL MATRIMONIO

Ancor prima delle sfide poste oggi al matrimonio e alla famiglia da una società multireligiosa e multiculturale si impongono, alla coppia, quelle connaturate al rapporto con l'"altro". Al proposito, la Bibbia è maestra insuperabile, come per tutto quanto riguarda la realtà umana. In una sintesi estrema si può affermare che, per quel che concerne più in particolare la relazione a due, fin dalle sue pagine iniziali la Scrittura rivela l'esistenza di un problema, proseguendo nel racconto mostra il cammino per superarlo, quindi, in un'illuminazione poetica, ne lascia trapelare l'ideale punto di arrivo. Si delinea così un arco che, dai capitoli iniziali della *Genesi*, che narrano la difficoltà ad incontrarsi in quanto diversi, sperimentata dal primo uomo e dalla prima donna (difficoltà che naufraga in un fallimento), approda al *Cantico dei Cantici*, dove gli innamorati si cercano e si incontrano in un dialogo continuo in cui un Io e un Tu finalmente si riconoscono nella loro irriducibile alterità.

1. Il progetto di Dio

Il punto di partenza dell'itinerario biblico che vorrei evidenziare è nelle prime pagine della *Genesi*, dove viene narrato il progetto di Dio sulla coppia e la ben diversa modalità di viverlo con la quale risponde l'essere umano appena creato. Nel secondo capitolo si racconta infatti che Dio crea lo *'ādām*, l'"umano" (2,7), e che, dopo avergli vietato di mangiare dell'«albero della conoscenza del bene e del male» (2,17), decide di "fare" per lui un *'ēzer*, "un aiuto", che gli stia *k^enegdô*, "come suo di fronte" (2,18b). Quindi, mentre lo *'ādām* dorme profondamente, Dio gli toglie un lato (2,21) con il quale costruisce una donna che, poi, "fa andare" (2,22) – come un'offerta all'altare – verso di lui. Il progetto originario di Dio sulla coppia è dunque che i due vivano il loro rapporto come un reciproco donarsi, perché porsi nei confronti del compagno/a come un *'ēzer k^enegdô* è veramente, per l'altro, il più grande dono. *'Ēzer*, nella Bibbia, indica infatti l'"aiuto" nei casi di pericolo grave; spesso, soprattutto nei Salmi, è riferito a Dio in quanto sicurezza vitale nell'ambito di una relazione fondante e personale. Dinanzi al pericolo mortale della solitudine, quindi, Dio dona all'umano il suo altro come un *'ēzer*, un "aiuto", che si ponga nei suoi riguardi *k^enegdô*: "come suo di fronte", "come suo faccia a faccia", come colui/colei che – proprio perché diverso/a – costituisce un'occasione di confronto.

È da tale confronto con l'altro, il diverso che sta di fronte, che non è assimilabile, che si può contrapporre e che, soprattutto, ricorda la duplice mancanza – nel sapere (la donna è stata creata quando l'umano dormiva) e nell'essere (è stata presa da un suo lato) – che, per i due, nasce la possibilità della relazione. È rilevante, al proposito, che la stessa radice di *neged* abbia dato luogo al verbo *higgîd*: "dire", "riferire", "raccontare". Il soccorso, *'ēzer*, è dato quindi da un altro che è *k^enegdô*, ed è proprio in questa alterità irriducibile, che è un dono perché porta l'essere umano al riconoscimento del limite originario, impedendogli così di cadere vittima dell'illusione mortale dell'onnipotenza, che sta la possibilità di dialogare. Un dialogare, *higgîd*, che aprendo ad una relazione fondata sul reciproco affidamento consente, nel confronto con l'altro, la crescita autentica del soggetto – nella sua complementarietà di «maschio e femmina» – dall'«immagine» alla «somiglianza» con Dio, secondo, appunto, il Suo progetto creatore (1,26-27).

2. La prima risposta dell'essere umano

La reazione immediata dell'umano di fronte all'altro, però, non è quella auspicata da Dio. Il grido con il quale lo *'ādām* erompe all'apparizione della *'iššāh*, della donna, a prima vista sembra un inno alla gioia e alla meraviglia e, così, lo ha interpretato a lungo anche l'esegesi. Oltre all'entusiasmo, però, la risposta dell'umano rivela, anche, una triplice incapacità: di cogliere il dono, di accettare la doppia mancanza (nel sapere e nell'essere), di vivere l'alterità. Riprendo, al proposito, l'acuta analisi narrativa di André Wénin[1], che spiega sia il contesto immediato sia le dinamiche che si svilupperanno in seguito – nella prima come nelle suc-

---

[1] Le dinamiche psicologiche sviluppatesi nella prima coppia umana ed il loro perpetuarsi nelle successive sono state analizzate dall'esegeta belga in numerosi saggi e articoli. Tra le pubblicazioni più recenti nelle quali la tematica è stata ripresa ricordo: A. WÉNIN, *Da Adamo ad Abramo o l'errare dell'umano. Lettura narrativa e antropologica della Genesi*, Bologna 2008, 49-61, e J.-P. LEBRUN – A. WÉNIN, *Le leggi per essere umano. Bibbia e*

cessive coppie della Bibbia – con una coerenza inattingibile alla lettura tradizionale che, nella reazione dell'umano, legge soltanto l'espressione di un desiderio appagato. Esclama dunque lo *'ādām* all'apparire dell'altra: «questa, questa volta, [è] osso dalle ossa di me e carne dalla carne di me. Questa sarà chiamata *'iššāh* [donna] perché da *'îš* [uomo], fu presa questa» (2,23).

In primo luogo emerge, in tale risposta, l'incapacità di cogliere il dono. L'umano – che, sottolineo, parla in quanto uomo (*'îš*) rispetto al suo altro, la donna (*iššāh*) – vede, infatti, la parte che manca: Dio "ha preso" da lui, non gli ha dato e, parallelamente, la donna non è un dono ma qualcosa che gli è stato tolto (tre volte usa la preposizione "da" e due il possessivo "di me"). In secondo luogo, nelle parole dell'umano trapela l'incapacità di accettare la duplice mancanza. Per quanto riguarda l'essere, nell'evidenziare la parte che gli è stata tolta egli contemporaneamente la rivendica come sua, cercando di rientrarne in possesso. Per quel che concerne il limite nel sapere, nel tentativo di appropriarsi di una conoscenza, che non può recuperare, affermando che *'iššāh* "è stata presa" da *'îš* sbaglia anche il resoconto dei fatti: dal racconto risultava invece che *'iššāh* (e *'îš*) sono stati costruiti da *'ādām* (di cui la donna è un lato e l'uomo l'altro). In terzo luogo, infine, nella risposta dell'umano si rivela l'incapacità di vivere l'alterità. Egli, infatti, non parla né alla donna né a Dio ma a sé stesso, e fa dell'altra l'oggetto del suo discorso (tre volte dice "que-

---

psicoanalisi a confronto, Trapani 2010, 110-130. Al rapporto tra il secondo capitolo della *Genesi* e il *Cantico dei Cantici* Wénin ha dedicato anche uno studio specifico: «Interpréter? Un exégète face au Cantique», in J.-M. AUWERS (ed.), *Regards croisés sur le Cantique des Cantiques*, Bruxelles 2005, 60-76.

sta"): non entra in dialogo con lei, non le rivolge il "tu" e neanche dice "io". Nel riferirsi alla donna come «osso dalle ossa di me e carne dalla carne di me» (2,23), mentre sottolinea la mancanza di una parte di sé allo stesso tempo cerca di negare la differenza ricorrendo ad un'espressione che indica una relazione di parentela stretta. L'autoreferenzialità dello *'ādām* è inoltre esplicitata dal nome che dà alla donna, *'iššāh*, derivandolo da quello che dà a sé, *'îš*. L'alterità è così ulteriormente minimizzata, ridotta ad una semplice differenza di genere.

Il rapporto tra progetto divino e risposta umana si può, dunque, così sintetizzare: Dio aveva creato l'uomo e la donna in modo che si rapportassero l'uno "come suo di fronte" (*kᵉnegdô*) dell'altro, come il suo "aiuto" (*'ēzer*), vitale perchè dato da un diverso con il quale entrare in un dialogo (*higgîd*) fondato sulla consapevolezza del limite originario. Ne sarebbe derivata, così, l'apertura alla fiducia verso l'altro vissuto come dono e, di conseguenza, la possibilità di diventare un autentico soggetto, un Io che è tale in quanto sa relazionarsi a un Tu. L'essere umano, però, almeno alla prima esperienza, non se ne è dimostrato in grado.

3. **Il percorso**

Con la capacità che le è propria di penetrare nella profondità delle dinamiche psichiche e di smascherarle nella loro realtà, la Bibbia ci mostra così che diventare da due una carne *'eḥād*, "unica" (2,24), non la stessa, raggiungere l'unione tra due carni diverse, non l'essere l'uno quella dell'altro, di solito non è un punto di partenza. L'esperienza quotidiana di ogni coppia – anche la più riuscita – e le conoscenze della psicologia, testimoniano che relazionarsi vivendo la differenza come dono è estremamente impegnativo. Alla proposta di un dialogo in cui ciascuno abiti la propria singolarità, infatti, si è tentati – da sempre, ci ricorda la Scrittura – di dare una risposta che oscilla tra i due estremi dell'assimilazione dell'altro o della sua negazione.

Come sempre, comunque, dopo aver rivelato il male, la Bibbia ne indica la guarigione: i due dovranno «lasciare padre e madre» (2,24), ossia il rassicurante universo familiare, per intraprendere insieme un cammino che sia in grado di attraversare, anche, il conflitto. È quanto mostra il seguito della *Genesi*, ad esempio, con la storia di Abramo e di Sarah: all'inizio si rapportano l'un l'altro come la prima coppia umana ma poi, grazie ad un percorso la cui chiave di volta sarà la circoncisione – l'intervento con cui Dio inscrive il segno del limite proprio laddove l'essere umano si illude di poter essere tutto – giungeranno ad incontrarsi veramente e a poter così accogliere Isacco, il figlio della promessa.

4. Il punto di arrivo

Se i successivi racconti biblici continuano ad indagare senza reticenze la realtà spesso difficile della vita di coppia, il *Cantico dei Cantici* finalmente celebra la bellezza, la libertà, la straordinaria potenza, l'indicibile grazia dell'amore umano. Nell'alternarsi delle voci che dànno vita a questo splendido poema, un Io e un Tu, consapevoli della loro alterità irriducibile e del mistero insondabile dal quale emerge l'essere amato, si incontrano in un dialogo continuamente rilanciato intessuto di separazioni, palpitanti ricerche, appassionati ritrovi e nuovi allontanamenti. Paradigma del vero dialogo è, ora, la differenza sessuale, che da causa di vergogna, dopo il fallimento della prima coppia, è diventata il segno più prezioso della diversità, che può quindi essere poeticamente celebrata nell'evocazione della bellezza che ciascuno degli innamorati fa del corpo dell'altro[2].

È a questa dialettica della distanza e della vicinanza, dell'alterità e dell'identità, del farsi altro e del tornare sé stesso – dialettica propria del discorso e della relazione autentica e, quindi, sempre in tensione e sempre esposta alla tentazione dell'assimilazione o della negazione dell'altro – che dovrebbe, e potrebbe, tendere il rapporto di coppia per raccogliere adeguatamente le sfide poste al matrimonio dalla società di oggi.

EMANUELA ZURLI

---

[2] La natura profondamente dialogica del *Cantico dei Cantici* è stata sottilmente illustrata da J.-P. Sonnet in uno dei suoi studi dedicati al poema, dove ha anche mostrato che è proprio in quanto paradigma della parola continuamente scambiata che il *Cantico* ha potuto prestarsi alla tradizione interpretativa che, da sempre, vi ha letto la metafora del rapporto tra Dio e l'uomo. Rimando, pertanto, a J.-P. SONNET, «Le Cantique, entre érotique et mystique: sanctuaire de la parole échangée», *Nouvelle Revue Théologique* 119 (1997) 481-502.

LE NOZZE: IDOLO, ICONA E SACRAMENTO

L'uomo è un essere imperfetto, ma una delle cose che gli riescono alla perfezione è creare idoli. L'idolo, se vogliamo tentare una definizione, è una realtà finita sulla quale si proiettano indebitamente qualità e potenzialità infinite. L'opposto dell'idolo è l'icona. Questa è una realtà finita, riconosciuta come tale, ma nella quale s'intravvedono simbolicamente i contorni dell'infinito. La realtà dell'icona parte da un riconoscimento della sua finitezza fattuale e infinitezza intenzionale. In questo breve intervento è impossibile tracciare e disegnare nel dettaglio l'icona delle nozze. Tuttavia, è possibile sottolinearne qualche pennellata e indicarne qualche lineamento felice.

1. La fabbrica dei vergini

P. Evdokimov inizia il suo libro *Sacramento dell'amore* accennando all'utilitarismo con cui si è guardato in certe linee di pensiero al matrimonio: disprezzandolo in sé, valorizzandolo per il suo prodotto interno lordo. Il matrimonio fu considerato come una tollerata eccezione, che coloro che la vivono dovrebbero arrossire per il semplice fatto di viverla. Per alcuni autori del primo millennio, il matrimonio fu finalizzato a popolare la Chiesa e generare vergini. Così, si chiedeva candidamente Metodio di Olimpia: «Se non ci fossero gli sposati, come potrebbero esserci dei vergini?»[1]. Il sacerdozio regale dei fedeli fu ridotto a un sacerdozio funzionale al reclutamento. Dei tre fini del matrimonio secondo Agostino – *proles, fides et sacramentum* – l'accento fu decisamente posto sul primo a scapito degli altri due, colpa anche di una filosofia finalistica che sottostava al ragionamento sulle nozze, assieme a una visione zoologica della sessualità, da far dire ironicamente a Evdokimov: «Pare che non poche opinioni di certi teologi circa l'amore coniugale siano ricavate dai manuali di zoologia, e la coppia è vista nella prospettiva della riproduzione e dell'allevamento»[2]. In linea con questa visione, la sistemazione scolastica giunse a scomporre l'atto sessuale nelle nozze in intenzione meritoria e piacere carnale virtualmente colpevole. Non esagera il teologo russo quando afferma che «la scolastica promuove la procreazione, ma castra l'amore»[3].

2. La fabbrica dei sogni

Se la visione di sopra può essere considerata iconoclasta, la nostra attualità vive di un altro eccesso, quello dell'iconolatria, o dell'idolatria dell'amore. X. Lacroix si chiede nel suo libro *Les mirages de l'amour*: chi, oggi, non è innamorato dell'amore? L'amore sembra la parola magica che risolverebbe ogni problema e risolleverebbe ogni depressione. Esso è tutto: è la rico-

---

[1] Cf. *Convivium decem virginum*, in PG 18,46.
[2] P. Evdokimov, *Sacramento dell'amore*, Sotto il Monte 1999, 24.
[3] P. Evdokimov, *Sacramento dell'amore* (cf. nt. 2), 24.

noscenza reciproca, l'unità al di là della separazione, l'oasi felice in mezzo al deserto del mondo, il momento dove si esce dall'anonimato di massa e si diventa unici agli occhi di qualcuno. In breve, vi è un adolescenziale culto dell'amore. E Lacroix si domanda come faccia la nostra cultura così abile nella distruzione dei miti e degli idoli/icone a prendere un abbaglio così grande: «Forse perché intuisce l'essenza sublime dell'amore? O perché questo termine costituisce uno dei nostri ultimi oggetti di culto, l'ultimo rifugio del mito, della magia o del religioso in un mondo secolarizzato? L'ultimo incanto in un mondo disincantato?»[4].

Sembra che con l'alienazione dell'individuo che si è prodotta nel mondo attuale e l'oscuramento degli orizzonti di senso susseguito al tramonto dei «*meta-récits*», l'amore sia rimasto come la stella polare per i cercatori del santo Graal della vita sensata, piena e felice. Dalla coppia ci si aspetta tutto: armonia, equilibrio, divertimento, intesa sessuale, intellettuale, culturale, comunicazione, comprensione, trasparenza, ecc. Inoltre, mentre in passato il matrimonio si basava su criteri come religione, cultura, famiglia, interessi tribali, a scapito spesso del legame affettivo, oggi si tende a fondare tutto su quest'ultimo pilastro esasperandolo. Per molto tempo il matrimonio ha trovato la sua giustificazione nelle sue funzioni sociali: legittimare la procreazione, donare uno statuto alla donna[5], garantire lo statuto dei figli nei confronti dei loro genitori e della società, assicurare il riconoscimento sociale dell'unione, costituire un'unità economica di produzione. Ai nostri giorni, queste fun-

---

[4] X. LACROIX, *Les mirages de l'amour*, Paris 1997, 7-8.
[5] Come attesta la stessa etimologia: *mater* e *munus* che sanciva sia la protezione della madre sia i suoi doveri.

zioni sembrano piuttosto facoltative. Si assiste a una divinizzazione dell'amore che sarebbe il rovesciamento dell'affermazione «Dio è amore». All'udire la *koinè* attuale, parrebbe più giusto dire: «l'amore è dio».

Gli esiti di tale impostazione, però, anche con un semplice sguardo statistico, sembrano poco promettenti. Ci si trova dinanzi a grandi contraddizioni: la stessa cultura che ha sacralizzato l'amore è quella che lo profana di più; quello stesso amore visto come stella della redenzione è fonte d'indicibile dannazione. Lacroix nota che «l'ipertrofia del soggettivo si è tradotta meno in un rafforzamento del polo soggetto che in un indebolimento dei riferimenti oggettivi»[6]. L'amore si ritrova come un imponente grattacielo costruito in un impetuoso torrente che ne divora e destabilizza di continuo le fondamenta. Sembra che le troppe pretese e illusioni che sono state caricate a bordo dell'amore abbiano affondato le sue attese in un mare di delusioni.

3. Dal prodotto di consumo alla «Fiamma che consuma»[7]

Accanto alle macerie dell'idolo appena descritto, viene spontaneo chiedersi: è giusto chiamare amore questo fenomeno i cui ingredienti sono sete d'attacca-

---

[6] X. LACROIX, *Les mirages de l'amour* (cf. nt. 4), 10.

[7] Ci riferiamo al titolo del poema del grande Giovanni della Croce che offre un'alternativa visione dell'amore che passa per il *Mysterion* Pasquale:
«O fiamma di amor viva / che l'anima ferisci / con mitezza nel suo più fondo centro, [...]
O bruciante ferita, / carezzevole piaga, / o mano blanda, o tocco delicato
che sa di eterna vita / e ogni debito paga: / *morte in vita, uccidendo, hai trasformato*».

mento ed esigenza di tappare i buchi del proprio vuoto? È amore quell'antidepressivo assunto dalle coppie denominate dallo psicologo Antarella «*les bébés couples*» perché sono, come i nascituri, inetti a dare ma pronti sempre a ricevere e incapaci di sussistere senza la presenza continua di un'attenzione e un tocco sensuale che gli doni la percezione di esistere?

L'amore, almeno nella visione cristiana, è una realtà ben diversa. Invece di essere un oggetto di consumo, esso è una fiamma consumante. Lungi dall'essere occasione di fagocitare l'alterità per sentirsi pieni, l'amore nell'ottica cristiana cerca di assomigliare per quanto possibile al prototipo eucaristico-pasquale facendosi dono e presenza e aspirando alla comunione. Quest'amore non esclude la prospettiva della croce, dello svuotamento e del dolore causato inevitabilmente dalla differenza, dall'alterità dell'altro/a che mette a dura prova l'innato egoismo. In questo senso si può comprendere il versetto del Cantico dei cantici: «Forte come la morte l'amore» (8,6): l'amore è intriso di un'esperienza di esodo, di *kenosi* e di *metanoia* per far spazio all'icona dell'uomo nuovo che vive dell'amore di Cristo.

Come nel cuore dell'Amore divino, l'amore umano è un'esperienza del mistero pasquale, di morte e vita, proprio come il seme sperimenta la risurrezione e la propria fecondità solo attraverso la morte. Questa deve essere la coscienza di partenza per incamminarsi verso l'essere iconico dell'amore.

4. Il matrimonio come sacramento dell'amore

La cultura contemporanea ha ragione ad aver posto l'accento sull'amore, ma il suo errore è stato l'averne fatto l'unico referente. L'amore è essenziale, ma l'essenziale non è tutto. L'intuizione di fondo, però, rimane valida. Non a caso – e non per un'euforia poetica – Giovanni Crisostomo ha chiamato il matrimonio «sacramento dell'amore»[8]. Solo in una prospettiva personalistica e agapica è possibile comprendere il valore del matrimonio. È possibile intravvedere il significato delle nozze solo riconoscendo il valore della persona, al di là di una visione comunistica dell'uomo, dove il singolo è sacrificabile per l'ingranaggio della massa[9]. In questo senso sono preziose le riflessioni di V. Soloviëv che accosta l'amore non alla specie, ma alla persona. Il filosofo fa notare come nella natura la procreazione, specie negli organismi inferiori e vegetali, può essere asessuata. In questi organismi, pur nell'assenza d'attrazione o di differenziazione sessuale vi è una prolifera capacità riproduttiva. Negli organismi più evoluti aumenta l'attrazione sessuale in proporzione al diminuire della forza riproduttiva, fino ad arrivare al vertice, l'uomo, ove l'amore sessuale compare più forte, anche nel caso dell'assenza totale di riproduzione. L'amore si prefigura come forza unitiva e unificativa, a scapito dell'apparente frammentazione della procreazione, e il significato dell'amore coniugale diventa una giustificazione e un *kairós* per la persona (che passa, però, tramite il gesto estatico dell'amore, attraverso la porta stretta del sacrificio dell'egoismo)[10].

In linea simile D. von Hildebrand, specie nel suo libro *Die Ehe* (1929), senza trascurare la centralità

---

[8] PG 51, 230.
[9] Cf. N. BERDJAEV, *Nuovo Medioevo*, Roma 2000, 29.
[10] Cf. V. SOLOVIËV, *Il significato dell'amore e altri scritti*, Milano 1988, 55-67.

della procreazione, getta luce sul significato del matrimonio come relazione personale[11]. Mentre la procreazione e l'educazione della prole costituiscono *fini* del matrimonio, l'amore costituisce l'autentico *significato* dello stesso[12]. Questa visione rispecchia la tradizione francescana di Bonaventura, Duns Scotus e i vittorini che recuperano il *bonum sacramenti*, facendo della *fides* e della *proles* elementi pertinenti all'*officium coniugii*, e confermando che l'essenza del matrimonio sta nel vincolo della carità.

Oltre a questa visuale, è necessario tener conto di alcuni spiragli che farebbero respirare il matrimonio, e gli permetterebbero di essere icona e sacramento. Alcuni di questi spiragli sono l'amicizia, la solitudine, la fecondità... e la corona di tutte è l'apertura spirituale e mistica.

---

[11] Cf. D. VON HILDEBRAND, *Il matrimonio*, Brescia 1959, 11. Il matrimonio è quella «unione "io-tu" nella quale non si sta accanto, ma di fronte. Ora l'amore coniugale è, fra tutte le unioni terrene, la più significativa unione "io-tu"».

[12] «Come il matrimonio, nel suo significato, è anzitutto fusione d'amore, così anche l'unione fisica non ha semplicemente il significato di procreazione. [...] Ma tale scopo primario non è l'unico senso della unione corporea e, soggettivamente, non ne è mai il senso primo. Il suo senso è soprattutto l'attuazione del sublime vincolo d'amore tra le creature secondo la parola del Salvatore: divenire uno nella stessa carne. La donna, formata, secondo la Genesi, dal corpo dell'uomo – il che già indica l'intima appartenenza con cui ella gli è destinata come compagna inseparabile – è realmente vincolata all'uomo, in tal modo, mediante il matrimonio». D. VON HILDEBRAND, *Il matrimonio* (cf. nt. 11), 24.

4.1 Nozze e amicizia

L'amore tra gli sposi deve diventare amicizia, dove i partner si fanno veramente compagni di viaggi, nell'itinerario del loro cuore verso ciò che li supera. L'amore umano fatto di un rapporto inscindibile tra *eros* e *agape*[13], ma esso viene coronato dalla *philía*, dall'amicizia promuovente e quasi disinteressata tra gli sposi[14].

Parimenti, il rapporto tra gli sposi deve aprirsi all'amicizia all'esterno della coppia. Nell'attuale contesto di urbanizzazione, le famiglie spesso diventano monadi galleggianti in un vuoto sovrappopolato di sconosciuti, ma l'amore non è «*égotisme à deux*», è una facoltà che diventa un *habitus* di apertura, un'arte di amare[15]. L'amore di coppia deve nutrire e dev'essere nutrito da amicizie di coppia, come anche dalle amicizie di ognuno degli sposi. L'amicizia è quella virtuosità che rompe il corto circuito del dualismo soffocante.

---

[13] Cf. BENEDETTO XVI, Lett. enc. *Deus caritas est*, 5 dic. 2005, nn. 5-6.

[14] Sono molto significative al riguardo le parole di Nietzsche sull'amicizia: «Ebbene esiste, qua e là sulla terra, una specie di prolungamento dell'amore nel quale il desiderio cupido che due esseri provano l'uno per l'altro fa spazio a un nuovo desiderio, a una nuova concupiscenza, a una sete superiore comune, quella di un ideale che sorpassa entrambi: ma chi conosci questo amore? chi l'ha vissuto? il suo vero nome è amicizia». Sul tema dell'amicizia in F. Nietzsche si veda: F. SEMERARI, *Il predone, il barbaro, il giardiniere. Il tema dell'altro in Nietzsche*, Bari 2000, 135-154.

[15] Cf. E. FROMM, *The Art of Loving*, New York 1989, 1-6.

4.2 Nozze e fecondità

Il matrimonio non si esaurisce nella riproduzione. Tuttavia, la fecondità è qualità essenziale di ogni amore. Essa acquista il suo valore biologico quando partorire non viene colto come un dovere estrinseco annesso all'amore quale obbligo sociale, bensì quando diventa espressione della sovrabbondanza del bene *diffusivum sui* sperimentato dagli sposi e che feconda in primo luogo la loro stessa esistenza. La fecondità è nella natura intima dell'amore. L'ha intuito molto bene von Hildebrand quando ha scritto:

> Non dobbiamo infatti dimenticare che ogni puro amore possiede un'intima fecondità spirituale, e che specialmente nell'amore coniugale questa rimane del tutto indipendente dalla procreazione. Tale fecondità si attua in quello slancio dell'anima che è implicito all'amore, in quella nuova vigilanza dell'anima che è spronata al vero progresso spirituale e morale. [...] Ogni matrimonio nel quale si compie totalmente simile amore coniugale comporta frutti spirituali ed è fecondo quand'anche è senza figli[16].

4.3 Nozze e solitudine

Tanti che fuggono dalla solitudine nelle nozze si ritrovano con un isolamento confermato, più amaro perché sa di definitivo. Si prende ben volentieri il versetto: «non è bene che l'uomo sia solo» (*Gen* 2,18) come bando alla solitudine, ma vi è una grande differenza tra isolamento e solitudine. Mentre la prima è contraria all'essenza gregaria dell'uomo ed è spesso un dato di fatto

---

[16] D. von Hildebrand, *Il matrimonio* (cf. nt. 11), 27.

imposto dall'esterno, la solitudine è uno spazio eletto in cui si riconosce che nessun altro può vivere la mia vita al mio posto[17]. La coppia non può costituirsi se non si assume «l'irreducibile solitudine dell'atto d'esistere»[18] di ognuno degli sposi. La questione, quindi, non è psicologica o sociologica, bensì ontologica e spirituale.

L'unicità individuale e individuante della persona richiede e istituisce la sua solitudine. Ognuno di noi è unico, aggravato, onerato e onorato da un destino individuale e unico che non può essere vissuto per interposta persona. È scoprirsi responsabile del proprio destino. Solitudine è qui sinonimo di unicità, irripetibilità, incomunicabilità della realtà personale. Questa solitudine ontologica non è soltanto un ostacolo da affrontare e risolvere, come diversità e non-conoscenza da superare con il tempo; essa è dialetticamente un'esigenza dello stesso amore, il quale non solo sopporta ma è supportato dallo spazio vuoto che circonda la persona e le permette di sussistere e relazionarsi.

Questo spazio di solitudine, in ultima istanza, è un sacrario dove l'uomo s'incontra *Solus cum Solo* con colui che è *intimior intimo meo*. La solitudine può essere un'esperienza spirituale del vuoto a partire dal quale l'esistenza ri-sorge, occasione di un rapporto più libero alla realtà, agli altri, a Dio.

4.4 *L'amore verso l'Amore*

Nella *Lumen Gentium* si presenta nel primo punto un'interessantissima definizione di sacramento. Parlando della Chiesa la si considera come sacramento,

---

[17] Cf. M.P. GALLAGHER, *Dive Deeper. The Human Poetry of Faith*, London 2001, 60.
[18] X. LACROIX, *Les mirages de l'amour* (cf. nt. 4), 14.

ovvero come «segno e strumento dell'intima unione con Dio e dell'unità di tutto il genere umano» (*LG* 1). L'iconicità del matrimonio si rispecchia nel suo essere nel contempo comunità di vita (*Lebensgemeinschaft*) e comunità d'amore (*Liebesgemeinschaft*), chiesa domestica che segna e segnala la Chiesa edificata sul costato d'amore di Cristo. Nel mistero pasquale che si vive nel cuore dell'amore nuziale, gli sposi possono sperimentare il matrimonio come via dell'intima unione con Dio. Anzi, la riuscita di un matrimonio dal punto di vista sacramentale è possibile solo se si vivono le nozze come un «monachesimo del cuore» (P. Evdokimov) e un «sacerdozio nuziale» (O. Clément) che rispecchia il sacro volto di Dio al mondo, quale icona, e permette l'intima unione-comunione con lui, quale *sacramentum*. L'amore reciproco è un solco di quella luce dell'amore che disegna l'unico volto degli amanti, e che avverte che l'Amore è più grande dell'amore, che l'Amore assume e sorpassa l'amore; l'amore fallisce se non sfocia e si trasfigura nell'Amore. Lo afferma con grande stile Evdokimov: «Nel suo ultimo superamento, l'amore raggiunge la fede, dimostrazione delle cose che non si vedono; senza violare il velo apofatico dell'inaccessibile, esso offre le sue caste seti all'altro ardente Amore, che è a noi più intimo di noi stessi»[19].

Robert Cheaib

---

[19] P. Evdokimov, *Sacramento dell'amore* (cf. nt. 2), 17.

Facoltà di Diritto Canonico

LINDA GHISONI, *La prevenzione della nullità del matrimonio nella preparazione immediata alle nozze*
TOMASZ POCAŁUJKO, *Preparazione alle nozze e il diritto di contrarre un "matrimonio valido"*
TATSUYA MAEDA, *Preparazione al matrimonio in Giappone*

LA PREVENZIONE DELLA NULLITÀ DEL MATRIMONIO NELLA PREPARAZIONE IMMEDIATA ALLE NOZZE

Introduzione

Quando il Giudice, nella fase istruttoria di una causa per la dichiarazione di nullità del matrimonio, pone alle parti domande inerenti la avvenuta preparazione alle nozze, riceve spesso la seguente risposta: «Ho partecipato distrattamente al corso prematrimoniale, era un atto dovuto; non ho detto quello che pensavo realmente». Per non parlare dell'esame dei contraenti, in ordine al quale spesso le parti non conservano alcun ricordo o si limitano a ripetere: «È stata una formalità di carattere burocratico, necessaria per essere ammessi al matrimonio».

Da un lato ciò è indice di quanto spesso siano affrontati con superficialità, da parte di molti fidanzati, gli atti di preparazione e ammissione al matrimonio, dall'altro, induce a chiedersi se sia possibile e in quale misura operare, al fine di arginare e prevenire la nullità del matrimonio in fase di preparazione immediata alle nozze.

Le riflessioni che seguono sono connotate da un'indole giuridico-pratica, volta a valorizzare la dimensione giuridica insita nell'attività di preparazione al matrimonio, superando una talora strumentalizzata dicotomia tra pastorale e diritto che non ha ragion d'essere: si presta, infatti, un vero servizio pastorale nella preparazione al matrimonio se si rende ragione, in essa, della verità del matrimonio medesimo, che non può prescindere dalla sua dimensione giuridica; parimenti, l'attività giudiziaria che si svolge nei Tribunali ecclesiastici offre un servizio anche alla pastorale, nella misura in cui, pronunciando la verità riguardo un determinato matrimonio, riafferma la saldezza del matrimonio stesso come lo intende la Chiesa. Si tratta di un esempio pratico di coniugazione e intreccio tra approccio pastorale e approccio giuridico in un reciproco servizio finalizzato alla *salus animarum*[1].

Il compito che ci prefiggiamo nel sondare, in fase di preparazione alle nozze, azioni preventive della nullità del matrimonio è in linea con le recenti indicazioni magisteriali: Papa Benedetto XVI, nell'Allocuzione al Tribunale Apostolico della Rota Romana del 22 gennaio 2011, riferendosi allo *ius connubii,* ne esclude il significato di pretesa soggettiva dei nubendi e dichiara che esso si riferisce al diritto di celebrare un autentico matrimonio, come lo intende la Chiesa, non un'unione qualunque, pertanto, «nessuno può vantare il diritto a una cerimonia nuziale» e «non si negherebbe [...] lo *ius connubii* laddove fosse evidente che non sussistono le premesse per il suo esercizio, se mancasse, cioè, palesemente la capacità richiesta per sposarsi, oppure la volontà si ponesse un obiettivo che è in contrasto con la realtà naturale del matrimonio»[2].

---

[1] Cf. GIOVANNI PAOLO II, Allocuzione alla Rota Romana, 18 gennaio 1990, n. 4, *AAS* 82 (1990) 874.

[2] BENEDETTO XVI, Allocuzione alla Rota Romana, 22 gennaio 2011, *AAS* 103 (2011) 109-110: *L'Osservatore Romano*,

Le riflessioni che seguono suppongono le nozioni generali inerenti la preparazione al matrimonio, di cui ai cann. 1063-1071 e ai documenti ufficiali[3], così come gli aspetti teologici sottostanti il matrimonio tra battezzati o tra una parte battezzata ed una non battezzata; non includono l'ammissione in sé alle nozze, ma si concentrano esclusivamente sulla preparazione immediata al matrimonio nelle sue diverse fasi, con un'attenzione particolare – stante il tema generale dell'Atto accademico, ossia *Matrimonio e famiglia in una società multireligiosa e multiculturale* – ai matrimoni misti (cann. 1124-1129) e a quelli contratti con dispensa per disparità di culto (can. 1086), con intento non esaustivo ma esemplificativo.

1. Preparazione immediata al matrimonio

L'Esortazione apostolica *Familiaris consortio* insiste nella cura particolare da porre nella preparazione al matrimonio suddivisa in tre tappe: remota, prossima e immediata[4].

---

23 gennaio 2011, 8. Cf. U. NAVARRETE, «Diritto fondamentale al matrimonio e al sacramento», *Quaderni di Diritto Ecclesiale* 1 (1988) 72-78; H. FRANCESCHI, «Lo *ius connubii* come criterio interpretativo delle norme riguardanti la nullità del matrimonio. Alcune considerazioni sulla giurisprudenza della Rota Romana», *Quaderni dello Studio Rotale* 20 (2010) 39.

[3] GIOVANNI PAOLO II, Esort. apost. *Familiaris consortio*, 22 novembre 1981, *AAS* 74 (1982) 81-191; PONTIFICIO CONSIGLIO PER LA FAMIGLIA, Preparazione al sacramento del matrimonio, 13 maggio 1996, n. 45, in *EV* 15/ 503; si vedano, inoltre, i documenti emanati dalle singole Conferenze Episcopali ai vari livelli, nazionale e regionale.

[4] Cf. GIOVANNI PAOLO II, Esort. apost. *Familiaris consortio* (cf. nt. 3), 159-162.

La prima e la seconda forniscono le basi per quella che sarà poi la preparazione immediata, basi ancor più urgenti nella società odierna, in quanto stimolano l'acquisizione di «consapevolezza delle note essenziali del matrimonio cristiano»[5], non più scontate oggi; tuttavia, non è possibile individuare in esse modalità di diretta prevenzione della nullità del matrimonio.

La tappa che, invece, offre più direttamente possibilità di prevenzione nella verifica dei presupposti di validità del contraendo matrimonio è quella della preparazione immediata, che si consuma nell'arco dei mesi antecedenti la data delle nozze se non addirittura, in taluni casi, nelle settimane che le precedono. Essa consiste nella frequenza del corso di preparazione al matrimonio e nell'espletamento dell'istruttoria matrimoniale, la quale prevede: acquisizione dei documenti necessari e di eventuali dispense e/o licenze; esame dei nubendi; cura delle pubblicazioni canoniche; colloqui personali con il Parroco[6]. Di seguito si prenderanno in esame questi diversi incombenti per verificare in quale misura si possa in essi operare prevenendo il radicarsi di eventuali nullità matrimoniali.

2. Corso prematrimoniale: alcune questioni particolari

Il corso di preparazione al matrimonio offre al Parroco, o al sacerdote deputato *ad hoc*, un'opportunità privilegiata per istruire le coppie di fidanzati riguardo

---

[5] PONTIFICIO CONSIGLIO PER LA FAMIGLIA, Preparazione al sacramento del matrimonio, n. 45 (cf. nt. 3), 503.

[6] Cf. CONFERENZA EPISCOPALE ITALIANA, Il matrimonio canonico, Decreto generale, 5 novembre 1990, nn. 4-18, in *Enchiridion CEI* 4 (1986-1990) 1317-1322.

la valenza giuridica del matrimonio e i requisiti affinché esso sia valido.

Occorre che durante il corso si illustri chiaramente il matrimonio quale sacramento, dotato di proprietà e fini, da contrarre in piena libertà da parte di chi ne ha la capacità, senza che siano apposte condizioni al consenso, senza il ricorso a violenza fisica o morale o ad inganni, in modo che gli sposi, come recita il can. 1063, 2° «si dispongano alla santità e ai doveri del loro nuovo stato».

I nubendi devono sapere che quelli richiamati non sono accessori o ingredienti auspicabili per la perfezione o la felicità della vita matrimoniale, bensì requisiti essenziali, in mancanza dei quali quell'unione non sarà un matrimonio.

Nel compiere, con le coppie di futuri sposi, un percorso positivo e costruttivo in vista di una presa di coscienza da parte loro del significato del matrimonio[7], occorre evidenziare che esso non è una tappa romantica per una autodeterminazione da realizzarsi in modo intimistico e privato[8], bensì un vero *foedus* (can. 1055), un contratto, con valenza giuridica e sociale, il quale, se privo di alcuni crismi essenziali, non è valido: i termini del contratto debbono essere esplicitati ai nubendi, essendo essi stessi i diretti contraenti, ministri del matrimonio, in modo che, senza falsi compiacimenti, si apprestino a compiere una verifica sincera e seria delle loro intenzioni matrimoniali.

---

[7] Tali aspetti, attinenti piuttosto la programmazione completa, dal punto di vista pastorale, dei corsi, non vengono presi in considerazione nel presente lavoro, in quanto esulano dalla specifica ottica di cui al titolo, tuttavia sono fondamentali per una completa e adeguata preparazione alle nozze e rimangono di pertinenza di coloro i quali strutturano e guidano i corsi medesimi, alla luce delle indicazioni fornite dall'autorità competente.

[8] Cf. PONTIFICIO CONSIGLIO PER LA FAMIGLIA, Preparazione al sacramento del matrimonio, n. 38 (cf. nt. 3), 501.

Il corso di preparazione svolto in gruppo con altre coppie consente la condivisione di quel cammino di fede indicato nella *Familiaris consortio*[9], tuttavia, stante la diversificazione sempre maggiore degli utenti dei corsi – tra i quali vi sono conviventi, non praticanti e/o non credenti, coppie provenienti da culture diverse, alcune delle quali appartenenti ad altre religioni – è utile che si proceda ad incontri specifici di approfondimento con le singole coppie, a seconda delle personali situazioni di ciascuno, che non sono di interesse di tutti i partecipanti al corso.

In maniera esemplificativa si prendono in considerazione, di seguito, alcune situazioni di fatto che meritano un'attenzione ed una preparazione particolari, al fine di prevenire possibili nullità matrimoniali.

2.1 *Matrimoni con disparità di culto*

Per la parte cattolica che intenda sposare una parte non battezzata (*disparitas cultus*) è di fondamentale importanza conoscere il significato del matrimonio nella religione, come anche nella cultura di provenienza della parte non battezzata, a seconda del Paese d'origine o di quello in cui la coppia intenda stabilirsi. Per comprenderne l'importanza, è utile fare un esempio: nonostante l'intendimento di matrimonio quale contratto abbia una base univoca in tutto l'Islam, tuttavia, a seconda delle culture locali, si differenziano i diritti e i doveri dei coniugi, talché, ad esempio, mentre in Marocco marito e moglie hanno gli stessi diritti

---

[9] Cf. GIOVANNI PAOLO II, Esort. ap. *Familiaris consortio* (cf. nt. 3), 160.

e doveri, in Yemen il diritto di famiglia stabilisce che la donna debba obbedienza al marito in tutte le materie di interesse familiare, in particolare sarà tenuta ad accettare l'abitazione stabilita dal marito[10]. Istruendo la parte cattolica, si potrà accertare, ad esempio, che non vengano apposte condizioni o non siano stati stretti tra i coniugi patti condizionanti il consenso.

Occorre, inoltre, informare la parte cattolica riguardo il significato della *shahâda*, ossia della professione di fede islamica consistente nel pronunciare una breve formula davanti a due testimoni musulmani qualificati: una formula che, per se sola, rende la persona *ipso facto* musulmana. Tale professione di fede islamica, richiesta sempre all'uomo cattolico che intenda sposare una donna islamica (ovviamente solo in un paese non musulmano, altrimenti non gli sarebbe consentito), non è una prestazione insignificante, ma è dichiarata apostasia dalla fede cattolica e abbandono formale della medesima[11], cosicchè la sua emissione, fino a poco tempo fa, esimeva sia dalla forma canonica (cf. cann. 1108, 1117), sia dall'impedimento di *disparitas cultus* (cf. can. 1086 §1)[12].

Intervenuta, tuttavia, la Lettera Apostolica *motu proprio* data *Omnium in mentem* di Papa Benedetto XVI del 26 ottobre 2009[13], che ha espunto dai canoni

---

[10] Cf. B. GHIRINGHELLI – A. NEGRI, *I matrimoni cristiano-islamici in Italia: gli interrogativi, il diritto, la pastorale*, Bologna 2008, 37; 40.

[11] Cf. PRESIDENZA DELLA CONFERENZA EPISCOPALE ITALIANA, I matrimoni tra cattolici e musulmani in Italia, 29 aprile 2005, n. 46, nt. 7, *Notiziario CEI* n° 5 (2005) 157.

[12] Cf. U. NAVARRETE, «Diritto fondamentale al matrimonio (cf. nt. 2), 77.

[13] Cf. *AAS* 102 (2010) 8-10.

1086 §1, 1117 e 1124 del Codice di diritto canonico la dicitura «*nec actu formali ab ea defecerit*», l'emissione di tale professione di fede islamica non esime più dalla forma canonica, né dall'impedimento di *disparitas cultus*, con le ovvie conseguenze che dovrà trarre il Parroco nell'ammettere al matrimonio, dal momento che, per effetto di tale abrogazione, è stata ripristinata la soggezione di ogni cattolico latino a tali norme, a partire dall'entrata in vigore del *motu proprio* in questione.

Non sono, pertanto, da sottovalutare, le "peculiari esigenze"[14] di quelle coppie che intendono contrarre un matrimonio con dispensa di *disparitas cultus*: occorre sensibilizzarle in particolare riguardo la natura monogamica e indissolubile del matrimonio[15], accertandosi del ruolo della donna, dei sui diritti e, in particolare, di quelli che può esercitare sui figli nella cultura e religione della parte non cattolica, come anche nel Paese in cui la coppia intenda stabilirsi dopo le nozze.

Nelle già richiamate indicazioni rese note dalla Presidenza della Conferenza Episcopale Italiana il 29 aprile 2005 riguardo i matrimoni tra cattolici e musulmani in Italia[16], si rinvengono spunti molto utili per individuare dove debba inserirsi un'azione preventiva della nullità del matrimonio tra cattolici e musulmani in genere: in particolare verificando che le nozze non siano volute dalla parte musulmana per l'ottenimento

---

[14] GIOVANNI PAOLO II, Esort. apost. *Familiaris consortio* (cf. nt. 3), 178.

[15] Cf. PRESIDENZA DELLA CONFERENZA EPISCOPALE ITALIANA, I matrimoni tra cattolici e musulmani, n. 41 (cf. nt. 11), 153-154.

[16] Cf. PRESIDENZA DELLA CONFERENZA EPISCOPALE ITALIANA, I matrimoni tra cattolici e musulmani (cf. nt. 11), 139-165.

di scopi diversi dal matrimonio, quali l'asilo politico o il permesso di lavoro. Ciò consentirà di prevenire eventuali nullità del matrimonio per simulazione totale o per esclusione del *bonum sacramenti* o per condizione, qualora la validità del consenso venga fatta dipendere dal verificarsi di determinati eventi dedotti in condizione.

2.2 *Matrimoni misti*

L'opportunità di una diversificazione all'interno dei corsi preparatori è evidente anche riguardo il matrimonio misto in senso stretto, cioè quello contratto da una parte cattolica e una parte battezzata in altra Chiesa non in piena comunione con la Chiesa cattolica (cann. 1124 ss.): la parte cattolica sia informata riguardo la differente concezione di matrimonio, con riferimento particolare alla sua sacramentalità e all'indissolubilità. Senza che ci si addentri in questioni teologiche, in ordine alle quali sono stati pubblicati numerosi studi[17] ed evitando generalizzazioni inopportune, stante la diversità che vi è tra le Chiese cristiane non cattoliche, tuttavia, va detto che, di volta in volta, occorrerà, in sede di preparazione alle nozze, informare adeguatamente i contraenti delle diversità che caratterizzano il matrimonio in ciascuna delle chiese di appartenenza.

Un esempio: in caso di matrimonio misto tra una parte cattolica ed una valdese, occorrerà informarle in

---

[17] Cf. U. NAVARRETE, «Matrimoni misti: conflitto fra diritto naturale e teologia?», *Quaderni di Diritto Ecclesiale* 5 (1992) 265-286; *I matrimoni misti*, Studi giuridici 47, Città del Vaticano 1998.

ordine a quanto le accomuna e concorre al dialogo ecumenico, come esorta la *Familiaris consortio*[18], ma anche riguardo ciò che le differenzia, in particolare la sacramentalità (per i valdesi il matrimonio non è sacramento), l'indissolubilità (la Chiesa valdese, benchè istruisca al matrimonio come unione duratura, è favorevole al divorzio e lo ammette per regolare le crisi irreversibili dell'unione matrimoniale) e riguardo la procreazione, stante il fatto che per i valdesi la eventuale esclusione del *bonum prolis* con atto positivo di volontà non inficia la validità del matrimonio[19].

2.3 Consumazione del matrimonio e impotenza

Nei processi in cui, a norma del can. 1681, si sospende la causa di nullità e si passa dalla via giudiziaria alla via amministrativa in vista della dispensa *super rato*, si rende spesso evidente come sia importante che ai nubendi venga spiegato che cosa si intenda per consumazione del matrimonio, con le diverse fasi della copula coniugale. È vero che la mancata consumazione di un matrimonio non ne intacca la validità, tut-

---

[18] Cf. GIOVANNI PAOLO II, Esort. apost. *Familiaris consortio* (cf. nt. 3), 179.

[19] Cf. CONFERENZA EPISCOPALE ITALIANA – SINODO DELLE CHIESE VALDESI E METODISTE IN ITALIA, Testo comune per un indirizzo pastorale dei matrimoni tra cattolici e valdesi o metodisti in Italia, 16 giugno 1997, nn. 2.1-2.5, in *Enchiridion CEI* 6 (1996-2000) 399-407; A. MONTAN, «Matrimoni misti e problemi pastorali», in *I matrimoni misti*, Studi giuridici 47, Città del Vaticano 1998, 38-44; E. ZANETTI, «Matrimoni riguardanti aspetti ecumenici e mobilità sociale», *Quaderni di Diritto Ecclesiale* 15 (2002) 396-405.

tavia, non è infrequente che i coniugi, ignorando cosa si debba intendere per matrimonio non consumato, non si servano dei mezzi idonei per affrontare questa problematica della vita coniugale e poi, come talora accade, si avventurino in una causa di dichiarazione di nullità, ignorando che nel loro caso ricorrono i presupposti per una dispensa pontificia.

Analogamente al caso esposto, si richiede chiarezza di concetti in materia medico-sessuologica affinché i futuri coniugi siano in grado di riconoscere eventuali casi di impotenza copulativa, la quale rende nullo il matrimonio a norma del can. 1084.

2.4 Matrimonio susseguente ad una dichiarazione di nullità

Un'ulteriore diversificazione nel contesto della preparazione al matrimonio andrebbe fatta per coloro i quali hanno avuto la dichiarazione di nullità da un precedente matrimonio e, ottenuta la revoca dell'eventuale divieto di passare a nuove nozze, contraggono matrimonio in Chiesa.

È utile tenere a mente che la procedura di rimozione del divieto di passare a nuove nozze non sostituisce in alcun modo la preparazione al matrimonio, essendo volta esclusivamente a verificare se sussista il pericolo di un reiteramento del vizio di consenso o del difetto che aveva causato la precedente nullità. Una consapevole preparazione alle nozze deve, invece, prendere in considerazione tutti i requisiti del matrimonio canonico, a maggior ragione in coloro i quali si siano ad esempio già dimostrati dei simulatori del consenso, oppure siano stati dichiarati incapaci rispetto ai diritti-doveri matrimoniali essenziali.

Accade, infatti, anche se non frequentemente, che una parte che abbia ottenuto la dichiarazione di nullità, la chieda una seconda volta dopo nuove nozze con un'altra parte, invocando un nuovo capo di nullità o, talora, lo stesso capo, insito nella mentalità, in realtà mai cambiata, oppure in cause di natura psichica che non avrebbero mai avuto una vera remissione.

2.5 *Matrimonio canonico di non credenti*

Venendo a coloro i quali, battezzati nella Chiesa cattolica, si dichiarano non credenti, occorrerà indurli a verificare con serietà perché chiedano il matrimonio in Chiesa: non si tratta di misurare il loro grado di fede[20], ma di verificare se vogliano fare ciò che intende la Chiesa, scongiurando il rischio che le nozze siano contratte per motivi estrinseci al matrimonio ed evitando che diano vita a uno "pseudo matrimonio"[21], essendo mossi da un'intenzionalità escludente il matrimonio medesimo oppure la dignità sacramentale o, ancora, i *bona matrimonialia*.

2.6 *Matrimonio e capacità psichica*

Alla luce del numero elevato di dichiarazioni di nullità per incapacità, a norma del can. 1095, si rende evidente che occorre sensibilizzare i fidanzati anche

---

[20] Cf. GIOVANNI PAOLO II, Esort. apost. *Familiaris consortio* (cf. nt. 3), 163-165, che tratta in modo particolare la questione dei battezzati imperfettamente disposti quanto alla fede.

[21] Cf. *coram* Stankiewicz, sent. 23 luglio 1982, n. 3, in *RRD* 74, 423.

riguardo la capacità minima richiesta in ordine alle obbligazioni matrimoniali, invitandoli a verificare e a non sottovalutare eventuali segnali di fragilità psicologica, se non addirittura di possibili disturbi di personalità o di anomalie psichiche. Chi cura la preparazione al matrimonio può avvalersi di esperti in materia per illustrare come una tale verifica possa avvenire seriamente. Ci si chiede, tuttavia, se sia sufficiente invitare uno psichiatra ai corsi.

Benché non si possa porre quale obbligatoria l'acquisizione di una perizia psicologica o psichiatrica sui nubendi[22], tuttavia, stante la valenza del matrimonio quale sacramento che inaugura il *consortium totius vitae* dei coniugi, il corso prematrimoniale dovrebbe offrire una tale opportunità, lasciando liberi i fidanzati di avvalersene oppure no e consigliando loro di parteciparne i risultati all'altro contraente e al Parroco che cura l'esame dei nubendi, in modo che i fidanzati possano anzitutto conoscere meglio se stessi, le proprie attitudini ed eventualmente le proprie fragilità, sulle quali lavorare nella relazione di coppia, ma anche individuare eventuali ostacoli al matrimonio che potrebbero essere causa di un grave difetto di discrezione di giudizio o di una incapacità di assumere le obbligazioni matrimoniali essenziali a norma del can. 1095, 2° e/o 3°. È evidente che ci si dovrebbe avvalere, nel caso, di consulenti ispirati all' antropologia cristiana.

Come accennato, la normativa vigente non consente di introdurre una tale proposta quale prassi ob-

---

[22] Cf. G.P. MONTINI, «La responsabilità del Parroco nell'indagine prematrimoniale», *Quaderni di Diritto Ecclesiale* 1 (1988) 115; P. BIANCHI, «Nullità del matrimonio e difetti nella sua preparazione», *Quaderni di Diritto Ecclesiale* 1 (1988) 127-128.

bligata per i fidanzati, tuttavia non la impedisce. Del resto, proprio per rimanere fedeli all'autentico significato di *ius connubii* come indicato da Papa Benedetto XVI nella citata Allocuzione e per prevenire la nullità di alcuni matrimoni, non si dovrebbe temere di avvalersi, pur lasciandola quale opzione libera dei fidanzati, dell'apporto delle scienze umane. A tale proposito, oltre al fondamento normativo di cui al can. 1066 che recita: «Prima di celebrare il matrimonio, deve constare che nulla si opponga alla sua celebrazione valida e lecita», è agile riscontrare un'analogia con quanto stabilito, ad esempio, dalla Conferenza Episcopale Italiana in ordine all'ammissione al matrimonio di chi chiede la dispensa dall'impedimento di età di cui al can. 1083 o di persona civilmente interdetta per infermità di mente: in questi casi l'Ordinario del luogo è esortato ad avvalersi di un «esame psicologico compiuto da un consultorio familiare di ispirazione cristiana o da un esperto di fiducia»[23].

2.7 *Procreazione nel matrimonio canonico*

Un ulteriore aspetto da non trascurare riguarda le intenzioni dei nubendi in ordine alla procreazione. Occorre fornire nozioni esatte riguardo gli atti coniugali idonei alla procreazione e al diritto-dovere ivi connesso. Non di rado, infatti, in sede di interrogatorio delle parti in causa per la dichiarazione di nullità, occorre chiarire i termini, stante la confusione che spesso fanno le parti tra il semplice rinvio della procreazione

---

[23] CONFERENZA EPISCOPALE ITALIANA, Il matrimonio canonico, nn. 36, 38 (cf. nt. 6), 1327-1328.

e la sua esclusione. Solo se i fidanzati avranno chiara tale distinzione si potrà verificare quali siano le loro reali intenzioni nell'accingersi a contrarre matrimonio e se esse coincidano con quanto intende la Chiesa riguardo l'ordinazione del matrimonio al *bonum prolis*.

Approfondimenti a parte sarebbero da predisporre, inoltre, per coloro i quali hanno già figli, avuti prima del matrimonio: non è infrequente, infatti, che costoro escludano la procreazione nel matrimonio canonico che si apprestano a contrarre.

2.8 *Altri campi di azione nel corso di preparazione al matrimonio*

Affinchè i fidanzati si preparino accuratamente e si prevenga, nella misura del possibile la eventuale nullità che potrebbe derivare da altri capi di nullità quali l'errore, di cui al can. 1097, il dolo, di cui al can. 1098, la condizione, di cui al can. 1102 e la *vis vel metus*, di cui al can. 1103, occorre che il corso, frequentato in previsione dell'esame dei nubendi, li induca a coltivare un dialogo sincero, aperto e onesto con se stessi e con il futuro coniuge, in modo da ammettere o eventualmente scoprire la presenza di siffatti vizi del consenso.

Alla luce di quanto accennato in ordine ai campi d'azione per prevenire la nullità del matrimonio in sede di corso di preparazione, emerge quanto si possa e quanto occorra fare in tal senso. Purtuttavia, nonostante la frequenza del corso sia indicata tra i requisiti per la preparazione al matrimonio, essa non costituisce una condizione *sine qua non* per la ammissione alle nozze, come stabilito dalla *Familiaris consortio*[24]. Se, pertanto, i nubendi non avranno frequentato un corso preparatorio, tale lacuna dovrà essere in qualche modo supplita nel contesto dell'esame dei nubendi.

3. Documenti

L'acquisizione dei documenti è un adempimento mediante il quale è possibile prevenire direttamente la nullità del matrimonio, con riferimento particolare all'accertamento dell'identità, dello stato libero dei contraenti, come anche della loro appartenenza religiosa e confessionale.

3.1 *Certificato di battesimo*

Il certificato di battesimo consente di verificare lo stato libero del contraente, oltre alla religione e confessione di appartenenza dei nubendi, in modo che si possa evitare, ad esempio, la nullità per impedimento di *disparitas cultus* o per difetto di forma, a seconda che i contraenti siano o no tenuti alla forma canonica. Non solo, la eventuale annotazione di un precedente matrimonio sull'atto di battesimo consentirà di evitare la nullità per impedimento insorgente da precedente vincolo (can. 1085), oppure di avviare le procedure previste al fine di ottenere la rimozione del divieto eventualmente apposto alla sentenza di nullità. Si comprende pertanto, stanti le possibili annotazioni ap-

---

[24] Cf. GIOVANNI PAOLO II, Esort. apost. *Familiaris consortio* (cf. nt. 3), 162.

poste all'atto di battesimo, che il relativo certificato non potrà essere accettato se non in originale e redatto in data recente, non più di sei mesi prima delle nozze, al fine di scongiurare che un eventuale matrimonio contratto nel frattempo non risulti registrato sul certificato medesimo[25].

3.2 Certificazione dello stato libero

L'acquisizione di certificazione dello stato libero dei contraenti previene la nullità del matrimonio dovuta ad impedimento a causa di precedente vincolo a norma del can. 1085, oppure consente al Parroco di verificare, ad esempio, se il matrimonio da contrarsi con rito religioso in Italia non possa conseguire gli effetti civili (qualora vi sia precedente matrimonio con rito civile non ancora conclusosi con il divorzio): in tal caso, il Parroco potrà benedire le nozze solo previa licenza dell'Ordinario, a norma del can. 1071 §1, 2°.

Particolare cura nella acquisizione di documenti che attestino la non sussistenza di altri vincoli matrimoniali è da porre in caso di matrimonio tra parte cattolica e parte musulmana, stante la poligamia ammessa in alcuni Paesi. Qualora non sia stato possibile farlo durante il corso, la parte cattolica sia sensibilizzata riguardo la legislazione matrimoniale del Paese di provenienza della parte non cattolica e in ordine alle norme vigenti nel Paese in cui la coppia stabilirà la dimora coniugale.

---

[25] Cf. P. BIANCHI, «Nullità del matrimonio» (cf. nt. 22), 128-

3.3 *Certificato autentico di morte del coniuge*

In caso di matrimonio con persona vedova è imprescindibile l'acquisizione del certificato autentico di morte del coniuge, oppure, in caso di impossibilità a dimostrare l'avvenuto decesso mediante documento autentico civile o ecclesiastico, la dichiarazione di morte presunta pronunciata dal Vescovo diocesano a norma del can. 1707[26]: solo l'acquisizione del predetto certificato o, in casi particolari, della richiamata dichiarazione del Vescovo, consentono, infatti, di verificare la non sussistenza di un precedente vincolo e prevenire la nullità per l'impedimento di cui al can. 1085.

3.4 *Accertamento dell'identità di genere*

Una menzione a parte merita, nel contesto dei documenti, l'accertamento dell'identità di genere dei contraenti, verificando che a chiedere il matrimonio siano un uomo e una donna. Tale annotazione non è superflua, stanti i noti casi di transessualismo. Concretamente, occorre verificare che i fidanzati, o anche uno solo dei due, non si siano sottoposti ad interventi chirurgici di cosiddetto "adeguamento di sesso" con conseguente sentenza civile, dal momento che, per la Chiesa cattolica, anche chi si fosse sottoposto a tali interventi e avesse ottenuto il cambiamento dei dati anagrafici, rimane appartenente al sesso geneticamente determinato, non a quello fenotipico. Pertanto, per fare un esempio, il matrimonio tra un uomo e un transessuale che, operato, risulti classificato all'anagrafe non

---

[26] Cf. G.P. MONTINI, «La responsabilità del Parroco» (cf. nt. 22), 113.

più quale uomo, ma quale donna, è un matrimonio tra un uomo e un uomo, quindi inesistente, in quanto mancante di un presupposto fondamentale, ossia l'alterità di sesso, come stabilito ai cann. 1055 e 1096[27].

Stante l'importanza dei documenti richiamati, idonei a verificare lo stato canonico dei contraenti e a prevenire eventuali nullità matrimoniali, il Parroco dovrà acquisirli non in mera copia fotostatica, bensì in esemplare autentico.

4. Esame dei nubendi

L'esame dei nubendi è un adempimento obbligatorio, fuorché in situazioni eccezionali, ad esempio *in periculo mortis*, a norma del can. 1068. Mediante tale esame si esplicita massimamente la valenza giuridica del matrimonio, poiché esso è volto ad accertare, in vista dell'ammissione alle nozze, che il consenso sia corredato di tutti i requisiti essenziali per la validità dell'atto stesso.

Poiché i contraenti affrontano tale esame in un tempo molto ravvicinato alla data delle nozze, quando sono già "in corsa" verso il matrimonio, con i preparativi ormai effettuati, non sempre conservano la libertà e serenità necessarie per rivisitare ed esprimere le loro reali intenzioni inerenti il matrimonio. Per questo motivo è bene che sia dato ampio spazio al corso prematrimoniale, che precede l'esame dei nubendi, in modo che i contraenti si presentino all'esame avendo già a disposizione tutte le conoscenze necessarie ed

---

[27] Cf. U. NAVARRETE, «Transexualismus et ordo canonicus», *Periodica* 86 (1997) 101-124.

avendo maturato un esame personale riguardo le loro intenzioni. Qualora i futuri sposi non abbiano frequentato il corso, oppure esso sia stato ridotto in termini di contenuti, il Parroco dovrà colmare tale lacuna in sede di esame dei nubendi, esponendo in maniera completa tutti i diritti e doveri che i contraenti assumono con il matrimonio[28].

L'esame dei contraenti prevede alcune solennità che non sono da disattendersi, proprio a motivo dell'importanza di tale investigazione che prelude al matrimonio:
– non ha validità illimitata, bensì una scadenza stabilita dalla Conferenza episcopale, solitamente di sei mesi. Ciò si deve non a mera formalità, bensì al fatto che le intenzioni dei contraenti che influiscono sulla validità del matrimonio sono quelle del momento della prestazione del consenso, pertanto, non deve trascorrere un lasso di tempo eccessivamente lungo tra risposta all'esame e matrimonio;
– deve essere espletato dal Parroco competente o da altro Parroco delegato (cf. can. 1070 CIC);
– i fidanzati debbono essere interrogati separatamente[29], non insieme. Nelle cause di nullità di matrimonio si apprende che frequentemente l'esame è stato condotto nel contesto di un colloquio informale a tre, senza l'interrogatorio personale di ciascuno dei contraenti. Una tale omissione, oltre ad evidenziare che il Parroco è venuto meno a una disposizione stabilita,

---

[28] In ordine ai contenuti delle domande che vengono poste ai nubendi nel corso del loro esame, non occorre qui passarli in rassegna. A tale proposito, si rinvia allo studio particolarmente dettagliato di P. BIANCHI, «L'esame dei fidanzati: disciplina e problemi», *Quaderni di Diritto Ecclesiale* 15 (2002) 354-394.

[29] Cf. P. BIANCHI, «L'esame dei fidanzati» (cf. nt. 28), 360-361.

non consente quella garanzia di maggiore libertà che il colloquio personale dovrebbe tutelare, in modo che l'interrogato sia in una condizione più favorevole ad esprimere eventuali condizionamenti o inganni o minacce ricevute o riserve o quant'altro la persona possa aver tenuto nascosto all'altra parte e che possa inficiare la validità del matrimonio[30];

– l'esame va gestito in quanto tale, quale interrogatorio e non quale informale scambio, o come chiacchierata: i contraenti devono, infatti, avere la netta percezione che si tratti di un atto dal contenuto eminentemente giuridico che coinvolge in pieno la loro persona nello stipularlo: ciò si ottiene non solo spiegandolo accuratamente, ma anche procedendo a porre in modo preciso i quesiti annotati sull'atto e verbalizzando fedelmente le risposte date da ogni contraente dopo che questi ha prestato giuramento, evitando risposte generiche o stereotipate, come si trovano, invece, quasi sempre, nella posizione matrimoniale; è anche molto utile che siano annotati eventuali problemi emersi durante il colloquio, oppure cambiamenti di posizione o di intenzioni espresse, in modo che siano fedelmente registrate le intenzioni dei nubendi, con la eventuale evoluzione che si è prodotta nei medesimi[31];

– infine, le risposte date dalle parti, tutelate dal segreto d'ufficio, vengono sottoscritte da parti e Parroco.

È agile comprendere, alla luce della portata giuridica dell'esame dei contraenti, che esso non si risolve in una mera formalità, come è invece percepita da molti fidanzati, ma prevede solennità che rendono ra-

---

[30] Cf. P. BIANCHI, «Nullità del matrimonio» (cf. nt. 22), 130.
[31] Cf. P. BIANCHI, «Nullità del matrimonio» (cf. nt. 22), 131.

gione dell'atto medesimo, unicamente se gestito con la dovuta serietà dal Parroco, il quale, nel corso dell'esame dei contraenti procede nel modo più diretto a verificare i requisiti per un valido matrimonio.

5. Pubblicazioni

Anche le pubblicazioni canoniche, la cui regolamentazione è demandata alle singole Conferenze episcopali[32], è uno strumento obbligatorio, atto a verificare lo stato libero dei nubendi e a prevenire la eventuale nullità di un matrimonio per qualche impedimento[33].

Scopo delle pubblicazioni è permettere ai fedeli di segnalare al Parroco o all'Ordinario del luogo, prima della celebrazione del matrimonio, se ostino eventuali impedimenti alle nozze, come stabilisce il can. 1069. Ma i fedeli hanno una sufficiente informazione riguardo gli impedimenti medesimi? Spontanea sorge, in merito, un'annotazione pratica: i parroci dovrebbero individuare modalità opportune, atte a far meglio conoscere questo dovere dei fedeli, i quali, se ignorano, ad esempio, il computo della consanguineità, ben difficilmente potranno apportare il loro contributo in caso di matrimonio contratto con impedimento di cui al can. 1091[34].

---

[32] Per quanto concerne l'Italia, cf. CONFERENZA EPISCOPALE ITALIANA, Il matrimonio canonico, nn. 12-14 (cf. nt. 6), 1320-1321.

[33] Per maggiori dettagli in ordine alle pubblicazioni si veda P. BIANCHI, «La preparazione al matrimonio, oggi, in Italia», *Quaderni di Diritto Ecclesiale* 1 (1988) 87-88.

[34] L'importanza ed incidenza di una tale informazione da parte dei fedeli in caso di consanguineità, la si desume esplicitamente dal §4 del can. 1091, laddove è stabilito che, in caso di dubbio, non si ammetta al matrimonio.

Il matrimonio concordatario vigente in Italia consente che il matrimonio contratto in Chiesa consegua effetti civili, grazie alla semplice trascrizione dell'avvenuto matrimonio. In forza di ciò, il Parroco deve acquisire, prima di assistere al matrimonio, l'attestato di avvenute pubblicazioni civili, in modo che consti che non sussistano impedimenti all'unione matrimoniale come stabiliti dall'ordinamento statale.

6. Dispense e Licenze

Tra i documenti canonici richiesti, importanti al fine della valida e lecita celebrazione del matrimonio, vi sono le dispense da eventuali impedimenti e le licenze previste dalla normativa canonica. Si pensi, ad esempio, alle dispense dall'ordine sacro, dall'impedimento di crimine (riservati alla Sede apostolica a norma del can. 1078), dall'impedimento di *disparitas cultus*, senza le quali si incorrerebbe inevitabilmente in un matrimonio nullo. Oppure si considerino i casi nei quali è prevista la licenza dell'Ordinario del luogo (can. 1071), come anche la licenza che il Parroco assistente al matrimonio deve ottenere qualora non si tratti del Parroco che ha curato l'istruttoria matrimoniale. Parimenti si pensi al nulla osta dell'Ordinario o del Parroco affinché il matrimonio possa essere celebrato non in parrocchia, bensì in altra Chiesa o oratorio, come stabilito al can. 1118 §1 CIC. Si consideri, infine, la Delega per assistere validamente al matrimonio, rilasciata dal Parroco o dall'Ordinario per il territorio della loro rispettiva giurisdizione, in mancanza della quale si incorrerebbe in una matrimonio nullo per difetto di forma, fatta salva la supplenza della Chiesa di cui al can. 144.

7. Colloqui personali

Infine, i colloqui con il Parroco, al di fuori dell'esame dei nubendi, possono concorrere ad un approfondimento delle motivazioni e delle intenzioni di coloro i quali chiedono il matrimonio. Il Parroco potrà avvalersene per compiere, se necessario, ulteriori verifiche in ordine alla libertà del consenso e alla capacità e volontà dei nubendi, tuttavia, la mancanza di tali colloqui personali non inficia in alcun modo la validità del matrimonio.

Conclusione

Alla luce delle riflessioni proposte è evidente che molto si può e occorre fare in fase di preparazione immediata al matrimonio per prevenirne la nullità.

Se gli atti preparatori alle nozze sono posti in modo che i nubendi siano indotti a prendere consapevolezza del significato giuridico del matrimonio e degli impegni che contraggono dinanzi al coniuge e alla Chiesa, senza falsi compiacimenti o sconti riguardo i diritti e le obbligazioni da assumere, allora si sarà operato in favore di un autentico matrimonio: valido e libero, che, solo in quanto tale, può creare giustizia nel vincolo che i fidanzati chiedono di contrarre.

Gli esempi illustrati evidenziano, inoltre, quanto sia urgente una formazione adeguata e un costante aggiornamento da parte di coloro i quali curano la preparazione al matrimonio in Parrocchia e nelle Diocesi, specialmente per quanto concerne i matrimoni con dispensa di *disparitas cultus* e i matrimoni misti, senza faciloneria o malcelata accondiscendenza che tradirebbe, da un lato, il diritto dei fedeli ad una adeguata informazione e preparazione al matrimonio, dall'altro, il dovere dei Parroci di adempiere a tale incombenza.

Persino la crisi in cui versa il matrimonio nella nostra società sempre più variegata, multiculturale, multietnica e plurireligiosa può costituire una salutare *chance* e uno stimolo per rimodulare e rivisitare le formule della preparazione alle nozze, senza tema di evidenziare le esigenze del contratto matrimoniale, affinché i nubendi si accostino al matrimonio e non ad una parvenza di esso.

Che non si debba essere timidi, in casi simili, lo insegna la *Familiaris consortio*, nella quale si legge: «Quando [...] i nubendi mostrano di rifiutare in modo esplicito [...] ciò che la Chiesa intende compiere quando si celebra il matrimonio dei battezzati, il pastore d'anime non può ammetterli alla celebrazione. Anche se a malincuore, egli ha il dovere di prendere atto della situazione e di far comprendere agli interessati che, stando così le cose, non è la Chiesa ma sono essi stessi ad impedire quella celebrazione che pure domandano»[35].

LINDA GHISONI

---

[35] GIOVANNI PAOLO II, Esort. apost. *Familiaris consortio* (cf. nt. 3), 163-165. Cf. U. NAVARRETE, «Diritto fondamentale al matrimonio» (cf. nt. 2), 78.

LA PREPARAZIONE ALLE NOZZE E IL DIRITTO DI CONTRARRE UN "MATRIMONIO VALIDO"

Di solito, considerando il tema dei diritti delle persone circa il matrimonio, si mette in rilievo prima di tutto lo *ius connubi*. Si vede come il sistema canonico matrimoniale tende a difendere l'istituto matrimoniale e non limitare il libero accesso a ciò che spetta alle persone che hanno intenzione di sposarsi in virtù dell'inclinazione naturale dell'uomo[1]. Tuttavia, nel contesto attuale, in vista di parecchi matrimoni falliti o dichiarati nulli non sarà esagerato, se diremo – seguendo F. Gil de las Heras – che su questo terreno si configura ancora un altro diritto, non solo quello di contrarre il matrimonio, ma anche quello di contrarre un matrimonio valido e inoltre il diritto di sapere se lo si fa effettivamente. Per di più, così come a tutti i diritti corrispondono i relativi obblighi, di fronte ai fedeli che hanno il diritto di sposarsi validamente, un correlativo dovere spetta a coloro che hanno nelle loro

---

[1] Cf. H. FRANCESCHI F., *Riconoscimento e tutela dello «ius connubii» nel sistema matrimoniale canonico*, Milano 2004, 381. Recentemente il Romano Pontefice ha affermato: «Infatti, si ritiene spesso che, nell'ammettere le coppie al matrimonio, i pastori dovrebbero procedere con larghezza, essendo in gioco il diritto naturale delle persone a sposarsi». BENEDETTO XVI, Alloc. ai Prelati della Rota Romana, 22 gen. 2011, *AAS* 103 (2011) 109-110; *L'Osservatore Romano*, 23 gen. 2011, 8.

mani il potere di renderlo possibile: non solo gli stessi contraenti, ma anche la comunità cristiana, i pastori, ossia la Chiesa, che è tenuta a proteggere tali diritti[2].

Basandosi su tale premessa si può capire meglio la fondatezza dell'opera preventiva della nullità del matrimonio nella preparazione alle nozze, tanto più che sembra che attualmente la detta prevenzione non sia soltanto una questione di necessità ma piuttosto un'urgenza. Infatti, sfogliando i dati dei registri civili e delle statistiche dei tribunali ecclesiastici si riscontra l'incremento sia del numero dei divorzi[3] sia delle dichiarazioni di nullità, innanzitutto per incapacità consensuale[4].

Tra le molteplici cause di tale situazione, in primo luogo, si può porre l'accento soprattutto sui cambiamenti culturali, scollegati dalla matrice cristiana e non inquadrabili nella visione del matrimonio rettamente compreso e autenticamente vissuto[5]. Non è qui il posto per esaurire l'elenco così complesso di ciò che indebolisce il progetto matrimoniale. Tuttavia vogliamo segnalare almeno alcune cause (traducendole nel linguaggio matrimoniale): una visione dell'amore concentrata «sulla *realizzazione di sé* anziché sulla

---

[2] Cf. F. GIL DE LAS HERAS, «Preparación para el matrimonio: aspectos jurídicos y pastorales», in R. RODRÍGUEZ-OCAÑA (ed.), *Forma jurídica y matrimonio canónico*, Pamplona 1998, 34-35.

[3] Cf. http://pl.wikipedia.org/wiki/Rozw%C3%B3d [accesso: 04.03.2011].

[4] Cf. *L'attività della Santa Sede nel 2002*, 860; *Ibid. nel 2003*, 849; *Ibid. nel 2006*, 741; *Ibid. nel 2007*, 748; *Ibid. nel 2008*, 627; M. DEL POZZO, «Statistiche delle cause di nullità matrimoniale 2001-2005: "vecchi" dati e "nuove" tendenze», in H. FRANCESCHI F. – M.Á. ORTIZ (ed.), *Verità del consenso e capacità di donazione: temi di diritto matrimoniale e processuale canonico*, Roma 2009, 466-467.

[5] Cf. GIOVANNI PAOLO II, Alloc. ai Prelati della Rota Romana, 28 gen. 1991, *AAS* 83 (1991) 949-950.

donazione di sé», l'esaltazione della dimensione emozionale e soggettiva che porta ad escludere dalla nozione dell'amore la sua essenziale componente volitiva, la spinta egoistica che frequentemente porta all'esclusione dei figli con una banalizzazione della sessualità, il soggettivismo e il relativismo proprio della cultura post-moderna che mirano a *confezionarsi da sé* l'oggetto del consenso[6], ecc. In questa prospettiva è opportuno porre una prima domanda: come si può rispondere alla mentalità contemporanea durante la preparazione alle nozze, che imprime già sul fidanzamento una visione non compatibile con il matrimonio cristiano?

Altre cause che affievoliscono l'istituto matrimoniale riguardano naturalmente la famiglia come tale che, essendo in crisi, smette di essere il punto di riferimento per i futuri sposi[7]; poi, vanno segnalate le carenze, l'inadeguatezza, le trascuranze della preparazione e dell'ammissione al matrimonio che in molti luoghi lasciano assai a desiderare[8]. In seguito vanno menzionati i tribunali che non di rado "contribuiscono" all'aumento dei matrimoni invalidi pronunciando le sentenze di nullità con una certa facilità o leggerezza (si pensi ad es. agli Stati Uniti d'America e al Canada che rappresentano circa il 7% dei cattolici e nello stesso tempo assommano il 62,2% delle cause di nul-

---

[6] Cf. G. VERSALDI, «Il matrimonio in un mondo secolarizzato: prospettiva psicologica», in *Matrimonio canonico e realtà contemporanea*, Studi giuridici 68, Città del Vaticano 2005, 42-44.

[7] Cf. C. GIACCARDI – M. MAGATTI, *L'Io globale, Dinamiche della società contemporanea*, Roma – Bari 2003, 106.

[8] Cf. G. ERLEBACH, «È possibile prevenire le nullità matrimoniali per mancanza di un vero consenso? Prospettiva giurisprudenziale», in M.Á. ORTIZ (ed.), *Ammissione alle nozze e prevenzione della nullità del matrimonio*, Milano 2005, 346-347.

lità matrimoniali di tutta la Chiesa[9]). Riguardo ai tribunali è inquietante l'osservazione che la maggioranza delle sentenze gira attorno al can. 1095, come se solo un capo di nullità costituisse una comune "prassi" nel procedimento dei tribunali[10]. Questi ed altri fattori affievoliscono la vita matrimoniale generando poi le sentenze positive nell'ambito forense.

Una domanda fondamentale che sorge a questo punto è la seguente: cosa si può e si deve fare e avviare per prevenire queste ed altre cause (e situazioni) che fanno crescere il numero di matrimoni contratti invalidamente? Uno dei principali problemi che dimostra un'incongruenza del sistema matrimoniale canonico è la divergenza di criteri di giudizio tra il momento dell'ammissione alle nozze e il momento del processo di dichiarazione di nullità, cioè l'utilizzo di un criterio per misurare la capacità in sede di celebrazione e di un altro criterio in sede di tribunale[11]. Effettivamente, non è accettabile che nell'ammettere alle nozze, senza av-

---

[9] Cf. M. DEL POZZO, «Statistiche» (cf. nt. 4), 455-457.

[10] Un'esemplificazione molto significativa di questa tendenza mondiale, pur variando naturalmente in dipendenza di tanti fattori, è il caso della Polonia, tanto più che il numero delle cause di nullità matrimoniale deferite ai tribunali polacchi arriva al primo posto nell'ambito europeo. Cf. P. MALECHA, «Orzecznictwo rotalne w praktyce sądowej Kościoła», in T. ROZKRUT (ed.), *IV. Ogólnopolskie forum sądowe. Materiały z ogólnopolskiego spotkania pracowników sądownictwa kościelnego w Gródku nad Dunajcem w dniach 15-16 czerwca 2009 roku*, Tarnów 2010, 21. A questo riguardo P. Malecha asserisce espressamente: «I menzionati titoli di nullità [il can. 1095, 1° e 2°] sono così popolari in Polonia, che sembra come se alcuni tribunali conoscessero solo il can. 1095, nn. 2-3». *Ibid.*, 37 [traduzione nostra].

[11] Cf. R. SERRES LÓPEZ DE GUEREÑU, «La contribucíon de los Tribunales Eclesiásticos a la familia en las Alocuciones de los

viare particolari investigazioni prematrimoniali, tutti siano ritenuti capaci, mentre al momento in cui arriva la crisi o la rottura, dopo aver fatto ricorso al tribunale, pochi lo siano[12]. È un paradosso per il quale urge una risposta giuridico-pastorale. Come è possibile che ciò che è irraggiungibile da discernere per un parroco, dopo risulta così evidente per un giudice durante il processo? Detto altrimenti: è possibile continuare a riconoscere quasi tutti capaci nell'ufficio parrocchiale e nello stesso tempo, dopo il fallimento del matrimonio, ritenere quasi tutti incapaci nei tribunali?

Visto questo sorgono spontaneamente delle altre domande: perché non è stata ancora messa in atto (cosa che dovrebbe essere ormai scontata sullo sfondo di questi problemi) una più stretta collaborazione tra la pastorale e i tribunali? Non è che tale collaborazione e il relativo flusso di informazioni tra le due attività (giudiziaria e pastorale) dovrebbe essere normale e naturale? Perché i capi di nullità più ricorrenti, per i quali si pronunciano le sentenze affermative oggigiorno, non sono presi maggiormente in considerazione quando si prepara e si ammette le coppie al matrimonio che mira ad essere valido[13]?

Sumos Pontífices a la Rota Romana», in J. Kowal – J. Llobell (ed.), «*Iustitia et iudicium*», Fs. A. Stankiewicz, III, Studi giuridici 89, Città del Vaticano 2010, 1577.

[12] Cf. X. Martínez Gras – J.L. Llaquet de Entrambasaguas, «Antropología, pastoral y derecho en la preparación del matrimonio», *Ius Canonicum* 41 (2001) 593-594; H. Franceschi F., «La preparazione al matrimonio (cann. 1063-1072)», in P.A. Bonnet – C. Gullo (ed.), *Diritto matrimoniale canonico*, I, Studi giuridici 56, Città del Vaticano 2002, 342.

[13] Cf. F.R. Aznar Gil, «La inserción del Tribunal Eclesiástico en la pastoral matrimonial diocesana», *Revista Española de Derecho Canónico* 59 (2002) 255-256.

In vista della delineata problematica tornano le questioni relative all'obbligatorietà della preparazione e alla necessità della fede per il sacramento del matrimonio. Questi argomenti sembrano essere già risolti nel dibattito dottrinale: né la preparazione né la fede sono indispensabili per la validità del matrimonio. Ciò nonostante, nell'odierno contesto sociale, ritorna la domanda sul come e fino a che punto si possa esigere la preparazione al matrimonio, non configurando un nuovo impedimento (cf. *FC* 66), e nemmeno violando il diritto al matrimonio. Un discorso analogo riguarda il tema della fede, che pur non essendo necessaria a contrarre il matrimonio *ad validitatem*, tuttavia rafforza la vita coniugale[14]. Insomma: non è che sia la preparazione alle nozze sia la fede, che rendono la vita coniugale più fruttuosa, sembrano essere sottovalutate, non essendo considerate requisiti per la validità? Che si può fare, quindi, se una coppia manifesta di non aver bisogno della preparazione al matrimonio e rifiuta di impegnarsi in essa? Si può ammetterli alle nozze o non si dovrebbe ammetterli[15]? Se la buona preparazione al matrimonio è l'unico o, meglio, l'ultimo modo prima delle nozze per mezzo del quale si potrebbe identificare una coppia che, convolando al matrimonio, è già improntata di nullità, perché non si può esigere la preparazione in modo più deciso? Come, dunque, da una parte, non creare un nuovo impedimento al matrimonio (che sarebbe appunto la mancanza della preparazione)

---

[14] Cf. T. RINCÓN-PÉREZ, «Commento ai cann. 1063-1072», in INSTITUTO MARTÍN DE AZPILCUETA (ed.), *Comentario exegético al Código de Derecho Canónico*, Pamplona 2002, III/2, 1116-1117.

[15] Cf. F. GAVIN, «Canon 1063: Marriage preparation», *Studia Canonica* 39 (2005) 196-197.

e dall'altra parte esigere una seria preparazione da parte dei nubendi?

In questa prospettiva, si può impostare un altro problema di capitale importanza. Si afferma pacificamente nel sistema matrimoniale canonico che il diritto al matrimonio, ossia lo *ius connubii* (can. 1058) è fondamentale e non si può negarlo facilmente. Tuttavia il vero dilemma nel nostro qui ed ora è un altro. Infatti, la domanda non è: lo *ius connubii* sì o no? La vera domanda si racchiude nel seguente interrogativo: è possibile dare una prova dell'incapacità derivante dal diritto naturale prima del matrimonio o no? Se tale prova è, infatti, possibile, la premessa della necessità dello *ius connubii* non può operare come principio innegabile, perché è già provato che non esiste fondamento di base sul quale si instaura l'ammissione al matrimonio, cioè la capacità naturale necessaria a dare e ricevere il consenso[16]. Allora, il punto chiave e la domanda fondamentale è: possiamo provare nella tappa prematrimoniale l'incapacità, la simulazione, ecc.? Se siamo in grado di farlo, va esclusa, di conseguenza, la possibilità di ammettere alle nozze in un singolo caso determinato. Benedetto XVI ha detto recentemente: «Non si negherebbe, quindi, lo *ius connubii* laddove fosse evidente che non sussistono le premesse per il suo esercizio, se mancasse, cioè, palesemente la capacità richiesta per sposarsi, oppure la volontà si ponesse un obiettivo che è in contrasto con la realtà naturale del matrimonio»[17].

---

[16] Cf. J.M. CASTAÑO, «Impedimenti matrimoniali», in J.M. SERRANO RUIZ – G. PUTRINO – AL. (ed.), *Matrimonio canonico fra tradizione e rinnovamento*, Il Codice del Vaticano II 7, Bologna 1985, 107-108.

[17] BENEDETTO XVI, Alloc. (cf. nt. 1), 8.

Come, dunque, e con quali mezzi si può provare che la persona è incapace per natura prima di sposarsi? Sarebbe possibile in generale tale ipotesi? Esistono i mezzi per accertare l'incapacità o per scoprire l'esclusione dell'elemento essenziale del matrimonio antecedentemente alle nozze? Benché ci sia la presunzione della capacità in ambedue i fidanzati, si potrebbe richiedere ad essi una perizia, nei casi in cui si dubita sulla loro idoneità? Ci sono forse altri mezzi con i quali sarebbe possibile scoprire le vere intenzioni dei nubendi prima di contrarre il matrimonio?

Qualora si volesse passare a considerare la situazione a livello globale, ci si potrebbe accorgere che nelle chiese locali in tutto il mondo vi sono varie sfide riguardo al nostro tema. Ad es. come preparare i fidanzati e prevenire le nullità in Giappone dove molti vogliono sposarsi principalmente per fare una bella cerimonia nuziale? Oppure si pensi al caso del Ruanda dove i costumi tradizionali impongono agli uomini di pagare la dote: in questa situazione gli uomini, per evitare le spese, rapiscono le donne. E sebbene in seguito le parti abbiano voglia di regolarizzare la loro unione davanti alla Chiesa, non è facile accertare ciò che dispone la norma canonica in merito, ossia la dovuta libertà prima del rapimento come pure la spontaneità della donna (can. 1089)[18].

Interrompendo qui le nostre riflessioni per dare spunto alla discussione, vale la pena riportare a conclusione qualche domanda posta da A. Cattaneo:

---

[18] Cf. A. MWUMVANEZA, *L'empêchement de rapt, dans le droit canonique et dans la culture matrimonale rwandaise*, Roma 2004, 186-187. 249-259.

Per coloro che desiderano prendere per tutta la vita un impegno di vita religiosa o sacerdotale è previsto un periodo di seria preparazione e riflessione, che dura diversi anni. E per coloro che si sposano? Il loro impegno è forse meno serio di quello sacerdotale o religioso? C'è addirittura chi trova troppo lungo un corso prematrimoniale che prevede cinque o sei incontri [...] Come stupirsi allora se la grazia sacramentale rimane infruttuosa in coloro che si sposano in chiesa perché sembra una cornice romantica o per semplice abitudine familiare[19]?

Si aggiunga infine (a ciò che ha detto A. Cattaneo): come, quindi, stupirsi se si contraggono matrimoni invalidamente?

Tomasz Pocałujko

---

[19] A. Cattaneo, *Matrimonio d'amore, Tracce per un cammino di coppia*, Milano 2005, 9.

PREPARAZIONE AL MATRIMONIO IN GIAPPONE

Introduzione

In Giappone il numero dei cattolici è circa quaranta quattro mila persone[1] e nel 2008 rappresentavano lo 0,35% di tutta la popolazione. Per i cattolici giapponesi i matrimoni con impedimento di disparità di culto sono frequenti a causa di questa scarsità della popolazione cattolica. Ci sono tuttavia diverse opinioni che suggeriscono un tale matrimonio o si oppongono ad esso.

Motivi per scoraggiare il matrimonio di tale tipo sono, prima di tutto, tutelare la fede e la pratica cristiana della parte cattolica, evitando i pericoli della convivenza coniugale con un partner non battezzato. Le ragioni per sconsigliare il matrimonio con un non cattolico, inoltre, sono assicurare l'educazione cristiana della prole oppure assicurare agli sposi e all'intera famiglia una piena comunione di vita.

Motivi, invece, per accettare il matrimonio con la disparita di culto sono ugualmente molteplici, ad esempio: l'esiguità dei cattolici in una località rende un'unione "mista" l'unica possibilità di esercitare il diritto al matrimonio; la fondata speranza che la parte non battezzata possa essere indotta a chiedere l'am-

---

[1] Cf. CONFERENZA EPISCOPALE GIAPPONESE, *Cathopedia 2004*, Tokyo 2005, 718.

missione nella Chiesa Cattolica, con la grazia di Dio, dalla particolare virtù del coniuge cattolico. Altri considerano che il matrimonio di tale tipo sarebbe una buona occasione di Evangelizzazione, altri pensano la necessità di regolarizzare un'unione illecita.

Oggi si considera una realtà dove la coppia chieda alle autorità della Chiesa o al parroco di avere la dispensa perché hanno intenzione di sposarsi. Se non si accettasse di celebrare matrimonio del genere, probabilmente sceglierebbero il matrimonio civile o la semplice convivenza.

Le condizioni della dispensa per celebrare il matrimonio con l'impedimento di disparità di culto sono indicate nei cann. 1086 e 1125 del Codice vigente, cioè, la parte cattolica si dichiari pronta ad allontanare i pericoli di abbandonare la fede e prometta sinceramente di fare quanto è in suo potere affinché tutti i figli siano battezzati e educati nella Chiesa cattolica, e inoltre di queste promesse sia tempestivamente informata l'altra parte, con la constatazione che questa sia realmente consapevole della promessa e dell'obbligo della parte cattolica. Entrambe le parti siano istruite sui fini e le proprietà essenziali del matrimonio, e nessuno dei due contraenti possa escluderne.

1. Situazione attuale

Una gran parte dei cattolici giapponesi è di sesso femminile[2]. Culturalmente e religiosamente ci sono alcune zone in cui la credenza religiosa tradizionale –

---

[2] Circa 60 %. Cf. *ibid.*, 719.

soprattutto buddista e scintoista – è forte e le famiglie appartenenti a tali religioni non facilmente accettano un'altra religione, e costringono la parte cattolica sposata a non praticare la propria fede. In questo caso, la parte cattolica non può praticare e conservare la fede facilmente, né informare l'altra parte sulla dichiarazione e la promessa riguardo alle condizioni per celebrare il matrimonio validamente.

Inoltre, anche se fosse accettato dalla famiglia, si può con facilità immaginare che la parte cattolica avrebbe molta difficoltà a condividere la sua fede con il coniuge e la sua famiglia, poiché dopo la celebrazione del matrimonio, in cui una sola persona rimane nella religione cristiana, il culto che si offre agli antenati della famiglia, ad esempio, il culto del buddismo o scintoismo, e la diversità della fede determinano una separazione dai familiari non battezzati. Questa circostanza capita anche agli uomini, ma in genere è vissuta con meno difficoltà.

In questo caso, la parte cattolica si troverebbe nell'impossibilità di informare l'altra parte riguardo alle proprie dichiarazioni e alla promessa, poiché eserciterebbe una violenza morale sulla parte non battezzata. Per questo, la Conferenza Episcopale Giapponese (CEG) ha chiesto e ottenuto la *Recognitio dalla Congregazione competente*, per cui quando la parte cattolica non può informare sulla dichiarazione e la promessa per vari motivi, può omettere l'informazione. Queste sono chiamate *Cautiones aequipollentes*. Dopo aver ricevuto questa *Recognitio*, la situazione degli sposi cattolici è sensibilmente migliorata.

2. Preparazione al matrimonio

Quanto alla situazione attuale, i parroci e le diocesi interessati preparano i matrimoni in questione con cura e attenzione; ad esempio, nella *Diocesi di Nagasaki*, il comitato della vita familiare cura i corsi preparatori al matrimonio dal 1972 ed esso rapporta che c'erano nove corsi completi di due ore ciascuno della durata di un mese. La media dei partecipanti è di 66 persone. Nel 1985, i partecipanti erano 92, di cui non battezzati erano 38%; nei 1995-98, in numero totale era 289 dei quali non battezzati erano 75,61%.

In questi anni, dal 2005 al 2009, il corso viene organizzato due volte all'anno e consiste in 8 incontri di 2 ore ciascuno.

Partecipanti al corso:

Anno	Totale	cattolico	non battezzato
2005	73	34	39
2006	64	33	31
2007	62	26	26
2008	63	33	30
2009	77	40	37

Ogni anno partecipano al corso anche alcune coppie di non battezzati.

Per quanto riguarda altre parrocchie, il numero dei corsi si differenzia nelle singole parrocchie[3].

---

[3] In un anno sono stati riferiti i casi di differente organizzazione del corso nelle diverse parrocchie della diocesi di Nagasaki: una volta a settimana per un mese (41%); una volta a settimana per due mesi (26%); due volte a settimana per un mese (3,2%); qualche volta prima del matrimonio (24%).

I contenuti dei corsi sono i seguenti: l'insegnamento della Chiesa sul matrimonio, la vita familiare ed i diritti ed i doveri dei genitori, la spiegazione della Bibbia, l'esercizio del dialogo tra i coniugi, la problematica interreligiosa, fisica, psichica, morale sessuale, il rispetto della vita. Inoltre, si dà l'informazione tempestiva della dichiarazione e delle promesse e di tutti gli obblighi della parte cattolica, affinché l'altra parte possa prendere tranquillamente la decisione di sposarsi[4]. Così sono rispettati gli intimi convincimenti di entrambi ed i comportamenti ad essi conseguenti. Nel caso in cui ci si trovasse nell'impossibilità di comunicare le promesse fatte dalla parte cattolica, grazie alla concessione della Congregazione, si può omettere di farlo.

In questi casi ai partecipanti si richiedono come elementi indispensabili: la frequenza dei corsi preparatori, la motivazione sincera alla volontà di unione, l'informazione circa il fatto che il rito del matrimonio non deve comprendere la Santa Messa, la salvaguardia degli elementi e le proprietà essenziali del matrimonio. In realtà, la durata e il contenuto della preparazione al matrimonio dipendono dai parroci o dal ministro legittimamente delegato. Tuttavia, normalmente si chiede la sincerità e la comprensione del significato del matrimonio dal punto di vista cattolico.

Per quanto riguarda la responsabilità dei ministri, durante la preparazione al matrimonio i parroci osservano attentamente le motivazioni dei contraenti. Se la parte non battezzata simulasse l'accettazione dell'indissolubilità o dell'unità, o se la parte cattolica non

---

[4] La parte non battezzata, quindi, deve essere tempestivamente informata e resa realmente consapevole della promessa e dell'obbligo dalla parte cattolica.

avesse l'intenzione di praticare o conservare la fede cattolica, il matrimonio sarebbe invalido. Se un uomo giapponese ha intenzione di sposarsi con una donna cattolica straniera, prima del matrimonio il parroco incaricato alla loro preparazione deve accertarsi della sincera volontà della loro unione. Ci sono casi in cui gli stranieri vogliono sposarsi con un cittadino giapponese per ottenere la cittadinanza, o per mandare i soldi ai familiari; la parte giapponese può volere il matrimonio solo temporaneamente ed escludere il *bonum prolis* o *coniugum* dal suo il matrimonio, o potrebbe compiere violenze fisiche o morali, o adulterio; entrambe le parti potrebbero avere difficoltà nell'esprimere i propri pensieri per la diversità delle lingue.

3. Effetti della preparazione al matrimonio e alla vita coniugale

La serietà e la fiducia che infonde nella preparazione al matrimonio la parte non battezzata è segno di fedeltà e amore per la parte cattolica, che è anche evangelizzazione. Questo riguarda sia la celebrazione del matrimonio sia la vita nel matrimonio stesso. Il parroco ha l'importante compito di accompagnare la nuova famiglia lungo la strada della vita cattolica e per questo sono importanti alcuni segni come mandare gli auguri di Natale e stagionali agli sposi; suggerire loro di partecipare ai corsi sull'insegnamento della Bibbia o agli incontri tra i parrocchiani; mandare qualche informazione parrocchiale; chiedere un piccolo aiuto per delle persone in difficoltà, ad esempio una coppia anziana; invitare la coppia alle varie attività parrocchiali durante il corso di preparazione.

Alla parte cattolica si chiede di praticare la fede, compiere la sua dichiarazione e la promessa ed approfondire l'esperienza cristiana. Alla parte non battezzata, invece, nel rispetto del suo culto, si chiede di cercare di sviluppare il dialogo e l'approccio personale; di risolvere i problemi tra religioni o tradizioni, di osservare e custodire con fedeltà il patto coniugale; ciò consente alla famiglia di raggiungere una vita familiare ogni giorno più sana e più intensa.

I matrimoni misti rappresentano una buona occasione di evangelizzazione, perché normalmente, in occasione della celebrazione del matrimonio, quasi tutti i partecipanti della parte non battezzata vengono in Chiesa per la prima volta. Durante la celebrazione del matrimonio misto essi ascoltano il Vangelo e ricevono la benedizione di Dio tramite il parroco o il ministro legittimamente delegato ad assistere il matrimonio. Proclamare il Vangelo e dare la benedizione ai partecipanti è una buona occasione per la Chiesa giapponese per gettare il seme del Vangelo.

Conclusione

Preparare con accuratezza il matrimonio misto è un presupposto alla prevenzione di situazioni negative. Questo tipo di matrimonio può essere una buona occasione per un nuovo impegno nella fede e per un autentico dialogo, rispettando e favorendo la dignità personale dell'altra parte. Il valore del cattolicesimo e delle altre religioni si incontra e dialoga tramite le due parti, cattolica e non-cattolica.

Inoltre si può sperare in buoni frutti. La parte cattolica sarebbe chiamata a conoscere intimamente la consuetudine o la cultura dell'altra parte, che nel caso del Giappone potrebbe essere quella buddista o scintoista. Così tutte e due le parti superano le difficoltà reciproche e possono presentare un'armoniosa vita alla comunità. La Chiesa deve offrire un'opportuna ed attenta cura pastorale ai coniugi prima e dopo la celebrazione del matrimonio.

TATSUYA MAEDA

Appendice

Motivo di chiedere la *Recognitio*: le *Cautiones aequipollentes*

La tipica funzione matrimoniale tradizionale in Giappone fu il *miai* detto il matrimonio combinato. In un paese dove la maggior parte dei matrimoni era arrangiata dai genitori o dai parenti attraverso *miai*, la parte cattolica, sia maschio sia femmina, aveva difficoltà di sposarsi a causa dei cann. 1061 e 1071 del CIC 1917; per la validità del matrimonio con impedimento di disparità di culto occorreva la dichiarazione e la promessa (le *cautiones)*, da far accettare alla parte non battezzata. Secondo la tradizionale consuetudine giapponese, non era (in certi casi ancora oggi non è) facile per i cattolici con genitori non cristiani scegliersi da soli il marito o la moglie. Anche se lo si ottiene, è molto difficile che sia un cattolico di famiglia cattolica.

La Conferenza Episcopale Giapponese, in tale situazione, per diminuire le difficoltà del matrimonio con impedimento di disparità di culto, chiese una *Recognitio* alla Santa Sede. Le norme applicate per la Chiesa giapponese sono frutto di un intenso ripensamento, per conciliare sia una prudente opposizione per tali matrimoni e per la proibizione dei matrimoni misti sia la volontà di tutela del diritto naturale dell'uomo a contrarre matrimonio, venendo incontro alle circostanze di tempo, di luogo e di persona che creavano/creano la necessità di sposare una persona non battezzata.

Perciò la CEG chiese la *recognitio* alla Congregazione competente per approvare le *cautiones aequipollentes*. Di conseguenza la situazione della parte cattolica è sensibilmente migliorata perché così poteva scegliere una persona non battezzata per il matrimonio. Tali *cautiones aequipollentes* sono state richieste sotto la vigenza del Codice precedente; considerando le circostanze religiose o culturali, tuttavia, è necessario ancora continuare a utilizzare questa concessione. La CEG perciò ha chiesto alla Santa Sede la proroga delle *cautiones* – la richiesta è stata approvata dalla CEG nella norma n. 19, riguardante i cann. 1086 e 1125 del CIC 83.

Facoltà di Filosofia

ROSANNA FINAMORE, *Una sfida per il futuro e l'umanità: la cultura della vita*
MICHELE SCIOTTI, *Elementi filosofico-antropologici della realtà matrimoniale e familiare come realizzazione* dell'*amore* e nell'*amore*

UNA SFIDA PER IL FUTURO E L'UMANITÀ: LA CULTURA DELLA VITA

1. Matrimonio e famiglia in culture e società

Una delle sfide più ardue nel nostro tempo è rappresentata dalla cultura della vita; il matrimonio e la famiglia sono chiamati ad esserne l'espressione più diretta e profonda, ma, di fatto, non sempre giungono ad esserlo, per un'instabilità che sembra indebolirli fino a minarne la loro stessa esistenza, per quella "vertigine del vuoto"[1] che li attanaglia e che impedisce loro di cogliere il tempo e il futuro come valori. Si presentano, così, estremamente fragili, avendo acquisito i caratteri delle società complesse, sottoposte a continui cambiamenti, a visioni riduttive di qualsivoglia legame affettivo, a scelte prive di progettualità personale e sociale, per il venir meno della "tensione dei desideri/progetti"[2], per le condizioni di "società liquida"[3] in cui riversano. Il rischio è quello di una mutilazione

---

[1] L. PADOVESE, «Il futuro ultimo cristiano di fronte alla sfida sociale della perdita di senso globale», in ASSOCIAZIONE TEOLOGICA ITALIANA PER LO STUDIO DELLA MORALE (ed.), *Il futuro come responsabilità etica*, Cinisello Balsamo 2002, 92.

[2] L. PADOVESE, «Il futuro ultimo» (cf. nt. 1), 106.

[3] Z. BAUMAN, *Liquid Modernity,* Cambridge (UK) 2000; trad. it. di S. Minucci, *Modernità liquida,* Roma – Bari 2002. Il pensatore polacco analizza il malessere della società contemporanea e denuncia la fine di un modo di vivere stabile e rassicurante. Le situazioni in cui oggi gli uomini e le donne vivono si modificano

non secondaria; il desiderare, infatti, non è qualcosa che indifferentemente può sopraggiungere o meno; esso è «struttura antropologica originaria, permanente e onnilaterale, propria di un soggetto dotato costitutivamente di un'apertura *trascendentale* di mondo»[4].

La sfida di cui parleremo può essere colta in una duplice direzione. Sotto un primo aspetto, guarda al futuro, giacché è il futuro che contribuisce a dare ai coniugi una dimensione che non sia solo temporale; è il futuro che dà spessore simbolico alla famiglia, non esaurendone la natura a livello biologico, né tanto meno riducendola a scambio affettivo individuale, ma arricchendola nella sua rete relazionale e aprendola ad altre reti. Sotto un secondo aspetto, guarda ai significati culturali e, attraverso la cultura, guarda all'umanità giacché il matrimonio non è una scelta privata, che coinvolge personalmente e unicamente i coniugi o, al massimo, interpersonalmente la comunità familiare che essi costituiscono. Ogni cultura si contraddistingue, infatti, per essere vissuta e trasmessa da soggetti umani che sono in grado di vivere come tali, poiché partecipano a processi di umanizzazione che si stringono intorno al matrimonio e alla famiglia, al-

---

talmente che le loro modalità di azione non si consolidano, l'individualismo è esasperato, concentrato sugli oggetti e sulle relazioni vissute a livello consumistico; in tale società si è solo consumatori, la vita diviene "liquida". Cf. anche le opere successive: Z. BAUMAN, *Liquid Life,* Cambridge (UK) 2005; trad. it. di M. Cupellaro, *Vita liquida*, Roma – Bari 2006; Z. BAUMAN, *Liquid Love: on the Frailty of Human Bouds*, Cambridge (UK) 2003; trad. it. di S. Minucci, *Amore liquido. Sulla fragilità dei legami affettivi,* Roma – Bari 2006.

[4] F. BOTTURI, *La generazione del bene. Gratuità ed esperienza morale*, Milano 2009, 89.

l'interno di ogni singolo contesto; al tempo stesso ogni singolo processo di umanizzazione non può non guardare all'umanità intera, sulla base delle comuni prerogative degli esseri umani, delle loro peculiari caratteristiche di appartenenti al genere umano[5].

Nel XX secolo ciò è stato maggiormente avvertito, sia per esigenze di un'accresciuta consapevolezza dell'umano che ha portato al riconoscimento dei diritti umani universali e all'impegno per più valide e diffuse considerazioni della dignità umana, sia per le implicazioni della globalizzazione. Di qui, sono maturati una più avvertita attenzione al vivere umano, un nuovo senso di appartenenza comune e di solidarietà, che si apre alla scoperta, alla meraviglia di ciò che è molteplice, vario nelle sue differenze, e che pure è uno per l'umanità posseduta in comune.

Ciò non toglie che permangano retaggi ideologici che inneggino alla superiorità di un popolo, di un'etnia, di una cultura su tutte le altre, che vengano intraprese azioni offensive della dignità di persone singole o di gruppi umani, azioni produttrici di smarrimento, di disadattamento nelle sue varie forme, di violenza.

Va subito detto che la cultura della vita, oggetto della sfida, è una cultura senza frontiere, essa può penetrare in ogni cultura, vivificarla, ed esserne a sua volta vivificata. La sua multiculturalità, segnata da multireligiosità, fa registrare accenti peculiari, originali nelle loro particolarità, che attendono di essere comprese; al tempo stesso, in quelle particolarità sono rinvenibili tratti e componenti universali, il cui riconoscimento

---

[5] L'umanità è presente in noi, il suo valore va riconosciuto, nonostante la sua contingenza, i suoi limiti. Cf. J. DE FINANCE, *Saggio sull'agire umano*, Città del Vaticano 1992, 164-178.

contribuisce a promuovere la relazione, la partecipazione e, quando è possibile, la condivisione di valori comuni, conducendo a rimuovere gli impedimenti.

Considerata la vastità dell'ambito tematico e problematico da affrontare, opereremo scelte ben mirate all'individuazione di aspetti e dimensioni rilevanti per trattare del matrimonio e della famiglia, in relazione alla cultura della vita. Ci dirigeremo, pertanto, sulle riflessioni filosofiche di due pensatori contemporanei: Michel Henry (1922-2002), originale interprete di quel versante della fenomenologia francese che si confronta con la teologia, e Bernard Lonergan (1904-1984), filosofo e teologo gesuita di origine canadese, che coniugò costantemente istanze epistemologiche, metafisiche, antropologiche, teologiche. Partiremo, quindi, da una soglia fenomenologica, per rinvenire nuclei speculativi particolarmente attinenti al tema da trattare; approderemo infine ad un approfondimento semantico-critico della relazione matrimoniale, considerata all'interno del processo umano del vivere, costitutivamente aperto a forme di trascendimento, fino a giungere al Trascendente e alla relazione religiosa con Dio.

2. Intersoggettività e vita. Il punto di vista fenomenologico

Come accostare e leggere quei fenomeni a cui diamo i nomi di matrimonio e famiglia? Quali indicazioni può offrire la filosofia per cogliere qualcosa che non sia solo diversificato e mutevole? Quale dimensione qualificante dei fenomeni può individuare? Parlare di fenomeni non significa inseguire qualcosa di fugace, contingente; né tanto meno destituire quelle realtà della loro rilevanza istituzionale, che si afferma all'interno delle culture e delle religioni. Significa invece indagare con chiavi speculative ed ermeneutiche per cogliere ciò che li caratterizza, per rinvenire peculiarità inevitabilmente differenti per cultura e per religione e che pure esprimono istanze comuni e dimensioni universali. Tali possono essere considerate le dimensione della vita e della relazione intersoggettiva, su cui diversi filosofi del XX secolo hanno sviluppato approfondite riflessioni. Senza farli entrare direttamente in campo, per non ampliare l'ambito di trattazione, ci limitiamo al pensiero fenomenologico di M. Henry. Va precisato che in filosofia l'analisi e il metodo fenomenologici non si limitano ad osservare empiricamente i fenomeni, ma ad acquisire un peculiare punto di vista filosofico, che esplora l'essere fenomenologico nella sua "rivelazione originaria"[6], differenziandosi dal punto di vista sociologico o psicologico.

2.1 Vita e affettività. Un'ontologia della vita

Nel panorama dei filosofi appartenenti alla fenomenologia, Michel Henry ha sviluppato un pensiero che, vagliato nelle sue proposte, può offrire molto più di qualche suggestione speculativa; egli propone un approccio significativo per la sfida in questione. A partire dalla fenomenologia husserliana, Michel Henry ha

---

[6] Cf. M. HENRY, *L'Essence de la manifestation*, Paris 2011², édition en un volume (1963); trad. it. di D. Sciarelli – M. Anzalone, *L'essenza della manifestazione*, I, Napoli 2009, 75. Per il Tomo secondo, Section IV, si citerà l'edizione francese, nella nostra traduzione.

elaborato un percorso del tutto personale[7], all'insegna di ciò che egli affermava essere "essenziale": per il filosofo di Montpellier essenziale e del tutto manifesta è la vita. La sua manifestazione non si riduce, tuttavia, alla visibilità esterna; la vita nella sua essenza è contras-

---

[7] Vanno riconosciute la portata innovatrice del pensiero di Michel Henry, la differenza della sua fenomenologia rispetto a quella di Husserl. Per Henry, possiamo e dobbiamo pensare i fenomeni per quello che sono nella loro consistenza fenomenologica, il fenomeno è innanzi tutto caratterizzato da *auto-affection*; esso si auto-sente grazie al *pathos* originario che lo contraddistingue. È per un'*affectivité* originaria che il fenomeno si auto-dà nell'atto stesso in cui viene sentito. La "materialità" fenomenologica è per Henry "vita" che può essere compresa nel momento in cui viene esperita dalla coscienza, in essa è la vita stessa che fa esperienza di sé. Il corpo e l'*ego* sono primari per la conoscenza della vita, l'auto-donazione della vita è in primo piano. Cf. anche M. HENRY, *Phénoménologie de la vie*. I. *De la phénoménology*; II. *De la subjectivité*, Paris 2003. La riflessione fenomenologica henryana è contrassegnata dalla sua comprensione del Cristianesimo; la vita giunge a identificarsi con la verità cristiana stessa, essa si auto-dona, si auto-rivela, nel Cristianesimo vi è infatti l'auto-rivelazione di Dio, Dio si auto-rivela nel Verbo. La riflessione henryana si è poi estesa ai valori dell'incarnazione, al Verbo che si è incarnato. Cf. M. HENRY *Incarnation. Une philosophie de la chair*, Paris 2000; trad. it. di G. Sansonetti, *Incarnazione. Una filosofia della carne*, Torino 2001. Per gli interrogativi sulla verità rivelataci da Cristo, cf. M. HENRY, *Parole du Christ*, Paris 2002; trad. it. di G. Sansonetti, *Parole del Cristo*, Brescia 2003. Per la curvatura teologica del pensiero di M. Henry, cf. P. CAPELLE (ed.) *Phénoménologie et Christianisme chez Michel Henry, Les derniers écrits de Michel Henry en débat*, Paris 2004; V. PEREGO, *La fenomenologia francese tra metafisica e teologia*, Milano 2004; G. SANSONETTI, *Michel Henry. Fenomenologia, vita, cristianesimo*, Brescia, 2006; G. DE SIMONE, *La Rivelazione della Vita. Cristianesimo e Filosofia in Michel Henry*, Trapani 2007.

segnata da invisibilità, alla stregua dell'affettività, la vita come manifestazione è affettività. Per Henry la manifestazione non è quella del fenomeno che si staglia all'orizzonte e che quindi si riversa nel "fuori"; per la vita come anche per la verità la manifestazione si dispiega a partire dal "dentro", dall'immanente, dalla "vita interiore", ossia dall'affettività che nella sua dimensione costitutiva è *pathos*. Il "dentro" sopravanza dunque il fuori? A ben considerare, nemmeno i termini "dentro" e "fuori", di chiara appartenenza occidentale, sono attinenti alla vita, giacché la vita non può sdoppiarsi in interiore ed esteriore, in immanenza e trascendenza, non può lacerarsi tra due contrapposte polarità quali sono l'essere e l'apparire; alla vita non si addice alcuna doppiezza, alcuna distanza, che invece si afferma allorché qualcosa appare. La vita è manifestazione, e come tale, non può che manifestarsi nel modo che le è proprio, quello cioè della vita che viene vissuta in prima persona, nella sua interezza, nella sua continua presenza a se stessa, nella sua ipseità. L'impiego dei termini è certamente tipico, personale in ogni filosofo: "*pathos*" è per Henry il termine che meglio esprime la dimensioni di vita interiore, e "carne" quella di "corpo proprio"[8]. Con Henry ci troviamo di fronte a un'ontologia della vita del tutto originale nel panorama della filosofia contemporanea. Ogni soggetto vivente è tale per la vita, è la persona che è per la vita che palpita in lui, in lei, costituendo l'io di ciascuno, di ciascuna; l'io si auto-consegna, consegna sé a se stesso/sé a se stessa mentre sente in sé la vita: questa non può essere sentita che nel proprio vivere.

---

[8] In continuità e sviluppo con la distinzione della corporeità di Maine de Biran. Cf. anche M. HENRY, *Philosophie et phénoménology du corps. Essai sur l'ontologie biranienne*, Paris 1997² (1965).

Nella sua opera *L'Essence de la manifestation*, l'ontologia si afferma a partire dalla centralità dell'*ego*, dalla sua auto-evidenza; l'*ego* è "la verità originaria"[9] poiché non è altro dalla vita che si manifesta e ogni fenomeno non è tanto l'oggetto che si manifesta, quanto l'"atto" e con esso il "come" si manifesta[10]. Non è questa una semplice indicazione, ma un invito a porre attenzione a ciò che caratterizza i fenomeni nella loro realtà, anche perché «la via d'accesso al fenomeno – come afferma Henry – è il fenomeno stesso. La fenomenologia si offre a noi come una modalità, la modalità di portare accanto a noi l'essenza concreta e vera, l'essenza della presenza, l'assoluto in quanto è la *Parousia*»[11]. Va appena ricordato che nell'etimologia greca *parousía* significa proprio "presenza"; nel pensiero di M. Henry il termine designa un evento particolarmente significativo che non accadrà alla fine della storia, in quanto esso è già iniziato. Ciò che è assoluto si rivela in tutta la sua immediatezza ed evidenza fin dall'origine ed è quello che avviene con l'essere: «che l'essere debba potersi mostrare significa dunque in definitiva che si mostra, e non al termine di un processo o di una storia, ma originariamente»[12].

---

[9] M. HENRY, *L'essenza della manifestazione* (cf. nt. 6), 69.

[10] M. HENRY, *L'essenza della manifestazione* (cf. nt. 6), 73. L'elaborazione di una fenomenologia su basi diverse sia da quella di Husserl, sia da quella di Heidegger, è ancora più avvertita in *Phénoménologie matérielle*, Paris 2000; tr. it. di E. De Liguori, *Fenomenologia materiale*, Milano 2001. Già in *L'Essence de la manifestation*, Henry mostra di voler superare il monismo ontologico.

[11] M. HENRY, *L'essenza della manifestazione* (cf. nt. 6), 87.

[12] M. HENRY, *L'essenza della manifestazione* (cf. nt. 6), 172.

2.2 Riconoscere i fenomeni nella loro essenza

Non è la fenomenologia ad imporre al fenomeno le qualità o le modalità che lo contraddistinguono, ma è il fenomeno che indica tutto ciò che è più consono a leggerlo. «La fenomenologia si fa guidare dal suo oggetto», afferma Henry. «Il Come del suo approccio è subordinato al Come della realtà che essa accosta, realtà che è il "Come" stesso. In definitiva è questa realtà che ci viene innanzi e ci illumina»[13]. Il "Come" è, quindi, non tanto la condizione di possibilità della rivelazione del fenomeno, quanto la modalità necessaria attraverso cui la realtà non venga tradita dall'approccio, ma si confermi anzi in esso[14].

Analogamente, riflettere su matrimonio e famiglia, comprenderli e interpretarli significa parlarne a partire da essi stessi, nient'altro può farceli conoscere se non ci poniamo in ascolto di ciò che essi sono e intendono rivelare di loro stessi, a partire dalla loro essenza. Si può allora affermare che l'eterosessualità che contraddistingue l'unione coniugale renda pienamente rivelativo il matrimonio, esso può affermarsi così nel modo più autentico. Nessun altro fenomeno che si manifesti o che si faccia spazio nell'orizzonte può dirci ciò che la famiglia, cellula originaria della società, cellula che si fonda sul matrimonio tra l'uomo e la donna, è e intende manifestarsi se non la famiglia e il matrimonio per loro stessi, in virtù di quella distanza fenomenologica che consente il riconoscimento dei fenomeni come tali.

Per quanti cambiamenti possano subentrare a livello culturale, sociale, per quanto si possano consi-

---

[13] M. HENRY, *L'essenza della manifestazione* (cf. nt. 6), 87.
[14] Va detto che tutto ciò richiede una distanza fenomenologica, una distanza dell'essere a se stesso, affinché si manifesti come fenomeno, nel suo divenire fenomenico.

derare forme di unione diverse, essi non possono mutare ciò che caratterizza il dono reciproco che i coniugi fanno della loro vita, nella forma del legame affettivo stabile tra uomo e donna, legame secondo quel significato e quelle finalità che appartengono al legame stesso, garantito sul piano giuridico e riconosciuto nella sua validità nel contesto pubblico, legame aperto alla generazione, secondo quel desiderio di paternità e maternità che contrassegna il vivere umano. Se sul piano giuridico si potrebbe tollerare la composizione di modelli familiari non coniugali, cioè di gruppi familiari che non vengano fondati sul matrimonio, si dibatte che essi possano avere lo stesso riconoscimento del matrimonio di un uomo e di una donna che intendono impegnarsi pubblicamente a dar forma a quella particolare unione che è l'unione coniugale. Come non segnalare, a questo punto, quanto stiano cambiando le parole[15], e con esse i significati, i concetti che ormai stanno costituendo un nuovo lessico? Le parole veicolano interpretazioni dell'esperienza umana; ormai vi sono parole appartenenti alla tradizione culturale ebraico-cristiana che vengono sempre meno usate, oppure, se usate, vengono a esse attribuiti significati che si distanziano da quelli originari.

2.3 L'auto-affezione. I limiti accanto alle risorse

Se l'attenzione per il "come" del fenomeno porta a far luce sull'immanenza, non sono soltanto le sue determinazioni che sollecitano l'attenzione filosofica, ma

---

[15] Può essere sufficiente riferirsi ad alcune parole: genitori, madre, padre, matrimonio, vita, coscienza, morale.

lo è soprattutto la sua essenza, ciò che è raccolto in se stesso e che è pertanto invisibile, ma che è a fondamento della trascendenza e della visibilità: ciò è per Henry l'affettività[16]. Dev'essere chiaro che l'approccio di Henry è totalmente ontologico, non psicologico; l'affettività è da leggersi in relazione all'affezione, fenomenologicamente intesa, e quindi all'auto-affezione originaria, che non va confusa con il senso interno di Kant né con la *Befindlichkeit* che costituisce il *Dasein* in Heidegger. L'affettività è per Henry l'essenza stessa della ipseità, essa si costituisce in un atto che è unico, quello del patire originario il quale è «l'esperienza di sé dell'essere come originariamente passivo nei confronti di sé»[17]. Il patire, la passività, il soffrire, il sentire del sentimento sono i termini con cui Henry richiama l'importanza di ciò che si oppone alla mera attività, a una produzione esterna, a una visibilità in eccesso, per far spazio a ciò che l'essere è e al modo del suo manifestarsi, aderendo a sé. I richiami al patire, al soffrire non hanno nulla di pessimistico in Henry, che non lesina critiche al pensiero di Schopenhauer; piuttosto, vi è in lui l'intento di cogliere quanto vi è di più umano nell'esperienza umana: un complesso di qualità e limiti, di risorse e povertà, di disponibilità e indisponibilità, un misto di potenza e impotenza. Occorre allora ridimensionare ciò che è spesso avvertito nel soggetto umano solo come risorsa per dar voce al limite, che pure caratterizza l'esperienza umana e che invece ci si affretta a nascondere o a negare.

---

[16] Nella IV sezione di *L'Essence de la manifestation*, Henry tematizza l'interpretazione ontologica da dare all'essenza originaria della rivelazione che va identificata nell'affettività.

[17] M. HENRY, *L'essenza della manifestazione* (cf. nt. 6), 586.

Con il sentimento tutte le persone sono poste di fronte a un'evidenza: fanno esperienza contemporaneamente di potenza e impotenza, senza che per questo si contraddicano. Nel sentimento si fa esperienza dei limiti della propria libertà, o dell'incapacità di esprimere il sentimento stesso adeguatamente, si fa esperienza del soffrire, ed il sentimento si accompagna all'esperienza in profondità del dono. Afferma Henry: «Il sentimento è il dono che non può essere rifiutato, la venuta di ciò che non può essere allontanato». In quei "non può" si delinea l'impotenza che si carica di *pathos* e con essa si afferma ancor più vigorosamente la potenza: «Nell'impotenza del soffrire si manifesta la potenza del sentimento»[18]. Soffrire e gioire, nella loro dualità, si ricompongono ontologicamente nell'unità dell'affettività, che segna l'essenza della soggettività e in essa l'essenza della vita che vive. In questa nuova fondazione della soggettività, il soggetto scopre la propria relazionalità costitutiva non come distanziamento da sé o accoglienza di ciò che irrompe dall'esterno, ma come riconoscimento dell'affezione dell'io, nel senso dell'autoaffezione, in cui l'ipseità si costituisce. Nel riconoscimento del darsi a se stesso, secondo le valenze dell'affettività nel senso anzidetto, il soggetto umano si apre al riconoscimento del sentimento, del dono che il sentimento è nella sua immanenza, come base di ogni ulteriore trascendenza e quindi di apertura al mondo[19] e all'alterità.

---

[18] M. HENRY, *L'Essence de la manifestation* (cf. nt. 6), 593.

[19] Il mondo, e in esso ogni altro che viene incontrato, non si dà nella forma della sua oggettivazione; Henry ravvisa nell'affettività il radicarsi di ogni nostro comprendere; grazie al mondo che ci viene dato si delineano l'auto-affezione e l'affettività.

3. Luci e ombre dell'affettività

Questa analisi ontologica sfida i luoghi comuni dell'affettività che sono molto frequenti e che riguardano da vicino il modo di intendere oggi il matrimonio e la famiglia. Quello che va subito sottolineato è il ruolo primario dell'affettività nella costituzione ontologica del soggetto e la necessità della consapevolezza del ruolo che essa svolge in tutte le sue scelte e decisioni personali, e in particolare di quelle di tipo vocazionale, siano esse quelle del matrimonio o della vocazione religiosa. Restringendo la nostra attenzione alla tematica del matrimonio, non si può non rilevare la grande via di maturazione umana che il matrimonio rappresenta, al tempo stesso non si può tacere o chiudere gli occhi sull'alto numero dei matrimoni che falliscono. Vi sono cause esterne che determinano lo smantellamento dell'amore dei coniugi? O i loro reciproci sentimenti non erano stati fondati in una genuina e personale affettività, che alla luce del pensiero di Henry è quell'auto-affezione che richiede il personale coinvolgimento del soggetto in ciò che costituisce la propria soggettività?

Certamente vanno anche considerati il volere e l'agire che possono trovare diverse interpretazioni. C'è chi decide di accedere al matrimonio assumendo il valore della promessa in ordine a un'opzione fondamentale che riguarda il futuro; c'è chi accetta di sposarsi, decide per il matrimonio, ma con l'intenzione di non mantenere questa decisione nel tempo che verrà. C'è chi dice che la fedeltà è del momento ed è scettico su quello che potrà essere il futuro. Ma l'esperienza del presente, da sola, può bastare? Molti che pure decidono per il matrimonio non necessariamente esprimono un'opzione fondamentale; perché questa contrassegni la scelta c'è bisogno di una serie di fattori:

– acquisizione della propria identità personale;
– motivazione, ossia atti che sostengano l'azione di intraprendere la via del matrimonio;
– senso maturo dell'alterità;
– senso del tempo e del suo scorrere.

La scelta in ordine all'azione, il decidere di sposarsi, il vivere la vita matrimoniale potrebbero mancare di una consapevolezza piena dei fattori prima indicati; allora, la decisione potrebbe anche essere libera dai valori del mantenimento della promessa. C'è chi potrebbe sposarsi pensando che quella esperienza sviluppi semplicemente la propria soggettività; tuttavia questo non basta, non esplicita l'impegno ad attenersi alla parola data nel presente e nel futuro. Oltre tutto, il valore unicamente soggettivo del rapporto potrebbe comportare il mancato riconoscimento del valore sociale e allora la parola vale limitatamente: potrebbe esserci il momento in cui essa venga meno senza che si avverta responsabilità. L'ideale perde allora la sua vera forza e viene scambiato semplicemente con l'attuale. Per molti, quindi, l'importante non è la coerenza, ma la versatilità, la risposta libera ai cosiddetti valori del momento, per stare al passo con la vita che cambia. La soggettività nutre, così, giudizi autoreferenziali, dando di volta in volta il suo assenso a ciò che reputa un bene solo per sé, senza alcuna attenzione alla relazione intersoggettiva, immediatamente letta come interferenza.

3.1 *La vita e i viventi*

La proposta filosofica di M. Henry consente di individuare gli errori interpretativi ricorrenti a questo proposito; egli sollecita infatti a ben individuare il valore dell'affettività[20]: «Non è ciò che accade a determinare l'affettività ma è l'affettività a rendere possibile la venuta di ciò che accade [...] determinandolo come effettivo»[21]. Non vi è alcun rapporto meccanicistico tra eventi e affettività; inoltre né le condizioni culturali, sociali, interpersonali possono essere viste solo come condizionamento che limita la libertà personale e con essa la responsabilità, né questo avviene per l'intenzionalità del soggetto. Diversamente da Husserl, l'esperienza dell'altro in Henry non si limita all'ordine intenzionale, ma raggiunge l'ordine della vita. Questo si può ben cogliere nella riflessione che si estende alla comunità. Henry delinea "una fenomenologia della comunità", che non si occupa delle cose, ma della realtà vissuta tra tutti i suoi membri e tale realtà ha ancora il nome di "vita": «L'essenza della comunità è la vita, ogni comunità è una comunità di viventi»[22] e alla vita si addice solo il dono, con modalità sue proprie.

> La vita dona in modo che ciò che dona lo doni a sé; che ciò che dona a sé non sia mai separato da lei, per poco che sia; in modo tale che è lei che dona e lei che è donata. Poiché è lei che dona, è solamente in lei che noi partecipiamo a questo dono. Poiché è lei che è donata in questo dono, è solamente in lei in effetti che noi abbiamo accesso. Nessun cammino conduce alla vita se non la vita stessa[23].

Non ci sembra fuori luogo leggere tra le righe un implicito riferimento alla famiglia, la prima comunità umana, tra le altre comunità; la famiglia stessa, per ec-

---

[21] M. HENRY, *L'Essence de la manifestation* (cf. nt. 6), 611.
[22] M. HENRY, *Fenomenologia materiale* (cf. nt. 10), 191.
[23] M. HENRY, *Fenomenologia materiale* (cf. nt. 10), 191.

cellenza, è comunità della vita; i suoi appartenenti sono i viventi la cui esistenza va compresa a partire dalla vita che è in loro, dalle relazioni che essi stabiliscono come viventi[24].

3.2. Le contingenze storiche contemporanee

Di fronte ai gravi problemi della vita matrimoniale e familiare, gli uomini e le donne di oggi non sempre riescono a trovare nei propri contesti sociali e culturali risposte adeguate alla dignità della persona umana, alla salvaguardia della loro libertà, alla ricerca della verità nella loro vita personale e familiare. Eppure, la dignità della persona si integra nella dignità della famiglia[25].

---

[24] Cf. M. HENRY, *Fenomenologia materiale* (cf. nt. 10), 192. Le relazioni partono dall'essenza che è la vita e precisamente dalla loro vita. *Ibid.*, 198. L'essenza non ha nulla di astratto, in modo concreto fa riferimento al corpo. Va tenuto presente il valore del corpo a partire da un'analisi della nostra condizione incarnata. Un'altra rilevante tematica fenomenologica per Henry è quella dell'incarnazione e in essa quella della Vita e della corporeità, nei termini del corpo soggettivo, del "corpo proprio": la "carne". Già Husserl aveva distinto tra *Körper* – "corpo", e *Leib* – "carne": il corpo dell'uomo non può limitarsi ad essere oggettività, ossia *Körper*; il *Leib* è il "corpo proprio", è il corpo nella carne. La soggettività è, quindi, soggettività incarnata. Cf. M. HENRY, *Incarnazione. Una filosofia della carne* (cf. nt. 7), Parte Seconda §§21-23; Parte Terza, §§33-34.

[25] «Ogni famiglia scopre e trova in se stessa l'appello insopprimibile, che definisce ad un tempo la sua dignità e la sua responsabilità: famiglia "diventa" ciò che "sei"». GIOVANNI PAOLO II, *Familiaris consortio* 17. L'amore è principio e forza della comunione. Cf. *Familiaris consortio* 18. Di fronte a un quadro storico così complesso la *Familiaris consortio* sollecita a impegnarsi per un "nuovo umanesimo", che giunga a riconoscere in ogni cultura il bene che il matrimonio e la famiglia costituiscono per il mondo e l'umanità.

Nelle varie culture e all'interno di situazioni particolari vivono uomini e donne che traggono dalla loro religione orientamenti per vivere umanamente il matrimonio e condurre una decorosa vita familiare, ma non mancano realtà in cui il peso di alcune tradizioni limita di fatto, o talora impedisce il libero discernimento e il pieno sviluppo della persone nella loro affettività più autentica.

Vi sono Paesi in cui mancano mezzi di sostentamento e sopravvivenza; vi sono popoli che lottano per le libertà fondamentali, per essi il vivere stesso è la sfida da affrontare quotidianamente. Nei Paesi più ricchi, dove pure benessere e sicurezza sono diffusi e dove le istituzioni democratiche si sono consolidate, si sono aperti varchi di precarietà, insicurezza, depressione, talora angoscia[26], sia per l'affermazione di egoismi individuali e di gruppo, sia per il venir meno dei valori vissuti, per il deteriorarsi del tessuto sociale, cose tutte che alimentano incertezza per il futuro, che impediscono ai giovani di formulare e realizzare progetti di vita, che minano o sopprimono negli sposi il desiderio di generare nuove vite.

---

[26] La *Deus caritas est* di Benedetto XVI, allorché approfondisce la relazione che vi è tra impegno per la giustizia e servizio della carità, sottolinea l'intramontabile necessità dell'amore anche nei contesti sociali migliori: «Chi vuole sbarazzarsi dell'amore si dispone a sbarazzarsi dell'uomo in quanto uomo. Ci sarà sempre sofferenza che necessita di consolazione e di aiuto. Sempre ci sarà solitudine. Sempre ci saranno anche situazioni di necessità materiali nelle quali è indispensabile un aiuto nella linea di un concreto amore per il prossimo» (*Deus caritas est* 8). Una concezione materialistica dell'uomo condurrebbe a farlo vivere "di solo pane", ma tale convinzione «umilia l'uomo e disconosce proprio ciò che è più specificamente umano» (*Ibid*).

4. Matrimonio e "processo umano"

Delineare un teoria filosofica dell'amore matrimoniale e della famiglia in modo soddisfacente e pertinente è alquanto arduo; la difficoltà, evidenziata da B. Lonergan, sorge dall'essenziale concretezza del matrimonio e, al contempo, dalla complessità del concreto. Ciò non toglie che il Maestro canadese elaborò una riflessione filosofico-teologica[27] in grado di offrire rilevanti contributi semantico-critici, che possono risultare fertili per interpretare la cultura della vita, ricoprendo un orizzonte in cui l'antropologia filosofica si coniuga con l'antropologia teologica. Il problema che innanzi tutto Lonergan affrontò a livello speculativo è quello della "tendenza verticale" dell'amore umano, cioè della sua relazione con la carità divina, a partire dallo sviluppo umano che chiama in causa la fecondità, la generazione e l'educazione della prole; essi, nel loro insieme, rappresentano il "processo orizzontale". Per Lonergan, va riconosciuto innanzi tutto il " campo generale del processo umano" che comporta a sua volta la considerazione dell'«ampiezza cosmica di un contesto simultaneo di natura, storia e grazia»[28]. Il livello soprannaturale, quello dell'eccellenza dei fini e quindi dei fini verticali, richiede quello generale dei fini orizzontali; il livello soprannaturale non può essere proposto autonomamente, esso è sempre «il livello soprannaturale dello sviluppo personale»[29]. Il matri-

---

[27] B. LONERGAN, «Finality, Love, Marriage», in *Collection. Collected Works of Bernard Lonergan*, Toronto 1988, 17-52. Il saggio fu inizialmente pubblicato in *Theological Studies* 4 (1943). La traduzione italiana è nostra.

[28] B. LONERGAN, «Finality, Love, Marriage» (cf. nt. 27), 19.

[29] B. LONERGAN, «Finality, Love, Marriage» (cf. nt. 27), 19.

monio va dunque specificato innanzi tutto come propriamente "umano" e quindi interpretato «nel contesto del processo umano»[30]. Il che comporta definire il *finis operis* non inseguendo astrattamente la natura, ma chiamando in causa concretamente coloro che agiscono e che con la loro intenzionalità rendono l'opera ordinata al fine[31]. Nella sua trattazione, Lonergan partì da argomentazioni aristotelico-tomiste, ma ricercò pure nuovi *insights*, nuove intellezioni che le integrassero, per rispondere meglio ad esigenze di riflessione contemporanea[32].

Chiarito ciò, possiamo ora procedere più sinteticamente, richiamando solo alcuni tratti, tra i molteplici, che possono rispondere più direttamente all'economia dell'esposizione. Da una analisi preliminare, condotta sui testi di S. Tommaso, sorgono almeno quattro aspetti, simultanei tra loro[33]. Ogni attività si presenta contemporaneamente come atto di una facoltà (*principium quo*) e atto di un soggetto (*principium quod*).

Sotto il primo aspetto è la forma fondamentale dell'appetizione[34], che è il movimento dell'attività volitiva ed emozionale orientato a un fine: è infatti la risposta

---

[30] B. LONERGAN, «Finality, Love, Marriage» (cf. nt. 27), 41; cf. anche note 65 e 66. Il fine del matrimonio non può essere considerato solo la generazione della prole.

[31] Cf. B. LONERGAN, «Finality, Love, Marriage» (cf. nt. 27), 21.

[32] Nell'introduzione viene citata la *Casti connubii* (1930), al tempo stesso si prospetta una ricerca speculativa e quindi la possibilità di discutere «la ragione e la causa primaria del matrimonio» delineate nell'enciclica di Pio XI. B. LONERGAN, «Finality, Love, Marriage» (cf. nt. 27), 18.

[33] Cf. B. LONERGAN, «Finality, Love, Marriage» (cf. nt. 27), 23-24.

[34] Strettamente collegata ad avversione, nel dibattito contemporaneo è affrontata in relazione alla teoria dell'attrazione – repulsione.

dei coniugi che tendono reciprocamente al bene; ciò non toglie che essi possano sia inseguire desideri, nutrire speranza e gioia, sia – all'opposto – provare odio, avversione, paura, tristezza, quali conseguenze di risposte date a modificazioni intervenute oggettivamente nelle circostanze relazionali. L'amore, però, non è solo la forma fondamentale dell'appetizione, poiché è anche il principio primo da cui scaturisce il processo che si dirige al fine amato, anzi è il processo stesso nella sua interezza; l'amore non può che auto-esprimersi. Sotto il secondo aspetto, l'amore è l'atto di un soggetto, o meglio è l'atto di soggetti differenti che trovano nell'amore il principio della loro unione. Questa è duplicemente caratterizzata: si afferma nell'amore come processo diretto a un fine e si afferma altresì come compimento del fine raggiunto. Quest'ultimo, nell'esperienza di vita dei coniugi credenti, guarda ad un'ulteriore pienezza che è quella dell'unione con Dio.

4.1 *Le forze contrastanti*

L'esperienza coniugale non è esente, però, da "tensioni e contraddizioni"[35]. Abbiamo appena affermato che l'amore è il fondamento dell'unione dei due coniugi nel loro processo a un fine comune e nel raggiungimento del fine raggiunto. Oltre a questo, da verificarsi in ogni esperienza dell'amore coniugale, c'è anche una molteplicità di desideri e di amori contrastanti che implicano tensioni negative o vere e proprie contraddizioni. Esse, con il loro carico di oggettività, mettono in ombra l'amore, creano confusione sui si-

---

[35] B. LONERGAN, «Finality, Love, Marriage» (cf. nt. 27), 24-25.

gnificati del bene, spingono a ricercare la convenienza egoistica del bene. Ci sono molti desideri o motivi che spingono ad agire, essi possono essere egoistici o altruistici, possono contribuire alla lacerazione del legame coniugale o possono rinsaldarlo nel bene, come nelle forme autentiche di amicizia.

Il legame coniugale è, infatti, uno speciale legame amicale[36], ma il legame amicale tra i coniugi può infrangersi. Quale via ci può essere per superare le tensioni? Lonergan ricorda come Aristotele nell'*Etica*, a proposito dell'amicizia, avesse sottolineato che le tensioni e le opposizioni non sono tanto tra egoismo e altruismo, quanto tra vizio e virtù. Coloro che vivono nel vizio non possono essere veri amici di se stessi, né degli altri; solo chi è vero amico di sé, perché ha scelto di essere virtuoso, può essere degno amico degli altri; il valore dell'amicizia per gli altri s'incrementa accrescendo la vera amicizia per se stessi. Vi è la possibilità di andare oltre l'egoismo, di trascenderlo per l'altruismo; la vera amicizia non ricerca il piacere, né il vantaggio che sono sempre soggettivi, ma l'amabilità dell'essere virtuosi, oggettivamente contrassegnata. Per comprendere più approfonditamente il significato dell'amicizia coniugale, non possiamo tuttavia fermarci ad Aristotele, in quanto occorre giungere a S. Tommaso. Egli affermò che l'uomo e tutte le creature, nelle modalità proprie a ciascuna, concordano nell'amare Dio sopra tutte le cose. Proprio in questo amore per Dio, che è superiore a tutto, vanno inserite le finalità del matrimonio e della famiglia.

Ma di fatto che cosa accade? Vi sono tensioni, opposizioni, contrasti nel sociale; nella comunità umana

---

[36] Cf. B. LONERGAN, «Finality, Love, Marriage» (cf. nt. 27), 25.

le ispirazioni ideali trovano un facile terreno per venir meno; egoismo e dialettica prendono il sopravvento[37]. Al posto della riflessione ragionevole subentrano le razionalizzazioni, ossia conoscenze deformate che fanno spazio ad amori disordinati, che subentrano alla precedente armonia e la sostituiscono. Le deformazioni, inizialmente limitate a pochi individui, entrano nella coscienza sociale in aperto contrasto con orientamenti etici, spirituali; le razionalizzazioni portano gradualmente a distruggere – sottolinea Lonergan – il capitale spirituale dell'umanità; le culture vengono oggettivamente organizzate dall'ideologia.

4.2 *Riconoscere la molteplicità dei fini e ricomporli in unità*

Lonergan ravvisa nella "finalità verticale"[38] l'unica via d'uscita dal groviglio di tali problemi; l'argomentazione non comporta però alcuna sua assolutizzazione. Nonostante essa sia "più eccellente" di quella orizzontale, nondimeno è contrassegnata da una sua intrinseca relatività al bene assoluto, e la differenza dell'eccellenza tra ciò che è più alto e ciò che è più basso si riferisce alla modalità di relazione con tale bene, che avviene sempre in un processo. La finalità verticale, pertanto, viene proposta tenendo costantemente presente il processo umano, che è sempre un processo di sviluppo personale, in cui i soggetti umani sperimentano la loro differenziata capacità circa

---

[37] Cf. B. LONERGAN, «Finality, Love, Marriage» (cf. nt. 27), 25-27.

[38] B. LONERGAN, «Finality, Love, Marriage» (cf. nt. 27), 19-23.

l'amore. Ferma restando la dimensione di "ascesa" o crescita, essa è accompagnata da molteplici altri aspetti. L'amore è contraddistinto da un "aspetto passivo"[39], dato che è una risposta al bene motivato; da un "aspetto immanente"[40] dal momento che è una perfezione di chi ama; infine da un "aspetto attivo"[41] dal momento che è produttivo in quanto si dirige al suo fine ultimo e lo realizza. Riconosciuti molteplici livelli di attività e di amore, con realismo critico Lonergan afferma che non può essere data importanza solo ai livelli più alti, né si può pensare l'amore come una stabilità che si raggiunga per assenza di tensioni, ma va perseguita un'armonia tra i differenti livelli grazie all'integrazione ottenuta dallo sviluppo dei livelli più bassi in quelli più alti[42]. Questi tre aspetti vanno connessi costantemente alla riflessione e alla libertà umane, dato che l'amore non è disgiunto dalla ragione allorché disamina e seleziona i suoi motivi, vuole deliberatamente la sua perfezione immanente e realizza liberamente le varie forme di bene, finalizzate al bene ultimo. Con chiarezza Lonergan illustra la gerarchia dei fini nel matrimonio, ma aggiunge anche che essa «può essere compresa solo nel contesto della gerarchia più generale nel processo umano»[43]. Ogni soggetto umano ha tre fini da conseguire: «la vita, la vita buona e la vita eterna»[44]; i fini sono differenti, essi vanno perseguiti ciascuno nella sua particolarità, ma

---

[39] B. LONERGAN, «Finality, Love, Marriage» (cf. nt. 27), 30-32.
[40] B. LONERGAN, «Finality, Love, Marriage» (cf. nt. 27), 32-34.
[41] B. LONERGAN, «Finality, Love, Marriage» (cf. nt. 27), 34-37.
[42] B. LONERGAN, «Finality, Love, Marriage» (cf. nt. 27), 36.
[43] B. LONERGAN, «Finality, Love, Marriage» (cf. nt. 27), 37.
[44] B. LONERGAN, «Finality, Love, Marriage» (cf. nt. 27), 38.

vanno raggiunti tutti, riconoscendone la loro gerarchizzazione. In corrispondenza dei fini si pongono tre livelli dell'attività umana: il livello di ciò che appartiene alla natura, nel senso della spontaneità fisica, vitale, connessa ai sensi; il livello della ragione e dei desideri razionali; infine il livello della grazia divina. Se il primo livello è contraddistinto dalla ripetitività e il secondo livello dalla progressività – basti pensare all'avanzamento progressivo verso la verità, agli accordi sempre più amichevoli che i soggetti umani possono stringere, allo sviluppo storico, alla collaborazione per l'avanzamento della cultura, all'accrescimento della fraternità per la pace – il terzo livello è contraddistinto da eternità e definitezza, in quanto rinvia a Dio, alla sua azione di grazia. I tre livelli, distinti nella loro presentazione, guardano ad una loro integrazione nell'unità della persona umana, integrazione che nella relazione matrimoniale si arricchisce della differenziazione sessuale che rende l'uomo e la donna complementari nel vivere la vita, divenuta comune, posta sotto il sigillo razionale del contratto e di quello della grazia del sacramento.

Rilievi conclusivi

L'esplorazione effettuata ha inteso rinvenire alcune chiavi ermeneutiche di due realtà profondamente connesse tra loro, il matrimonio e la famiglia, cogliendone le sfide, e al tempo stesso raccogliendole intorno alla cultura della vita, che interpella particolarmente l'età contemporanea, in ordine al futuro dei gruppi umani e dell'umanità tutta. Abbiamo presentato le posizioni di due pensatori, appartenenti a correnti filosofiche diverse, M. Henry e B. Lonergan, al fine di individuare spunti problematici e nuclei propositivi che sollecitino riflessioni in relazione alla tematica dell'Atto Accademico 2011. Auspichiamo che le assonanze, le convergenze, le differenze teoretiche alimentino il confronto, i circuiti di pensiero, la comunicazione, la valutazione dei tratti incontrati. L'intelletto e la ragione possono esser stati pro-vocati e nella pro-vocazione possono sentirsi ulteriormente chiamati a intraprendere percorsi che giungano sapientemente a schiudere il mistero della vita.

Rosanna Finamore

ELEMENTI FILOSOFICO-ANTROPOLOGICI DELLA REALTÀ MATRIMONIALE E FAMILIARE COME REALIZZAZIONE *DELL'*AMORE E *NELL'*AMORE

Il matrimonio è una realtà umana ricca di molteplici significati all'interno delle varie culture. Spesso se ne mettono in luce gli aspetti istituzionali e sociali all'interno della comunità umana, o quelli religiosi in relazione ai diversi credi; essi vanno costantemente letti in relazione alla peculiarità della vita umana. Inoltre, non sembra esserci una definizione pienamente esaustiva, in grado di rendere ragione della varietà delle forme che tale istituto assume all'interno delle diverse culture. Semmai, si può individuare una sorta di "nocciolo duro" fondamentale, costituito dal fatto che il matrimonio è presente «nella forma di un rapporto interpersonale tra l'uomo e la donna, istituito socialmente ed implicante la comunicazione sessuale e l'unione stabile, la nascita e la crescita dei figli»[1]. Il matrimonio, dunque, è espressione della cultura della vita – come illustrato nell'intervento della Prof.ssa Finamore – a partire dalle scelte personali dell'uomo e della donna, per la loro piena realizzazione personale. Alla luce del summenzionato intervento, si intendono evidenziare quegli elementi della realtà matrimoniale e familiare, che affondano le loro radici nell'identità e nella dimensione costitutiva propria della persona umana stessa[2]. Essi possono essere così articolati.

---

[1] A. M. Moschetti – A. Danese – G.P. Di Nicola, «Matrimonio», in *Enciclopedia Filosofica*, VII, Milano 2006, 7142.

[2] Per uno sguardo d'insieme circa questi aspetti, cf. in parti-

MATRIMONIO E FAMIGLIA

1. La persona umana ed il suo mistero

La persona umana si presenta come una realtà totale *corporeo-spirituale*, aperta, relazionale, in cerca della propria realizzazione[3]. Le caratteristiche che meglio esprimono il mistero dell'essere personale sono le seguenti:
– *totalità ed unità di essere*: la persona si presenta quale unità *totale* di corpo ed anima in tutte le sue dimensioni, pur nella distinzione dei due co-principi costitutivi[4]. Nella realtà matrimoniale, ciò implica che la persona è

---

colare: D. BOROBIO, «Matrimonio», in D. BOROBIO (ed.), *La Celebrazione nella Chiesa*. II. *I sacramenti*, Torino 1994, 578-594; E. CORETH, *Antropologia filosofica*, Brescia 1983; J. GEVAERT, *Il problema dell'uomo*, Torino 1987, 22-106; G. SCHERER, *Ehe im Horizont des Seins*, Essen 1967, 10-84.

[3] Si ricordi, al riguardo, in epoca contemporanea il pensiero di M. Scheler, M. Buber, G. Marcel, F. Ebner, M. Heidegger, M.F. Sciacca, M. Nedoncelle, X. Zubiri, etc.

[4] È noto come, nella tradizione di pensiero cristiana, la consapevolezza più matura e duratura di tale unità corporeo-spirituale della persona umana è stata raggiunta con la sintesi filosofico-teologica di Tommaso d'Aquino. In proposito, si veda in particolare: S. THOMAE AQUINATIS, *Summa contra Gentiles*, II, cap. 57, in S. THOMAE AQUINATIS *Opera omnia* (editio leonina), XIII, Romae 1918, 406-409; trad. it., *La Somma contro i Gentili*, ed. T.S. Centi (edizione bilingue latino-italiana), I, Bologna 2000, 543-547; ID., *Summa Theologiae*, I, q. 75, a. 4, Resp., in S. THOMAE AQUINATIS *Opera omnia* (editio leonina), V, Romae 1889, 200-201; trad. it., *La Somma teologica*, ed. Domenicani d'Italia, I, Bologna 1996, 654-655; ID., *Quaestio disputata De Anima*, 1, Resp., ad 7, in S. THOMAE AQUINATIS *Opera omnia* (editio leonina), Romae 1996, 7-11. Per ulteriori approfondimenti sul pensiero dell'Angelico riguardo a questo punto, cf. B. MONDIN, «Anima», in B. MONDIN (ed.), *Dizionario enciclopedico del pensiero di san Tommaso d'Aquino*, Bologna 1991, 43-48; ID., «Uomo», in *ibid.*, 626-636; S. SEMPLICI. «Uomo», in *Enciclopedia Filosofica* (cf. nt. 1), XII, 11913-11928.

Anche la tradizione magisteriale cattolica non ha mai mancato di richiamare l'attenzione sull'unità di essere – corporeo e spirituale –

chiamata ad accettare e valorizzare l'*altro* non solo nella sua dimensione corporale o spirituale, ma nella sua totalità, senza riduzionismi o esagerazioni[5];

– *autopossesso ed autocoscienza*: l'uomo e la donna non sono oggetti che si possono manipolare o possedere, ma sono soggetti capaci di riflessione e di relazione, di interiorità ed estroversione; essi cioè sono capaci di percepire la propria ed altrui condizione, di possedersi e di comunicarsi, di interrogarsi e di interrogare. Essi non esistono «né come un cane, né come una pietra, ma come un soggetto personale capace di dire "io", "tu", "noi"»[6]. Da ciò si evince che la scelta matrimoniale deve fondarsi nella propria interiorità, realizzandosi nel coinvolgimento *totale* del proprio essere;

– *singolarità ed individualità*: la persona umana è una singolarità assolutamente originale, specifica ed irriducibile[7]. L'uomo e la donna, pur percependosi *tali* insieme con i loro simili, se ne distinguono, sperimentandosi come esseri *unici, singolari, irripetibili*. Nella realtà matrimoniale e familiare, ciò conduce all'accettazione reci-

---

propria dell'uomo. In proposito, si vedano in particolare: CONCILIO LATERANENSE IV, Cap. 1, *De fide catholica*, in DH 800; CONCILIO VATICANO I, Cost. dogm. *Dei Filius*, c. 1: *De Deo rerum omnium creatore,* in DH 3002; ID., Cost. dogm. *Dei Filius*, c. 1, canoni 2, 5, in DH 3022, 3025; CONCILIO VATICANO II, Cost. past. *Gaudium et spes*, 14-15, AAS 58 (1966) 1036; *Catechismo della Chiesa Cattolica*, nn. 362-365; PONTIFICIO CONSIGLIO DELLA GIUSTIZIA E DELLA PACE, *Compendio della dottrina sociale della Chiesa*, Città del Vaticano 2004, 67-69, nn. 127,129. Per ulteriori approfondimenti cf. P. FIORENZA – J.B. METZ, «L'uomo come unità di corpo e di anima», in J. FEINER – M. LÖHRER (ed.), *Mysterium Salutis*, VIII, Brescia 1967-1978, 243-307; R. GUARDINI, «Mondo e persona», in ID., *Scritti filosofici*, ed. G. Sommavilla, II, Milano 1964.

[5] Cf. D. BOROBIO, «Matrimonio» (cf. nt. 2), 580.
[6] D. BOROBIO, «Matrimonio» (cf. nt. 2), 579.
[7] Cf. PONTIFICIO CONSIGLIO DELLA GIUSTIZIA E DELLA PACE, *Compendio* (cf. nt. 4), 70, n.134.

proca della propria singolarità irriducibile ed alla scoperta, conoscenza e riconoscimento della ricchezza e del mistero di ciascuno/a, della sua grandezza e della sua miseria, senza pretendere di dominare o diminuire l'altro;
– *libertà e realizzazione*: un'altra caratteristica determinante della persona umana è la *libertà*, mediante la quale l'uomo e la donna si sperimentano come capaci di decidere della propria vita, delle proprie relazioni, del proprio modo di autorealizzarsi e – in una prospettiva non narcisisticamente ripiegata su se stessi, ma aperta all'alterità ed alla sua piena e consapevole accettazione – di contribuire all'altrui realizzazione. Nella libertà essi scoprono il proprio potere e la propria responsabilità. Si può giungere ad una prima affermazione: la vita matrimoniale e familiare si può costituire solo con una decisione libera e disposta ad impegnarsi davanti a se stesso/a, all'altro/a ed agli altri, nella consapevolezza che questo impegno di libertà è un *dovere* ed un *rischio,* in cui si mette in gioco il proprio e l'altrui futuro[8].

2. L'amore coniugale, espressione *eminente* di relazione interpersonale

L'atto più perfetto di comunicazione è l'amore, che – al di là delle diverse modalità con cui si è cercato di definirlo[9] – resta comunque il luogo in cui si scopre il *vero senso* dell'*essere con* gli altri. L'amore interper-

---

[8] Cf. ad esempio J. DE FINANCE, *Esistenza e libertà*, Roma 1990; A. DONDEYNE, *Liberté et vérité. Etude philosophique, Vérité et Liberté*, Louvain 1954, 43ss; M. MERLEAU-PONTY, *Fenomenologia della percezione*, Milano 1972²; A.M. MOSCHETTI – A. DANESE – G.P. DI NICOLA, «Matrimonio» (cf. nt. 1), 7142-7143.

[9] Si vedano, al riguardo, alcuni studi: F. EBNER, *Wort und Liebe*,

sonale consta sempre di una duplice dimensione[10]: una propriamente *ricettiva*, che consiste nel ricevere amore dagli altri; ed una *oblativa*, che si esprime nella capacità di *donare* amore agli altri. La profonda interconnessione delle due dimensioni si esplica attraverso almeno due effetti, che l'amore *autentico* è in grado di generare: l'*affermazione* dell'altro/a (nella sua individualità, dignità, valore) e, al tempo stesso, la sua *promozione*: con l'aiuto reciproco ogni coniuge è chiamato ad essere ciò che *può* e *deve* essere[11]. Tali effetti si evincono in maniera decisiva, benché non assoluta, nel matrimonio, laddove l'amore di coppia si presenta come il grado più completo ed integrale di *realizzazione interpersonale* dell'amore, coinvolgendo i coniugi nella loro totalità spirituale, psico-somatica, affettiva nonché nella loro libertà decisionale. Questo amore, però, non può escluderne altri, se vuole essere vero; deve, dunque, mantenersi costitutivamente *aperto* all'*alterità*, a cominciare dall'Altro trascendente, dal "Tu" radicale, assoluto ed irriducibile: l'"inevitabile desiderio di infinito", l'aspirazione alla totalità si rivelano, dunque, in maniera speciale nel-

---

Regensburg 1935; E. FROMM, *L'arte di amare*, Milano 1973[4]; H. KUHN, *Liebe. Geschichte eines Begriffes*, München 1975; M. NÉDONCELLE, *Verso una filosofia dell'amore e della persona*, Roma 1959; A. NYGREN, *Eros e Agape*, Bologna 1971; J. ORTEGA Y GASSET, *Estudios sobre el amor*, Madrid 1966; J. PIEPER, *Sull'amore*, Brescia 1975.

[10] Cf. D. BOROBIO, «Matrimonio» (cf. nt. 2), 583.

[11] Per ulteriori sviluppi, cf. J. DE FINANCE, *L'affrontement de l'autre. Essai sur l'altérité*, Roma 1963; P. LAÍN ENTRALGO, *Teoría y realidad del otro. Otredad y projimidad*, II, Madrid 1961; E. LEVINAS, *Totalità ed infinito. Saggio sull'esteriorità*, Milano 1980; G. MARCEL, *L'être et l'avoir*, Paris 1935.

l'amore che innerva la relazione interpersonale della vita matrimoniale[12].

3. Il corpo, fattore costitutivo di realizzazione e di limite[13]

Se è vero che l'uomo e la donna sono chiamati a realizzarsi nell'amore, ciò non può prescindere dalla dimensione corporea, per mezzo della quale essi si mettono in relazione ed in comunicazione con gli altri[14]. Il corpo assume, dunque, un significato umano ben preciso[15]. Anzitutto, ciascun uomo e ciascuna donna sono costitutivamente *esseri corporei*, pur non riducendosi totalmente al corpo; è possibile dire, infatti, sia che *siamo* un corpo, quanto che *abbiamo* un corpo[16]. In secondo luogo, il corpo è il *simbolo originale che realizza l'uomo*[17], quale *mezzo* di espressione e comunicazione con gli altri e, al tempo stesso, *strumento* di dominio della realtà inframana. Il corpo è, ancora, il *linguaggio fondamentale* utilizzato dall'uomo, mediante cui traspare la sua interiorità. È, inoltre, il *modo privilegiato* attraverso il quale l'uomo e la donna esercitano la propria *presenza* in relazione agli altri ed al mondo. Ma il corpo è anche un fattore *limitante* in quanto l'uomo, benché non possa fare nulla senza di esso, tuttavia ne sperimenta la radicale insufficienza per

---

[12] Cf. M. BUBER, «L'io e il tu», in *Il principio dialogico*, Milano 1958, 67-104; E. LEVINAS, *Totalità* (cf. nt. 11), 89-114; G. SCHERER, *Ehe* (cf. nt. 2), 14-53.

[13] Per un'efficace sintesi circa la corporeità ed il suo valore, si veda A. MOLINARO – F. MACEDO (ed.), *Verità del corpo*, Roma 2008.

[14] Cf. D. BOROBIO, «Matrimonio» (cf. nt. 2), 584-585.

[15] Cf. J. GEVAERT, *Il problema* (cf. nt. 2), 67-72.

[16] Cf. G. MARCEL, *L'être* (cf. nt. 11), 225-226; P.L. BERGER – T. LUCKMANN, *La realtà come costruzione sociale*, Bologna 1974³.

[17] Cf. D. BOROBIO, «Matrimonio» (cf. nt. 2), 585.

tutto ciò che potrebbe e vorrebbe fare; senza contare, poi, le occasioni nelle quali diventa *assenza* e *maschera*, perché manifesta o nasconde, degenerando finanche nella falsità e nell'ipocrisia, allorché «non esprime ciò che veramente sente o non dice ciò che pensa»[18]. Tutto questo è *determinante* per la vita matrimoniale e familiare, configurandosi essa come *luogo ermeneutico* insostituibile per la scoperta dell'importanza del corpo, del suo valore, della sua qualità simbolica, del suo mistero e del suo bisogno costante di interpretazione: anche la vita matrimoniale e familiare, infatti, non è avulsa dal rischio della *finzione* e della *distanza* tra il *dono di sé*, manifesto nella ed attraverso la corporeità, e l'*assenza dell'amore*[19].

4. Il valore della sessualità

L'uomo e la donna sono esseri corporei che si contraddistinguono per il loro corpo *sessuato* che comporta, con l'identità, l'alterità o differenza sessuale[20]. La sessualità struttura la persona nella sua costituzione intima, impregnandola totalmente, penetrandone tutta la vita e non riducendosi al possesso ed all'esercizio delle gonadi. Esiste un significato propriamente *umano* della sessualità, rinvenibile[21]: a) nella *finalizzazione* verso il rapporto interpersonale, in ragione di un bisogno di complementarietà; b) nella *fecondità* come *espressione* e

---

[18] D. BOROBIO, «Matrimonio» (cf. nt. 2), 586.

[19] Cf. D. BOROBIO, «Matrimonio» (cf. nt. 2), 586.

[20] Per ulteriori approfondimenti, cf. H. DOMS, «Sessualità e matrimonio», in J. FEINER – M. LÖHRER (ed.), *Mysterium Salutis*, IV, 409-464; M. HARTMANN, *Die Sexualität*, Stuttgart 1956; A. JEANNIERE, *Antropologia sessuale,* Torino 1974; G. SCHERER, *Anthropologische Aspekte der Sexuelle*, Essen 1970.

[21] Cf. A.M. MOSCHETTI – A. DANESE – G.P. DI NICOLA, «Matrimonio» (cf. nt. 1), 7143-7144.

frutto dell'incontro interpersonale, che si prolunga nella nuova umanità. Tutto ciò emerge in maniera ancor più potente quando esiste l'*amore*, nella quale la sessualità si configura come *simbolo, incarnazione* e *mezzo* della relazione interpersonale, della spinta alla *comunione*, della capacità di *dono* ed accoglienza del medesimo. Se vissuta nell'amore *autentico*, la sessualità ne diviene *simbolo eloquente e trasparente*: non è, infatti, la sessualità che dà senso all'amore, ma l'amore che dà senso alla sessualità, facendone una sua vera espressione ed incarnazione[22]. Tuttavia, anche nella bellezza dell'amore coniugale, la sessualità non perde il suo velo d'ambiguità. Essa si manifesta sul piano *antropologico*, nella possibilità di essere inganno o ipocrisia, oppure di *oggettivare* e *strumentalizzare* l'altro; e sul piano *erotico*, nella transitorietà di un piacere bramato come duraturo, ma in realtà limitato e tragicamente passeggero, incapace di colmare le nostre ansie più profonde di felicità[23]. La sessualità *matrimoniale*, dunque, è l'espressione più *integrale* del vero amore, ma anche il suo *rischio*: è una forza che *spinge i coniugi l'uno verso l'altra* e viceversa, ma in determinate condizioni potrebbe diventare un impulso violento che *minaccia di ridurre l'altro/a ad oggetto di possesso*. Sta ai coniugi, alla loro reciproca responsabilità, far sì che il loro matrimonio non sia luogo di morte e distruzione, ma sia sempre più fonte di vita, per loro stessi e per la famiglia che hanno costituito.

MICHELE SCIOTTI

---

[22] Cf. E. FROMM, *L'arte* (cf. nt. 9), 115ss; A. JEANNIERE, *Antropologia* (cf. nt. 20), 139; G. SCHERER, *Ehe* (cf. nt. 2), 103-111.
[23] Cf. E. FROMM, *L'arte* (cf. nt. 9), 54ss.

Facoltà di Storia e Beni Culturali della Chiesa

Lydia Salviucci, *Il matrimonio e la famiglia nell'arte del Rinascimento e del Barocco*
Norman Tanner, *Marriage and the family according to the ecumenical councils*
Livia Mandalà, *Caratteristiche dell'istituto matrimoniale in epoca pre-tridentina*
Stefano Brancatelli, *Unioni di fatto e concubinato: una possibile linea di continuità?*

IL MATRIMONIO E LA FAMIGLIA NELL'ARTE DEL RINASCIMENTO E DEL BAROCCO[*]

Introduzione

Tratterò l'argomento dell'Atto Accademico dal mio punto di vista di storica dell'arte, in particolar modo con esempi del Rinascimento e del Barocco, mie specifiche competenze[1].

1. Il matrimonio

Timothy Verdon, commentando il trittico *I sette sacramenti* di Roger van der Weyden per un altare della cattedrale di Tournai (foto 2, 3), ricorda come la vita di ogni cristiano è scandita da azioni sacramentali all'interno della vita liturgica della Chiesa, che segnano ogni mo-

---

[*] In questo fascicolo si trovano le riproduzioni di alcune opere d'arte menzionate nell'articolo. Tutte le fotografie si trovano nella pubblicazione dell'Atto accademico nel sito www.unigre.it.

[1] Sono molto grata a P. Tanner, Decano della Facoltà di Storia e Beni Culturali della Chiesa, dove insegno storia dell'arte cristiana, per avermi scelta a rappresentare il Dipartimento di Beni Culturali della Chiesa in questa prestigiosa Giornata Accademica della Gregoriana. Inoltre ringrazio P. Kowal, Decano della Facoltà di Diritto Canonico, organizzatore dell'Atto Accademico, per avermi fornito consigli indispensabili durante la fase di organizzazione di questa ricerca.

mento, sia comune a tutti – battesimo, eucarestia, confessione – sia determinato da scelte private, come l'ordinazione e il matrimonio[2]. «Il matrimonio, elevato da Cristo Signore alla dignità di sacramento, è quel patto con cui l'uomo e la donna stabiliscono tra loro la comunità di tutta la vita»[3]. Queste sono le parole che definiscono nel *Catechismo della Chiesa Cattolica* il sacramento matrimoniale, sulla base di quanto è stato discusso nei concili[4].

A Trento, in modo particolare, si è tenuto conto dell'acceso dibattito di quegli anni, tra cattolici e protestanti, sul fondamento biblico dei sacramenti, come è stato ben sottolineato anche nelle immagini incise da Peter van der Borcht per l'edizione illustrata del 1589 delle *Institutiones christianae*, meglio conosciute come *Parvus catechismus*, scritto dal teologo gesuita Pietro Canisio (foto 4)[5]. Qui sono messi in relazione gli sposi, benedetti dal sacerdote, con i primi sposi in assoluto, Adamo ed Eva, che ricevono la benedizione da Dio Padre nel Paradiso terrestre.

> L'intima comunione di vita e di amore coniugale è fondata, infatti, dal Creatore, in quanto Dio stesso è l'autore del matrimonio. E questo perché la vocazione al matrimonio è iscritta nella natura stessa dell'uomo e della donna, quali sono usciti dalla mano del Creatore[6].

---

[2] T. VERDON, *L'arte nella vita della Chiesa*, Città del Vaticano 2009, 20-24. Il dipinto del 1450 circa si trova ad Anversa, Koninklijk Museum voor Schone Kunsten.

[3] *Catechismo della Chiesa Cattolica*, 369.

[4] Cf. l'articolo in questo volume di P. Tanner.

[5] Cf. J.-F. GILMONT, *Les écrits spirituels des premiers jésuites*, Roma 1961, 214; sul *Parvus Catechismus* illustrato cf. G. PALUMBO, *Speculum peccatorum. Frammenti di storia nello specchio delle immagini tra Cinque e Secento*, Napoli 1990, 169-206.

[6] *Catechismo della Chiesa Cattolica*, 371.

Da questa xilografia, alquanto semplice nella composizione, si possono analizzare altre opere successive. Nicolas Poussin, tra i capisaldi della pittura francese dell'età barocca, dipinge per ben due volte la serie dei sacramenti: la prima del 1640 per Cassiano dal Pozzo, erudito e collezionista, poi per il francese Chantelou, che avendo ammirato quei quadri, ne fece realizzare delle semplici copie. Ma Poussin non fidandosi dei risultati, ridipinse la serie lui stesso tra il 1644 e il 1648. Nel *Matrimonio* (foto 5) si nota una ispirazione classica con echi greco-romani, per sottolineare il valore eterno del sacramento[7].

Diametralmente opposta come scelta ispirativa è, invece, la serie dei sacramenti di Giuseppe Maria Crespi del primo decennio del Settecento. Crespi, l'ultimo grande nome della scuola bolognese, sulla linea di Ludovico Carracci e di Guercino, nel proporre il *Matrimonio* preferisce narrare uno scorcio intimo e raccolto di vita reale con personaggi semplici (foto 6)[8].

Se il valore sacramentale del matrimonio viene, invece, radicalmente accantonato, rimane solo quello legale – amministrativo, in quanto il matrimonio è un vero contratto stipulato tra due persone. Ci sono degli esempi della metà del Settecento che mostrano con grande sarcasmo e ironia l'interesse e convenienza che possono esserci in un matrimonio: ebbero un grande

---

[7] Il quadro è conservato alla National Gallery of Scotland a Edinburgo. La prima serie, invece, è stata ereditata dal 1785 dai duchi di Rutland e ospitata a Belvoir Castle, dove scoppiò un incendio nel 1816. Negli scorsi anni la National Gallery di Londra ha avuto in concessione i dipinti rimasti, dei quali, in ogni caso, circolano delle copie e delle riproduzioni incise.

[8] Il quadro datato 1712, si trova, insieme agli altri *Sacramenti* alla Gemäldegalerie a Dresda.

successo i dipinti e le incisioni dell'inglese William Hogarth, come *Il contratto nuziale* (foto 7)⁹. Si può ammirare anche il dipinto con lo stesso soggetto di Gaspare Traversi del 1770, conservato nella Galleria di Palazzo Barberini a Roma (foto 8). La natura contrattuale del matrimonio è alla base anche di numerosi momenti decisivi della storia, dove un legame dinastico rappresenta un ottimo consolidamento di potere e di espansione, come si vede nelle grandi tele della serie dipinta da Rubens tra il 1622 e 1625 per celebrare il matrimonio tra il re di Francia Enrico IV e Maria de'Medici (foto 9)[10].

Il giorno del matrimonio è un giorno di festa, come pittori fiamminghi e olandesi lo propongono spesso nelle loro opere: basti pensare alla *Festa di nozze* di Pieter Brueghel il giovane (foto 10) e a quella omonima di Adrian Van Ostade (foto 11)[11].

Anche nella mitologia classica è descritto il giorno delle nozze con un sontuoso banchetto: ci si riferisce alla rinomata descrizione della storia di Amore e Psiche nell'*Asino d'oro* di Apuleio, che ha trovato numerose raffigurazioni artistiche, tra le quali la più rinomata è

---

[9] Il quadro è datato 1744 e si trova alla National Gallery a Londra.

[10] Il progetto, secondo il volere della regina, prevedeva la realizzazione di un certo numero di tele di grande formato da collocarsi nelle due gallerie del nuovo palazzo del Lussemburgo a Parigi; attualmente si trovano nel museo del Louvre.

[11] Il quadro di Brueghel è del 1607 e si trova a Bruxelles, Musées Royaux des Beaux-Arts, mentre quello di Van Ostade del 1674 e si trova a Chicago, Art Institute. Inoltre, si è svolta recentemente a Firenze una mostra sulla vita coniugale nel Rinascimento: *Virtù d'amore. Pittura nuziale nel Quattrocento fiorentino*, 8 giugno – 1 novembre 2010, Galleria dell'Accademia – Museo Horne, Firenze.

certamente quella dell'affresco di Raffaello e della sua scuola, *Il banchetto di Amore e Psiche*, nella villa della Farnesina a Roma del 1517-18 (foto 12).

Forse, però, si può affermare che la ricchezza e la raffinatezza dell'immagine di Raffaello siano state superate dal pittore veneziano Paolo Veronese quando dipinge nel 1562 uno dei banchetti matrimoniali più sontuosi della storia dell'arte: le *Nozze di Cana* per il refettorio del convento dei benedettini nell'isola di San Giorgio maggiore a Venezia (foto 13, 14)[12]. L'importanza dell'episodio evangelico delle nozze di Cana è duplice: innanzitutto la partecipazione di Gesù «conferma della bontà del matrimonio e l'annuncio che ormai esso sarà un segno efficace della presenza di Cristo» (foto 15)[13], poi perchè viene mostrato il nucleo familiare per eccellenza: Gesù con sua Madre, come poi vedremo (foto 16).

Musica e canti alle nozze non mancano mai e forse uno dei testi dell'Antico Testamento, il *Cantico dei Cantici*, deriva la sua origine proprio da tale consuetudine: lo confermano le raffinate xilografie del codice Palatino latino 143 della Biblioteca Apostolica Vaticana (foto 17). «La Tradizione ha sempre visto nel Cantico dei Cantici un'espressione unica dell'amore umano, in quanto è riflesso dell'amore di Dio, amore "forte come la morte" che "le grandi acque non possono spegnere" (*Ct* 8,6-7)»[14]. Per questo motivo all'immagine dello sposo e della sposa si ricollega anche un profondo significato spirituale che deriva dalla tradizione dell'Antico Testamento, che parlava del legame

---

[12] Ora al Louvre.
[13] *Catechismo della Chiesa Cattolica*, 521.
[14] *Catechismo della Chiesa Cattolica*, 453.

del Signore con il suo popolo (foto 18). Di conseguenza, nel simbolismo cristologico, molto diffuso soprattutto nel Medioevo, lo sposo del *Cantico dei cantici* è assimilato alla figura di Cristo, che si è unito per sempre alla Chiesa, sua diletta sposa – da identificarsi con la Vergine – per la quale ha dato sé stesso (foto 19)[15].

La tavola dello *Sposalizio della Vergine* del 1504 (foto 20), firmata sul fregio del porticato *Raphael urbinas* per una cappella della chiesa di S. Francesco a Città di Castello[16], ci permette di introdurre il tema del matrimonio della Vergine. Anche se il soggetto non si trova nei Vangeli, ma negli apocrifi[17], ha riscontrato una certa diffusione in ambito mariano. Questa è un'opera del giovane Raffaello, ancora in stretto legame con il suo maestro Perugino: basti pensare alla medesima impostazione spaziale usata da quest'ultimo nell'opera più vicina cronologicamente, 1503, raffigurante anch'essa lo *Sposalizio della Vergine* per la cattedrale di Perugia (foto 21)[18].

Raffaello trasforma l'ispirazione peruginesca in una composizione più ariosa, dove il tempio alle spalle non appare più così rigido, ma, essendo sostituito con un tempietto circolare periptero e posto su un piano sopraelevato, domina la scena attraverso un agile ritmo prospettico (foto 20a).

A distanza di quasi ottant'anni si ha, invece, il raffinato dipinto con lo *Sposalizio della Vergine* destinato

---

[15] Tale simbolismo cristologico oramai appartiene ad una conoscenza molto diffusa, basta consultare anche i repertori scientifici, ma divulgativi come G. HEINZ-MOHR, *Lessico di iconografia cristiana*, Milano 1982, 243.

[16] Il dipinto è conservato nella Pinacoteca di Brera a Milano.

[17] *Protovangelo di Giacomo*, capitolo 8.

[18] Ora nel museo di Caen in Francia.

alla cappella di S. Maria della Strada nella chiesa del Gesù a Roma (foto 22). L'autore è uno dei protagonisti dell'arte cristiana della seconda metà del '500 che, insieme a Scipione Pulzone, ha dipinto la cappella con storie della vita della Vergine: si tratta del gesuita pittore e architetto Giuseppe Valeriano. Il quadro, con tutta l'intera cappella, costituisce uno degli esempi più rappresentativi di quel fervore spirituale che animava i nascenti ordini religiosi, in questo caso la Compagnia di Gesù – ma anche i barnabiti, gli oratoriani, i teatini – e che portava ad una rielaborazione interna del significato di immagine sacra attraverso vari sperimentalismi stilistici, che poi sedimenteranno nel secolo successivo (foto 23)[19].

Nelle Sacre Scritture molteplici sono i racconti di sposi e quindi di storie familiari: i più conosciuti sono Elisabetta e Zaccaria (foto 24 e 25)[20], Anna e Gioacchino (foto 26)[21] e prima ancora Abramo e Sara, Isacco e Rebecca, Giacobbe e Rachele. Molti di questi sono stati affrescati (foto 27), ad esempio, con straordinaria ricchezza descrittiva, da Michelangelo nelle lunette (foto 28) e nelle vele (foto 29) sulla volta della cap-

---

[19] Per la storia dell'arte cristiana dei secoli presi in esame rappresenta un esempio di grande interesse perché si tratta di un artista religioso (gesuita). Si possono ricordare anche Beato Angelico (domenicano), Filppo Lippi (carmelitano) e verso la fine del Seicento un altro gesuita, Andrea Pozzo.

[20] Si può citare la soluzione prospettica adottata da Tintoretto nella *Visitazione* per la chiesa domenicana di S. Pietro martire, ora alla Pinacoteca di Bologna, del 1530 circa.

[21] Ad esempio nel coro (cappella Tornabuoni) della chiesa di S. Maria Novella a Firenze agli anni 1486-90 risalgono i rinomati affreschi di Ghirlandaio con le scene della vita della Vergine (e quindi anche con S. Anna e S. Gioacchino) e di S. Giovanni Battista (con S. Elisabetta e S. Zaccaria).

pella Sistina, raffiguranti, appunto i progenitori di Gesù (foto 30, 30a, 30b)[22].

Nell'agiografia vorrei solo citare, invece, la giovane promessa sposa S. Orsola, la cui tragica storia è stata spesso oggetto di ispirazione artistica, come per Carpaccio con i dipinti per la Scola di S. Orsola a Venezia della fine del 1400 (foto 31).

2. La famiglia

Il matrimonio, quindi, per definizione, è l'unione, mediante la quale gli sposi si donano e si ricevono mutualmente: e questa unione altro non è che la realizzazione della famiglia, caratterizzata in maniera sempre più incisiva dalla nascita dei figli. Senza addentrarci ora in tutti i significati attribuiti ad una tavola di Jan van Eyck, *I coniugi Arnolfini* del 1434 (foto 32), vorrei soffermarmi esclusivamente sulla resa pittorica di un delicato particolare: lei incinta, già con sguardo materno, che porge al suo sposo la mano (foto 33)[23].

Ma il quadro di famiglia per antonomasia, che aveva originariamente proprio questo titolo, *El quadro de la familla*, è quello di Diego Velasquez, *Las meninas* del 1656, ricco di suggestioni iconologiche e di arguzie visive, nel quale è ritratta la famiglia del re di Spagna Filippo IV (foto 34)[24].

---

[22] Cf. H. PFEIFFER, *La Sistina svelata. Iconografia di un capolavoro*, Città del Vaticano – Milano 2007 e S. DE FIORES, *La Madonna in Michelangelo*, Città del Vaticano 2010.

[23] Conservato alla National Gallery a Londra.

[24] Conservato al museo del Prado a Madrid.

Un'altra particolare allegrezza familiare si riscontra nell'autoritratto del 1639 del pittore Rubens con la moglie e il loro bambino (foto 35)[25].

La famiglia, perciò, si rivela come uno dei modi più efficaci per esprimere l'unione e la circolazione degli affetti. Ciò che dà forza a ciascuna famiglia è, infatti, il legame sincero e profondo tra i vari componenti: marito e moglie, poi genitori, figli e nipoti. Fin dall'antichità questo legame indissolubile rappresenta il centro di ogni famiglia e viene addirittura difeso da alcuni numi tutelari, i penati. Nel gruppo scultoreo *Enea e Anchise*, opera giovanile (1618-20) di Gian Lorenzo Bernini, il massimo scultore del barocco, traspaiono l'ansia e una concentrazione dolorosa per questo momento di vita familiare (foto 36)[26]. Enea fugge dall'incendio di Troia, portando sulle spalle il suo vecchio padre Anchise, che a sua volta tiene la statuetta preziosa con i penati; stretto vicino a loro si trova il figlioletto Ascanio.

Nell'Antico Testamento l'amore paterno viene messo alla prova addirittura da Dio stesso nell'episodio del sacrificio di Isacco (foto 37 e 38). Nella Sacra Famiglia il ruolo paterno di S. Giuseppe, padre putativo, si trova sottolineato in svariati dipinti (foto 39, 40, 41, 41a)[27].

---

[25] Si tratta della moglie Hélène Fourment. Il dipinto si trova al Metropolitan Museum of Art a New York.

[26] Il committente era il cardinale Borghese e l'opera si trova nella Galleria Borghese a Roma. Si ricordano anche, con lo stesso soggetto, la formella bronzea, scolpita da Lorenzo Ghiberti per il concorso del 1401 per la porta del Battistero di Firenze e il dipinto di Caravaggio del 1602, ora alla Galleria degli Uffizi a Firenze.

[27] Tra gli esempi molto rinomati nell'arte, si possono citare: Raffaello, *Madonna Canigiani*, Alte Pinakothek, Monaco, 1507; Tiziano, *Natività*, National Gallery, Londra, 1510; Raffaello, *Sacra Famiglia*, Museo del Prado, Madrid, 1507; Michelangelo, *Tondo Doni*, Galleria degli Uffizi, Firenze, 1506.

Al Seicento risale un interessante dipinto del 1650 dello spagnolo Murillo, in cui S. Giuseppe posto al centro dell'opera è tutto preso a far giocare il Bambino Gesù (foto 42), oppure quello del francese de La Tour in cui è raffigurato il santo, intento nella sua attività di falegname, osservato dal Bambino Gesù (foto 43)[28].

Numerose, infatti, sono le immagini che riflettono la gioia vissuta all'interno della Sacra Famiglia, dove spesso S. Giuseppe è dipinto in secondo piano (foto 44)[29]. In verità è preminente la quantità di iconografie dove si trova raffigurata la Madonna da sola insieme al Bambino (foto 45-47)[30].

In molti dipinti si trovano la passione e la morte di Gesù prefigurati nella Natività, come nell'affresco del domenicano Beato Angelico, in cui Gesù Bambino giace direttamente sulla nuda terra, ad anticipare la sua deposizione nel sepolcro (foto 48)[31]. Secondo la tradizione bizantina, la prefigurazione della morte di Gesù è visibile anche nella grotta da intendersi come sepolcro, in cui giace il Bambino, stretto nelle fasce come fosse il sudario. Troviamo l'esempio di questa tradizione nell'icona russa della scuola di Rublev (muore nel 1430), del XV secolo, conservata a Mosca nella Galleria Tretjakov (foto 49). L'immagine scura della grotta prefigura anche la discesa di Cristo negli inferi.

---

[28] La *Sacra Famiglia* di Murillo si trova al museo del Prado a Madrid; mentre *S. Giuseppe falegname e Gesù Bambino* di George de la Tour, del 1645, si trova al Louvre a Parigi.

[29] Ad esempio: Pietro da Cortona, *Sacra Famiglia*, Alte Pinakothek, Monaco, 1643.

[30] Ad esempio: Giovanni Bellini, *Madonna del prato*, National gallery, Londra, 1505, Botticelli, *Madonna con il Bambino*, Louvre, Parigi, 1470; Piero della Francesca, *Madonna con il Bambino*, pala centrale del polittico di S. Antonio, Galleria Nazionale, Perugia, 1460.

3. In una società multireligiosa e multiculturale

Si è appena spiegato sopra come nell'iconografia della *Natività* si ritrovano uniti i due grandi momenti della famiglia, di ogni famiglia: la gioia e la felicità per la nascita; il dolore per la morte. Questo è comprensibile in ogni tempo, in ogni cultura e religione[32].

L'argomento dell'atto accademico odierno rivolge proprio una specifica attenzione al tema del matrimonio e della famiglia all'interno di una società multireligiosa e multiculturale. In ambito cristiano la Sacra Famiglia offre una particolare riflessione sull'accoglienza e apertura verso le altre culture e religioni.

L'episodio evangelico dei Re Magi, che giungono dall'Oriente (foto 50), sottolinea con evidenza l'incontro delle antiche religioni e culture con il nascente cristianesimo (foto 51), come si vede nella miniatura del primo decennio del '400 dei fratelli Limbourg per il prezioso libro d'ore commissionato dal fratello del re di Francia, il duca di Berry[33]. Dall'Oriente – l'Arabia e la Persia – i Re Magi arrivano e si incontrano per dirigersi verso Gerusalemme, così come è espresso ancora meglio in una miniatura della stessa serie (foto 52). Dal XII secolo, a sottolineare questo straordinario incontro di culture, i Magi sono stati maggiormente

---

[31] Beato Angelico, affreschi nelle celle del convento di S. Marco, Firenze, 1440 circa.

[32] Vorrei soltanto ricordare un altro tipo di icona, quella denominata *icona dello sposo,* mostrata durante la settimana santa, iconograficamente abbastanza vicina alle *Pietà* occidentali, ma che si ricollega, invece, al significato di Cristo sposo, nominato sopra.

[33] Si tratta di una delle opere miniate più rinomate del Rinascimento, conservata a Chantilly nel museo Condé. Cf. l'edizione anastatica con studio critico di J. LONGNON – R. CAZELLES, *Les Très Riches Heures du Duc de Berry,* Paris 1969.

definiti nel loro simbolismo: Camiti con Melchiorre, Semiti con Baldassarre e Iafetiti con Gaspare.

Nei secoli presi in esame – XV-XVIII – è difficile, però, trovare esempi artistici che mostrano il tema della società multireligiosa e multiculturale, soprattutto se ci riferiamo all'arte europea. Conviene, invece, andare fuori per cercare di cogliere nell'arte tali complessità di argomenti legati alla famiglia. Esiste, infatti, un genere particolare di dipinti, chiamati "las castas", ossia famiglie miste, in cui si fa vedere come si mescolano culture, tradizioni e religioni diverse. Sono pitture realizzate in America latina, in particolare in Messico e anche in Perù, dal XVII secolo circa, fino ai due secoli successivi, dove viene documentata, con un'attenzione precisa e molto veristica, l'origine di ciascuna persona della famiglia – sia essa locale o colona – e la conseguente denominazione della prole. Vorrei così concludere questo mio breve excursus sul matrimonio e la famiglia riflettendo proprio su questa varietà sorprendente di immagini (foto 53-73), testimonianza artistica di come la realtà della famiglia nei secoli passati abbia costantemente interagito in una società multireligiosa e multiculturale.

LYDIA SALVIUCCI

21a – Raffaello, *Sposalizio della Vergine*,
olio su tavola, 1504, Milano, Pinacoteca di Brera

23 – Ph. de Champagne, *Sposalizio della Vergine*,
olio su tela, 1644, Londra, Wallace Collection

25 – D. Ghirlandaio, *Imposizione del nome del Battista*,
affresco, 1486-90, Firenze, Basilica di Santa Maria Novella,
Cappella Tornabuoni

32 – Jan van Eyck, *I coniugi Arnolfini*,
olio su tavola, 1434, Londra, National Gallery

35 – P. P. Rubens, *Autoritratto con la moglie Hélène Fourment e il figlio*, olio su tavola, 1639, New York, Metropolitan Museum of Art

41 – Raffaello, *Sacra Famiglia con l'agnello*, olio su tavola, 1507, Madrid, Museo del Prado

48 – Beato Angelico, *Natività*,
affresco, 1440 ca., Firenze, Convento di San Marco

57 – Miguel Cabrera, *De mestizo y de india coyote*, 1763,
Collection Elisabeth Waldo-Dentzel
Multi Cultural Music and Art Foundation of Northridge California

MARRIAGE AND THE FAMILY ACCORDING TO THE ECUMENICAL COUNCILS

Marriage[1] and the family are treated significantly in nine of the church councils in the Roman Catholic church's traditional list of twenty-one ecumenical councils. Nine citations may seem few in view of the huge importance of marriage and the family within human life and the Christian tradition. Yet this paucity may be interpreted as a good sign inasmuch as it indicates widespread agreement among Christians: councils usually intervened only when there were disputes. Altogether, moreover, through the nine quotations, we are provided with teaching on marriage and the family that is practical, quite comprehensive, and sublime.

The first of the ecumenical councils, Nicea I in 325, provides us with the earliest citation. The council, in the eighth of the twenty canons which it promulgated, obliged schismatic Cathars who wished to be received into the Catholic church to give a written undertaking on various controversial issues, including «that they will be in communion with those who have entered into a second marriage». Cathars took a hard line on this matter, forbidding second marriages. The intrigu-

---

[1] Unless otherwise stated, all quotations are taken from N. TANNER (ed.), *Decrees of the Ecumenical Councils*, London – Washington 1990, I-II, where the original Greek or Latin text is also to be found. The location of the quotation within the two volumes is sufficiently evident from the indications I have given in the text – that is, reference to the council and to the document being quoted – hence the absence of precise page-references.

ing question is whether the Catholic church then permitted second marriages when both partners were alive, or only after the death of the husband or wife. The canon itself is not clear and commentaries on it, so far as I have been able to ascertain, either avoid the issue or provide no satisfactory answer. It is relevant to note that the council was very much an eastern council, held in Nicea in modern Turkey and attended overwhelmingly by Greek-speaking bishops from the eastern church – which developed into the Orthodox Church – and north Africa. The possibility of divorce and remarriage, even while not ideal, has traditionally been upheld by the Orthodox church. So the Nicene canon may well be interpreted in a similar manner.

The second council to consider is Constantinople I in 381. This council improved on the creed originally promulgated by the first council of Nicea, to produce the "Nicene Creed" as we know it today – the most authoritative creed for the whole Christian community, which is normally recited on Sundays during the Mass / Eucharist. This creed does not teach directly or extensively about marriage and the family, but it provides powerful support in its apparently simple proclamation that «Jesus Christ [...] became incarnate from the holy Spirit and the virgin Mary». The full humanity of Jesus Christ is thereby proclaimed as well as the role of Mary in his conception and birth. His conception was unique, of course, inasmuch as it came about through the holy Spirit rather than through Mary's husband, Joseph. But this uniqueness may be interpreted as underlining rather than undermining the importance of marriage, in a sense pointing to the divine origins of marriage. Moreover, the importance of Jesus's family life, which is implicit in the creed, had been emphasized especially in the gospel accounts of his birth and early childhood, in Luke's poignant account of his remaining in the Temple in Jerusalem at the age of twelve, and in various episodes during his public ministry.

The council of Chalcedon in 451 provides our third instance. In this case, too, the council did not provide an extensive or explicit treatment of marriage and the family, but its "Definition of Faith" expanded on the short sentence in the Nicene Creed which has just been quoted. The Definition, accordingly, speaks of Jesus Christ as «consubstantial with us as regards his humanity, like us in all respects except sin; begotten [...] from Mary, virgin mother of God (Greek, *Theotokos*), as regards his humanity». Jesus Christ's solidarity with us is beautifully proclaimed by the word "consubstantial" (Greek, *homoousios*), which is the same word as the Nicene creed had used to state Christ's communion with the Father in his divinity: «Jesus Christ [...] consubstantial with the Father». *Theotokos*, mother of God or God-bearer, had been introduced as a title of Mary by the previous council of Ephesus in 431. Now Chalcedon confirms this honour, underlining Mary's unique role in the Incarnation and the special role of women as mothers within family life.

Our fourth instance comes from the second council of Nicea in 787, which is the last council to be recognized as "ecumenical" (that is, a council of the full or universal church) by both the Orthodox and Catholic churches. Here, too, the commendation of marriage and the family is implicit rather than direct, but powerful nevertheless. The council approved the making and veneration of paintings and other images of Jesus Christ, Mary and saints. Jesus and Mary were intimately involved in marriage and the family, as we have seen; most of the saints had grown up within family life and many of them had married and produced families. The approval given by this council to the portrayal of family life in art, in a variety of ways, has surely given enormous encouragement to countless Christians. Of all the ecumenical councils, indeed, it may well be that Nicea II has had the most profound effect in encouraging Christians in their vocation to marriage and family life. Appropriately, we may note, the prime mover in this council was herself a married women with a family, the empress Irene.

The next council to consider, the fourth Lateran council in 1215, comes well after the beginning of the schism between the western and eastern churches – which came to be called the Catholic and Orthodox churches – in 1054. Lateran IV was the most comprehensive and wide-ranging of the ten general councils of western Church during the Middle Ages, from Lateran I in 1123 to Lateran V in 1512-17. The council paid considerable attention to promoting celibacy of the clergy and the prohibition of clerical marriage, but this dimension is not our concern here. In terms of the laity, marriage and family life are treated principally in canons 1 and 50-52. Canon 50, «On the restriction of prohibitions to matrimony», reduced the degrees of consanguinity within which marriage was prohibited from seven to four, which remains the norm is most countries today. This relaxation was important, especially in medieval society which was predominantly rural and where the spouse was normally chosen from within the same village or locality, so that it could be difficult to find a spouse beyond the seventh degree of consanguinity. Canon 51 «On the punishment of those who contract clandestine marriages» and canon 52 «On rejecting evidence from hearsay in a matrimonial case» sought to regularize marriage in various ways. They laid the basis for the council of Trent's decree *Tametsi*. The language of canons 51 and 52 may sound to modern ears largely menacing, but the underlying intent was to promote marriage and the family in the most positive and wholesome manner. This positive intent is nicely put in the short reference to marriage in canon 1 «On the Catholic Faith»: «Married persons find favour with God by right faith and good actions and they deserve to attain to eternal blessedness».

The second council of Lyons in 1274 is important because it provided the Catholic church, for the first time, with a definitive list of the seven sacraments, including marriage. Earlier there had been debate as to whether marriage, confirmation and last anointing, especially, should be classed as sacraments or more simply as rites. The list is to be found in the decree of reunion with the Orthodox church, which is considered to be an authentic decree of the council (even though the reunion proved to be fleeting). The decree states clearly: «The holy Roman church holds and teaches that there are seven sacraments of the Church: one is baptism, another in the sacrament of confirmation [...] then penance, the Eucharist, the sacrament of order, matrimony (Latin original, *matrimonium*), and extreme unction»[2].

The seventh of our councils to be considered – the last in the Middle Ages – is Basel-Florence: the council which started in Basel in Switzerland and later

---

[2] J. NEUNER – J. DUPUIS (ed.), *The Christian Faith in the Doctrinal Documents of the Catholic Church*, 7th revised and enlarged edition, New York 2001, no. 28.

transferred to Florence in Italy. While the council was in Basel it issued, on 7 September 1434, the revealing Decree on Jews and neophytes. In prohibiting various forms of *convivencia* between Christians and "Jews and other infidels" ("infidels" probably meaning principally Muslims), the decree was acknowledging that the forbidden practices were taking place. Attendance at weddings and acting as agents in marriages were the practices explicitly forbidden, but mixed marriages themselves may sometimes have been a reality. The relevant section of the decree reads as follows:

> Furthermore, renewing the sacred canons, we command both diocesan bishops and secular powers to prohibit in every way Jews and other infidels from having Christians, male or female, in their households and service, or as nurses of their children; and Christians from joining with them in festivities, marriages (Latin, *in nuptiis*), banquest or baths, or in much conversation, and from taking them as doctors or agents of marriages (Latin, *matrimoniorum proxenetas*).

The council of Trent (1545-63) dealt with marriage extensively and largely in a conservative manner. It clarified and strengthened the framework already prevalent in the Catholic church, rather than provided innovations. While the churches of the Reformation emphasized the importance of marriage, they treated the contract as a rite rather than a sacrament and one that was indicative of God's grace rather than effective of it. In response, the council of Trent reaffirmed the teaching of Lyons II regarding the inclusion of marriage among the seven sacraments of the Church and asserted that the sacrament was truly a source of divine grace (Session 7). Later the council spelled out this teaching in a full decree on marriage (Session 24). The best known and most influential part of the decree is canon 1, which is usually known by its first word *Tametsi*. This canon reaffirmed and clarified further the teaching of the fourth Lateran council in 1215, to which it made explicit reference. It has remained fundamental to the regulation of marriage in the Catholic church ever since. A long canon, its principal clauses read as follows:

> Following in the footsteps of the holy council of the Lateran held under Innocent III, this council orders that henceforth, before a marriage is contracted, an announcement of those intending to marry shall be made public during Mass by the parish priest of the contracting parties on three successive feastdays. After these announcements have been made, and if no legitimate impediment is raised in objection, the celebration of the marriage must then take place in open church, during which the parish priest will, by questioning the man and woman, make sure of their consent and then say, «I join you together in marriage, in the name of the Father and the Son and the holy Spirit», or use other words according to the accepted rite of each province [...] The council also exhorts spouses not to live in the same house before they have received the priest's blessing in church [...] The parish priest must keep a book in which he records the name of the couple and of the witnesses, and the day and place of the marriage contracted [...] Finally, the council exhorts couples to make a careful confession of their sins and to approach the holy sacrament of the eucharist with devotion before they marry, or at least three days before they consummate the marriage.

Our final council to consider is Vatican II. Something should first be said, however, regarding Vatican I. The council did not teach directly about marriage, but indirectly its decree on the infallibility and plenitude of jurisdiction of the pope had much influence, for it underlined the central role of the papacy in Catholic teaching. Accordingly, after Vatican I the papacy played an increasing role in Catholic teaching on marriage and the family through papal encyclicals and other pronouncements.

Teaching on marriage and the family, in Vatican II, is to be found in many of the sixteen documents promulgated by the council, but it comes primarily and most systematically in the «Pastoral constitution on the church in the modern world». This decree (or "constitution" according to its official title), which is normally referred to as *Gaudium et spes* from its opening words in the Latin text, dedicates a full chapter to the twin topics of marriage and the family. The chapter comes within the part on «Some urgent problems» and is entitled «Promoting the dignity of marriage and the family». It runs to some two thousand words in the Latin text. It constitutes much the most complete teaching on marriage and the family in all the twenty-one ecumenical councils.

The headings of the six sections (nos. 47-52), into which the chapter is divided, provide an outline of the contents: «Marriage and the family in the modern world», «The holiness of marriage and the family», «Married love», «The fruitfulness of marriage», «Reconciling married love with respect for human life» and «Promoting marriage and the family as the concern of all». Altogether one may say that the treatment is comprehensive and sublime while also sensitive to the challenges and difficulties of marriage. The most significant omission is full treatment of contraception and the contraceptive pill, which had to wait until pope Paul VI's encyclical *Humanae vitae* in 1968.

The opening paragraph of the first section provides a neat summary of the chapter's contents and its encouraging tone. It addresses the whole human family as well as Catholics and other Christians more specifically, following in this way the style of the opening words of *Gaudium et Spes*. This opening paragraph and the final paragraph of the section provide a fitting and encouraging conclusion to this short and fragmentary lecture:

> The wellbeing of the person and of human and Christian society is intimately connected with the healthy state of the community of marriage and the family. That is why Christians and all who value this community derive real satisfaction from the various supports being developed today in promoting this community of love and caring for its life as well as in helping married couples and parents in their outstanding task. They also look for further benefits and desire to encourage them (*GS* 47).

> Married couples themselves, made in the image of the living God and established with the true status of persons, should be united in equal regard, similarity of mind and mutual holiness so that following Christ, the beginning of life, in the joys and sacrifices of their vocation, they may become through their faithful love witnesses to that mystery of devoted love which the Lord in his death and resurrection revealed to the world (*GS* 52).

NORMAN TANNER, S.J.

CARATTERISTICHE DELL'ISTITUTO MATRIMONIALE IN EPOCA PRE-TRIDENTINA

Introduzione

Alla luce del tema cardine del Solenne Atto Accademico la nostra attenzione si soffermerà sulla presentazione dell'istituto matrimoniale in epoca pre-tridentina. Sono due le caratteristiche che speriamo di rendere evidenti con la nostra trattazione: la multiculturalità, espressione di religiosità differenti, in un periodo che potrebbe essere considerato di unico appannaggio della cattolicità e la presentazione di alcuni fenomeni che ci sorprendono per la loro attualità.

1. Il matrimonio negli atti processuali

La premessa necessaria per affrontare il nostro tema è la definizione specifica della materia da trattare: il matrimonio in epoca pre-tridentina e le sue caratteristiche specifiche. L'osservatorio privilegiato della ricerca su questo tema ci appare l'analisi dei processi matrimoniali che potranno rendere evidenti i tratti peculiari dell'istituto e contemporaneamente la violazione del medesimo, facendo apparire in controluce le caratteristiche della società civile e religiosa del periodo. Una società strettamente connessa con esperienze non unicamente cristiane ma, soprattutto in casi specifici come quello della città di Venezia, con culture e religioni alternative.

Appare subito evidente quanto la documentazione processuale tardo medievale, in tema di matrimonio, risulti poca cosa rispetto a quella quattrocentesca, perché? Le motivazioni spaziano dalla più semplicistica teoria che vede gli archivi ecclesiastici italiani colpiti da calamità nel passaggio all'età moderna, alla più attendibile affermazione di un sistema matrimoniale che non ha prodotto atti giudiziari in quanto complessivamente accettato e stabile.

In realtà però la tesi che più si accorda al nostro pensiero è che la scarsità, o quasi assenza, di tali processi matrimoniali sia da collegarsi all'attività svolta in periodo tardo medievale dalle curie italiane che erano solite riferirsi a notai laici per la produzione documentaria. Come evidenzia Robert Brentano[1], tale attitudine ha condotto ad una frattura tra l'ente produttore delle carte e l'ente conservatore, in quanto il vescovo o il tribunale diocesano non vedeva le carte processuali depositarsi nel suo archivio curiale quanto piuttosto andare a confluire in quello del notaio rogante. È quindi logico affermare che l'attività processuale ecclesiastica andrà ricercata negli archivi notarili piuttosto che curiali, con la consapevolezza che questa ricerca sarà di particolare difficoltà in quanto interamente da svolgere su fondi notarili diversamente organizzati e reperibili.

---

[1] R. Brentano, *Two churches: England and Italy in the thirteenth century*, Princeton 1968, 387.

2. Diversi modelli di istituto matrimoniale

È ora necessario affermare quanto l'istituto matrimoniale sia stato, come afferma Orlando: «uno spazio partecipato, disponibile al confronto e percorso da continue crisi di adattamento»[2]. Certo è che il matrimonio in quanto tale definiva una conflittualità tra il potere religioso e quello civile, entrambi smaniosi di affermare il proprio modello coniugale. I protagonisti della vicenda possono identificarsi nelle istituzioni civili, nella Chiesa e nella famiglia, ognuno caratterizzato da un determinato rituale, da una realtà giuridica propria[3]. Sebbene appaia evidente la contrapposizione dei tre modelli, dobbiamo affermare che prima del Concilio di Trento non è possibile notare la prevaricazione completa di una realtà sull'altra. Per secoli la famiglia e la comunità avevano conservato il monopolio su questo istituto, concependolo come un contratto consensuale guidato dall'adesione del gruppo piuttosto che dei nubendi.

Soltanto nel XII secolo la Chiesa si era proposta come controparte al matrimonio privato, proponendo un modello di unione coniugale alternativo supportato dal diritto canonico, capace e possibilitato ad imporsi come disciplinamento della società. Il matrimonio quindi, anche grazie ad un'azione pastorale nelle parrocchie e all'uso della predicazione, subisce un importante processo di socializzazione senza però esserne completamente trasformato. La Chiesa deci-

---

[2] E. ORLANDO, *Sposarsi nel Medioevo: percorsi coniugali tra Venezia, mare e continente*, Roma 2010, 17.
[3] J. GAUDEMET, *Il matrimonio in Occidente*, Torino 1989, 436. C.N.L. BROOKE, *Il matrimonio nel Medioevo*, Bologna 1991, 320.

deva di porre l'accento proprio sul momento del libero scambio dei consensi tra i nubendi, in evidente contrapposizione con gli sproporzionati condizionamenti sociali e familiari che avevano caratterizzato, come accennato precedentemente, il matrimonio di stampo privato.

3. Teoria consensualistica del matrimonio

La teoria consensualistica aveva in un primo momento affermato la necessità che al consenso seguisse la consumazione per poter affermare che l'unione fosse formata, valida e legittima. Ciò appare evidente nella bipartizione indicata da Graziano (XI – 1150 d.C.) in *matrimonium initiatum* e *matrimonium ratum et consumatum*. In un secondo tempo la dottrina del consenso si identifica con la volontà dei contraenti all'unione, come dimostra Pietro Lombardo affermando la distinzione tra consenso scambiato *per verba de futuro* (promessa o sponsali) e consenso per *verba de praesenti*, e concependo solo il secondo come vincolante. Dunque era il consenso, libero e al tempo presente, a rendere performativo il sacramento. La teoria consensualistica si era venuta ad affermare come dottrina ufficiale della Chiesa ed il consenso, poiché performativo del sacramento, rendeva il vincolo indissolubile, stabile e perfetto. Ciò verrà confermato dal IV Concilio Lateranense (1215) e dal II Concilio di Lione (1274).

La teoria consensualistica, però, ben presto dovette scontrarsi con problemi di riconoscibilità, come afferma Orlando: «[...] difficile accertare il coniugio laddove l'unico elemento necessario (o sostanziale) nella formazione del vincolo era lo scambio dei consensi, spesso impalpabile e sfuggente come le parole proferite»[4]. La Chiesa dunque aveva rivolto i suoi sforzi in due direzioni: l'affermazione degli impedimenti per distinguere tra unioni lecite ed illecite, la pubblicizzazione e solennizzazione dell'evento con l'enfatizzazione del ruolo del prete come agente del rito. La scienza civilistica, per non lasciare l'istituto all'esclusiva giurisdizione canonica, afferma la legittimità del vincolo dividendola in due momenti: gli sponsali come consenso *de futuro* suggellato dalla promessa di dote e le nozze come consenso *de praesenti* ratificato dalla consegna della dote e dalle fasi della consumazione e della *ductio* della moglie in casa del marito[5].

4. Tre momenti dell'evento matrimoniale

È giusto affermare che, nonostante i tentativi di sistematizzazione di tale istituto da parte della Chiesa e della società, lo spirito del vincolo rimane sostanzialmente aperto a differenti percorsi rituali. Sono solo tre i momenti principali, sempre immutabili, che lo delimitano: la promessa, il consenso verbale espresso al tempo presente, il trasferimento della moglie a casa del marito.

Alla promessa si arriva all'indomani di una lunga serie di trattative tra le due famiglie dei nubendi, condotta dai membri maschili delle due casate o da appositi sensali. Accordatesi sull'ammontare della dote, il

---

[4] E. ORLANDO, *Sposarsi* (cf. nt. 2), 20.
[5] D. LOMBARDI, *Matrimoni di antico regime*, Milano 2001, 528. ID., *Storia del matrimonio. Dal Medioevo ad oggi*, Milano 2008, 304.

padre della sposa e lo sposo, spesso sul sagrato di una chiesa, alla presenza di testimoni, procedevano alla cerimonia degli sponsali cioè lo scambio verbale del consenso *per verba de futuro*. Tale rito era riservato unicamente agli uomini. Un notaio quindi formalizzava il contratto matrimoniale e la coppia iniziava la frequentazione e il consolidamento dei vincoli familiari.

Secondo momento dell'evento matrimoniale era rappresentato dalla cerimonia del consenso. A raccogliere i consensi e a presiedere l'evento era un cerimoniere: un prete, un notaio, un parente o amico, a volte una donna o una persona di religione non cattolica latina (ricordiamo qui il caso di Venezia). I testimoni potevano essere presenti oppure ideologicamente sostituiti da immagini sacre. La volontà delle parti, scrive Orlando: «Poteva esprimersi in maniera attiva, passiva o mista. Nel primo caso erano gli sposi stessi a pronunciare le formule del consenso; nel secondo era il ministro del rito ad interrogare gli sposi; nel terzo, solo lo sposo assumeva un ruolo attivo nella cerimonia, mentre la sposa rispondeva ad una sollecitazione o dello stesso sposo o del cerimoniere»[6]. Spesso la cerimonia avveniva in casa della sposa ma anche in luoghi meno consoni come stalle, cucine, cortili o pascoli. Per la Chiesa l'adesione verbale era il momento necessario della cerimonia, mentre per la comunità lo erano i gesti come il tocco della mano e il rito dell'anello. Il giorno delle nozze le donne partecipavano alla vestizione della sposa, la quale attendeva l'arrivo dello sposo e del suo corteo per lo scambio dei consensi e il tocco della mano.

La *transductio* poneva il matrimonio nella sua fase di solennizzazione e pubblicizzazione. Dopo lo scam-

---

[6] E. ORLANDO, *Sposarsi* (cf. nt. 2), 75.

bio dei consensi, gli sposi si recavano in chiesa per la benedizione nuziale e la partecipazione alla messa, spesso conclusa con la benedizione dell'anello. La festa, come spazio pubblico di divulgazione, era caratterizzata da cortei rumorosi, banchetti, danze e scambi di doni. Il momento conclusivo del rito consisteva nel trasferimento della sposa in casa del marito, come trapasso di stato della novizia e riorganizzazione della famiglia e del suo patrimonio. Solitamente otto giorni dopo la *transductio*, la sposa tornava alla casa del padre, segno chiaro di riaffermazione dei legami con la famiglia di provenienza.

5. Matrimonio dei pre-puberi

Dopo aver trattato a grandi linee le peculiarità dell'istituto matrimoniale, desideriamo concentrare la nostra attenzione su un argomento che ci sorprende ancora per la sua particolare attualità: l'immissione delle bambine sul mercato matrimoniale prima del raggiungimento dell'età legittima[7]. Il diritto canonico fissava l'età consona per contrarre matrimonio a dodici anni per le ragazze e a quattordici per i ragazzi ma molto spesso, soprattutto per volontà delle famiglie aristocratiche, i giovani in età inferiore venivano costretti, sia fisicamente che psicologicamente, alla contrazione del vincolo. Sono molti i casi di coazione

---

[7] S. SIEDEL MENCHI, «La fanciulla e la clessidra. Nota sulla periodizzazione della vita femminile nelle società preindustriale», in S. SIEDEL MENCHI – A. JACOBSON SCHUTTE – T. KUEHN (ed.), *Tempi e spazi della vita femminile tra Medioevo ed età moderna*, Bologna 1999, 105-155.

perpetrata ai danni di giovani donne che giungono alla nostra attenzione attraverso le carte delle richieste di annullamento per difetto d'età, oppure la lettura di testi agiografici come le *Vite* delle sante medievali[8].

Il *modus operandi* e la situazione ci appaiono quasi identici, scrive Orlandi: «Quasi dei processi in copia, quelli su cui si vuole ragionare, a prefigurare una grammatica del ratto di spose bambine standardizzata o con rare varianti: una giovane ricca e ben dotata, prossima alla pubertà e priva di un'adeguata tutela da parte della famiglia; il vincolo formato con l'inganno al fine di disporre della dote della ragazza; il concorso fraudolento del padre dello sposo alla macchinazione matrimoniale; una presunta consumazione, impugnata con forza dalla ragazza una volta raggiunta l'età legittima; il ricorso al tribunale, con l'automatico affidamento della giovane a un istituto monastico cittadino per sottrarla alle pressioni dell'ambiente circostante»[9].

Prendiamo come esempio un avvenimento concreto: il matrimonio e il successivo annullamento di Mattea del fu Frigerio Lanzarotti e Nicolò Lazzara. Ci troviamo a Padova nel 1455 e la vicenda prende avvio quando Leone Lazzara, giurista e professore dello studio padovano nonché padre dello sposo, presenta presso il tribunale vescovile una petizione contro l'accusa rivoltagli di aver fatto sposare fraudolentemente suo figlio alla giovanissima Mattea. Appare subito evi-

---

[8] P. DINZELBACHER – D.R. BAUER, *Movimento religioso e mistica femminile nel Medioevo*, Torino 1993, 473. Per un approccio completo sulla questione chiesa e sessualità cf. M. PELAJA – L. SCARAFFIA, *Due in una carne. Chiesa e sessualità nella storia*, Roma – Bari 2008, 322.

[9] E. ORLANDI, *Sposarsi* (cf. nt. 2), 144-145.

dente che l'intenzione del giurista è quella di entrare in possesso della cospicua dote della ragazza tramite la celebrazione del matrimonio seppure questa non abbia ancora raggiunto i dodici anni e quindi l'età consentita affinché lo sposalizio abbia luogo. Non intendiamo soffermarci sulla biografia di Leone Lazzara, che peraltro ce lo presenterebbe come dottore dello studio patavino e nobile dagli estesi rapporti politici, quanto piuttosto sugli avvenimenti che lo videro accusato di circonvenzione di minore.

Il matrimonio, celebratosi l'8 settembre 1454, tra Mattea e Nicolò doveva essere considerato legittimo in quanto confermato dalla stessa giovane sposa che, però, venne rapita da casa Lazzara per volontà della sua tutrice e governatrice Caterina del fu Berto Sicheriis da Campolongo. La giovane quindi venne affidata nuovamente alla sua tutrice che contemporaneamente procedette alla presentazione della petizione con cui incolpava Leone Lazzara. La causa viene delegata, tramite breve apostolico, al vescovo di Padova Fantino Dandolo, il quale oltre alla ricostruzione degli eventi si trovava a dover accertare la maturità psichica e fisica della giovane sposa.

Compito del tribunale era scoprire se, nonostante il mancato raggiungimento di età legittima per contrarre il vincolo, Mattea avesse superato l'età infantile e fosse in grado di consumare il matrimonio. L'iniziale attenzione del giudice era stata rivolta, come risulta evidente dalle testimonianze del processo, ai mutamenti fisici avvenuti nella ragazza per saggiarne la maturità o immaturità riproduttiva. L'analisi passò poi alla delucidazione dei parametri psichici e comportamentali. Subito chiara appare la discordanza delle testimonianze: i testimoni della tutrice affermano l'ingenuità e semplicità di Mattea mentre la linea difensiva del suocero consiste nel far apparire la malizia della giovane. Al completamento della fase istruttoria si afferma che Mattea *non erat neque pubes neque pubertate proxima* quindi inabile al concepimento. Leone Lazzara, nelle sue *oppositiones* al giudice, contesta come faziosi gli interventi dei testimoni di parte avversa in quanto legati da vincoli di parentela con la tutrice della giovane e alcuni attivi nel rapimento di questa dalla casa maritale. Il giurista affermava quindi la validità del vincolo in quanto liberamente scelto dai nubendi *per verba de praesenti* e contratto solo quattro mesi prima della pubertà della ragazza. La decretalistica stabiliva infatti che in caso di difetto minimo d'età, si poteva considerare valido il vincolo se si dimostrava la malizia del minore, questo era dunque l'intento di Leone.

Come si concluse il processo? Troviamo la risposta al nostro quesito nella genealogia seicentesca della famiglia Lazzara, poiché il processo ci è giunto mutilo, in cui si afferma che Nicolò Lazzara sposato con Mattea Lanzarotti vede il matrimonio «disfatto [....] per sentenza di Fantino Dandolo vescovo di Padova seguita nel 1454 [ma 1455], alli 19 di luglio»[10].

6. Unioni miste

Altro tratto specifico dell'istituzione matrimoniale tra il XII e il XIII secolo è quello delle unioni miste. Prendiamo sempre come esempio Venezia come cro-

---

[10] RASSINO DA BELFORTE, *Albero overo Genealogia de' signori Lazara dove con ogni compendiosa e varace brevità si vedono le prerogative di questa nobilissima descendenza*, Padova 1650, 88.

giolo di molte culture e proprio per questo motivo scenario di frequentazioni particolari, potremmo dire liminali. In questo periodo e in questa città si impongono figure nuove di matrimonio, come nel caso di sposalizi tra un cristiano e un eretico o tra due cristiani di diverso rito. Uguccione da Pisa riflette sull'impedimento di disparità di culto e giunge alla conclusione che il matrimonio si fondi sul sacramento del battesimo. Poiché uno definiva l'altro, ricevere il battesimo crea una separazione da coloro che non lo avevano ricevuto, risulta quindi evidente che il matrimonio tra un fedele ed un eretico rimane valido in quanto quest'ultimo é comunque battezzato. Si ritengono però invalidi, e quindi dissolubili, quei matrimoni tra cattolici e pagani o ebrei, per motivazioni pastorali e cultuali. Possiamo dunque affermare che la dottrina elaborata da Uguccione aveva prodotto la figura giuridica del matrimonio misto.

Conclusione

La nostra breve introduzione alla questione matrimoniale in periodo pre-tridentino ci restituisce l'immagine di una società in movimento in cui l'istituto nuziale non ha ancora trovato una sedimentazione del rito. Una società che avverte nella parola e nel consenso la sintesi del rito cristiano e nella dinamica dei gesti la pubblicizzazione di quello laico. Una società che solo all'indomani del decreto *Tametsi*, dell'11 novembre 1563, vedrà effettivamente regolamentato l'istituto sacramentale.

Livia Mandalà

UNIONI DI FATTO E CONCUBINATO: UNA POSSIBILE LINEA DI CONTINUITÀ?

1. Premessa

1.1 *Precomprensione di fondo*

È possibile rintracciare una linea di continuità tra le attuali cosiddette "unioni di fatto" e l'esperienza storica del concubinato in epoca romana? Il rischio che si corre allorché si riflette su termini a primo acchito desueti come il nostro è quello di farlo senza dotarsi di quella distanza auspicata dallo storico (se non condizione stessa per poter fare storia!) e così cadere nel tranello di leggere il passato con gli occhi del presente. È pertanto scelta obbligata anteporre alla nostra riflessione una precomprensione di fondo che evidenzi come la risposta positiva a tale domanda sia *a priori* sostenuta oggi da chi, asserendo che il concubinato fosse già equiparato al matrimonio dalla legislazione romana, più che voler fare una legittima operazione storica, si adopra nel tentativo di fondare storicamente l'introduzione di un determinato istituto giuridico. Tale precomprensione, inoltre, diventa a volte persino pregiudizio nel voler individuare nel cristianesimo, divenuto maggioritario nell'impero, la causa e la volontà della scomparsa del concubinato.

1.2 Terminologia

Al fine di non incorrere in questi anacronismi, anzitutto occorre rilevare che il termine *concubina* in epoca classica non indicava alcunché di disdicevole. Le fonti epigrafiche[1] ci attestano che nell'età del principato (dal 27 a.C. sotto Augusto sino al 235 d.C. sotto i Severi) competé, in maniera quasi sinonimica, con quello di *amica* ma, contrariamente a quanto possiamo pensare, è il primo termine ad avere un'accezione positiva: *concubina*, differentemente da *amica*, era chi intratteneva una relazione stabile e duratura con un uomo in maniera disgiunta dal vincolo matrimoniale vero e proprio. Altri termini con accezione simile sono *coniux, conturbenalis, hospita, focaria*. Altro era la *paelex*, termine che oggi traduciamo sempre con concubina, ma che aveva un valore dispregiativo nella società romana decisamente orientata verso la monogamia: esso sembra derivare dal greco παλλακή, grecismo che indicava la bigama. Assimilando a concubinato tutti i casi di unione non caratterizzati dall'*affectio maritalis,* tali differenziazioni semantiche gradualmente si persero e con esse anche la distinzione tra le unioni fugaci e le relazioni più stabili e monogame determinate dall'impossibilità di contrarre "giuste nozze". Il concubinato di cui spesso le fonti parlano si prospetta pertanto più nel senso di una sorta di "matrimonio morganatico"[2], in cui un uomo si univa stabilmente

---

[1] Cf. P.M. MEYER, *Der Römische Konkubinat nach den Rechtsquellen und den Inschriften*, Aalen 1966.

[2] Ossia quello tra persone di diverso rango sociale che impedisce il passaggio alla moglie dei titoli e dei privilegi del marito: in Italia ancora nel 1869 Vittorio Emanuele II di Savoia, rimasto

sessualmente con una donna senza alcun intento di elevarla al suo rango sociale. Due aspetti sono assolutamente pacifici:
– esso era una pratica molto diffusa;
– nella coscienza sociale romana tale fenomeno non veniva avvertito come disdicevole.

In tal senso, dal punto di vista della percezione etica, il contesto multireligioso e multiculturale della società romana non risulta assai dissimile da quello odierno. Sia dal punto di vista sociale, sia da quello giuridico, però, la situazione cambia enormemente:
– dal punto di vista sociale, in epoca repubblicana ed imperiale, questo concubinato era l'unica soluzione praticabile là dove le differenze sociali rendevano il matrimonio pressoché impossibile;
– dal punto di vista giuridico, tale fenomeno non era normato: mera situazione di fatto, in sé non richiedeva alcuna forma prescrittiva. Gli stessi figli della concubina erano considerati illegittimi.

Era inoltre comunemente accettato che, ad esempio, avessero concubine:
– i giovani adolescenti prima dell'età matrimoniale (tradizionalmente tarda);
– i vedovi anziani o divorziati con figli perché prenderle per moglie avrebbe significato una nuova ridistribuzione del patrimonio[3].

---

vedovo di Maria Adelaide d'Asburgo-Lorena, sposava morganaticamente con rito religioso la "bella Rosina": la sposa – non considerata bigama – ed i figli – non considerati illegittimi – non potevano vantare pretese sul titolo nobiliare o su proprietà.
[3] Cf. C. FAYER, *La familia romana: aspetti giuridici ed antiquari*, II, Roma 2005, 15-19.

2. I testi

2.1 *In età classica (sino al 509 a.C.)*

Diversi autori dell'epoca classica attestano che Numa Pompilio inibì alla *paelex* (ossia alla donna che si univa ad un uomo sposato) l'accesso all'ara di Giunone, la dea tutelare delle *iustae nuptiae*:

> *Paelex* invece era chiamata e ritenuta svergognata colei che fosse compagna abituale di vita di un uomo nella cui mano e proprietà si trovasse un'altra donna a causa di matrimonio, secondo questa antichissima legge, che apprendiamo fosse del Re Numa: «La *Paelex* non tocchi il tempio di Giunone; se lo tocca, sacrifichi, sciolti i capelli, un'agnella a Giunone»[4].

Si noti, però, come in realtà qui non si parli di concubinato ma sempre di bigamia o adulterio continuato: tale attestazione evidenzia in epoca antica (in negativo) una liceità giuridica della poligamia, condannata solo culturalmente mediante codici di purità e successivamente superata.

2.2 *In epoca post repubblicana (27 d.C.-235 d.C.)*

2.2.1 In ambito civile

Sotto Augusto vennero recepite due leggi fondamentali che incentivarono il ricorso al concubinato al fine di non incorrere nelle censure dettate dai diversi impedimenti:

---

[4] Così ad esempio Gellio 4, 3, 3, tradotto in italiano dalla citazione latina presente in S. Tondo, «Introduzione alle "leges regiae"», *Studia et documenta historiae et iuris* 37 (1971) 45.

– La *Lex Iulia de adulteriis coercendis* elenca una serie di persone che non commettono stupro (adulterio) e quindi, in negativo, punisce severamente le altre relazioni extraconiugali;
– La *Lex Iulia et Papia Poppaea de maritandis ordinibus* stabilisce vari impedimenti matrimoniali di natura sociale.

A volte si sente dire che, per il dilagare di unioni tra persone di rango differente, Augusto legalizzò il concubinato. In realtà, le due leggi ne trattano solo indirettamente: la prima implicitamente ci attesta che si poteva tenere con sé per concubine, senza pericolo di commettere reato, quelle donne cui non si commetteva stupro (adulterio). Tale fattispecie è determinata dalla seconda legge: essa inibiva il matrimonio agli *ingenui* (nati liberi) e ai membri della classe senatoria nei confronti delle liberte e delle meretrici, che quindi erano obbligati in tal caso a tenerle come concubine (ma solo in situazione di monogamia) e non incorrevano pertanto nel reato di stupro[5].

2.2.2 In ambito ecclesiale

La *Tradizione Apostolica* (215 d.C.) prevede che la concubina credente monogama (di un non credente),

---

[5] È controversa la limitazione esclusiva di questa legge solo con liberte e meretrici. Comunemente, il testo di Marciano: «Si può tenere in concubinato sia la liberta altrui sia l'ingenua e soprattutto quella che è nato in un "luogo oscuro" o che si è prostituita. Altrimenti, se uno preferisse avere in concubinato una donna ingenua e di onesta vita senza *testatio* ciò non è concesso di fare in modo manifesto, ma gli è necessario in mancanza di tale adempimento (*testatio*) o prenderla in moglie o altrimenti con lei commette stupro» (Marciano D. 25, 7, 3) è ritenuto un'interpolazione successiva. Cf. C. FAYER, *La familia romana* (cf. nt. 3), 21-25.

non sia inibita nell'iniziazione cristiana, mentre il concubino credente deve sposarsi secondo la legge:

> La concubina (Παλλακή) di qualcuno, se è la sua schiava, se ha allevato i suoi figli e se si è legata solo a lui, ascolterà (la parola); altrimenti sarà respinta. L'uomo che ha una concubina, cesserà e prenderà donna secondo la legge; se rifiuta sarà respinto[6].

Analogamente avviene nella compilazione delle *Costituzioni Apostoliche* (IV secolo) che non é altro che un rimaneggiamento della *Tradizione Apostolica*. Essa riporta la norma precedente, confermandola ed esplicandola:

> La schiava concubina di un non credente, se non frequenta che lui, la si riceverà, ma se ella si concede ancora ad altri, la si respingerà. Il credente che abbia una concubina, se questa è una schiava, che smetta e si sposi legittimamente, se è una donna libera, la sposi legittimamente, altrimenti lo si respingerà[7].

La normativa cristiana opera quindi una distinzione:
– La schiava concubina di un pagano può essere ammessa tra i cristiani? La risposta è sì, in quanto ella non può sottrarsi alla sua situazione. L'unica condizione posta è la monogamia.
– L'uomo libero che ha una concubina può essere ammesso tra i cristiani? No. Se ella è libera deve sposarla secondo la legge, se è schiava "smetta" e si sposi legittimamente.

---

[6] *Tradizione Apostolica*, 16.
[7] *Costituzioni Apostoliche*, VIII, 32, 12-13.

2.3 Il caso Callisto

È noto il caso di Callisto (217-222 d.C.), così come attestato dal suo acerrimo nemico Ippolito, che avrebbe convalidato canonicamente il concubinato non contemplato in sede civile[8]. Se prestiamo fede ad Ippolito, che così scrive prima della sua riconciliazione col successore Ponziano:

> Ancor peggio, alle donne senza marito ed avanzate di età, le quali bruciando d'amore per un uomo indegno del loro rango e non volendo per questo sacrificare la loro condizione, (Callisto) permise, come cosa lecita, di unirsi a quell'uomo, schiavo o libero che fosse, che elle avessero scelto come concubino e, senza essere sposate dinanzi alla legge, di considerarlo come loro marito[9]

si rientra comunque sempre nella fattispecie del matrimonio morganatico, ossia di donne cristiane rimaste vedove che preferivano segretamente "convivere" (con il conseguente problema del controllo delle nascite!) con cristiani di livello sociale inferiore piuttosto che contrarre matrimonio con pagani di pari rango.

2.4 In epoca tardo antica (IV-VI secolo d.C.)

Con il riconoscimento del cristianesimo, Costantino emanò tutta una serie di leggi a favore dei cristiani. Nel 326 si espresse a condanna del concubinato ma, si badi bene, solo quello poligamico. Il testo lo

---

[8] Cf. J. GAUDEMET, «La décision de Callixte en matière de mariage», in ID., Sociétés et mariage, Strasbourg 1980, 104-115.
[9] Philosophumena, IX, 11-12.

desumiamo da Giustiniano che riporta uno stralcio del testo originario che purtroppo ignoriamo nella sua completezza: «L'imperatore Costantino al popolo. A nessuno è concessa licenza, sussistendo un matrimonio, di avere in casa sua una concubina»[10]. Alla luce di ciò, comprendiamo l'asserzione del can. 17 del Concilio di Toledo (400)[11] accolta successivamente dal *Decretum Gratiani*[12]: «Colui che non ha moglie ed ha *pro uxore* una concubina, non venga allontanato; l'importante è che si accontenti di congiungersi con una sola donna, o che sia moglie o che sia concubina». La tesi di condanna del concubinato (non dettato da impedimenti legali al matrimonio) della *Tradizione Apostolica*, in una *societas* oramai dichiaratamente cristiana ma non ancora di fatto totalmente cristiana, si limita esclusivamente al caso del concubinato bigamo.

2.5 *Il caso Agostino*

È risaputo che Agostino mantenne per ben quindici anni, prima di essere abbandonato e di ricevere il battesimo, una relazione con una convivente. Lo racconta egli stesso nelle Confessioni:

> Ancora in quegli anni tenevo con me una donna, non posseduta in nozze, come si dicono, legittime, ma scovata nel vagolare della mia passione dissennata; una sola, comunque, e a cui prestavo per di più la fedeltà di

---

[10] *Cod. Iust.* 5, 26, 1.
[11] Cf. G.C. CASELLI, «Concubina pro uxore. Osservazioni in merito al c. 17 del primo Concilio di Toledo», *Rivista di Storia del Diritto Italiano* 37-38 (1964-1965) 163-220.
[12] D. 34, c. 4.

un marito. Sperimentai tuttavia di persona in questa unione l'enorme divario esistente fra l'assetto di un patto coniugale stabilito in vista della procreazione, e l'intesa di un amore libidinoso, ove pure la prole nasce, ma contro il desiderio dei genitori, sebbene imponga di amarla dopo nata[13].

La convivenza è ammessa e praticata, ma solo quella monogama. Dopo la conversione, Agostino tornerà con toni sferzanti sul tema della convivenza:

> Voi siete membra di Cristo. Ascoltate non me, ma l'Apostolo: *Prenderò dunque le membra di Cristo e ne farò membra di una meretrice*? Qualcuno avrà da ridire: Ma non è una meretrice, è la mia concubina. Hai moglie, tu che parli così? Sì, ce l'ho. E allora l'altra, voglia o non voglia, è una meretrice. Va, e dille che il vescovo ti ha svillaneggiato, tu che hai moglie e un altra viene a letto con te. Chiunque essa sia, è una meretrice. Forse [tua moglie] ti si conserva fedele, non conosce altri che te e non ha intenzione di conoscerne. E allora se essa è casta, tu perché vuoi fornicare? Se essa ne ha uno solo, tu perché ne vuoi due? Non è lecito, non è lecito, non è lecito. Così si va all'inferno. Almeno qui che io sia libero. Almeno qui mi sia lecito di dire la verità. Coloro che si comportano così si correggano mentre sono in vita. La morte può arrivare inattesa, e dopo non c'è modo di correggersi. Non si sa quando potrà arrivare l'ultima ora. Chi dice *cras, cras* (domani, domani) fa come il corvo: se ne va e addio. Ma voi, battezzati, ascoltatemi; ascoltatemi voi, neonati; ascoltatemi voi, o rigenerati in Cristo. Vi scongiuro, per l'altare al quale vi siete accostati, per i sacramenti che avete ricevuto, per il nome che su di voi è stato invocato, per il giudizio fu-

---

[13] *Confessiones*, IV, 2, 2.

turo dei vivi e dei morti, vi scongiuro e vi supplico, vi impegno sul nome di Cristo: non imitate se non coloro che avrete conosciuto come veri fedeli. Amen[14].

Anche qui, però, in realtà sono l'adulterio e la bigamia ad essere condannati. Ancora più esplicito in tal senso è lo stesso Agostino nel testo *De bono coniugali liber unus*: requisiti richiesti sono la fedeltà, la definitività (sino alla morte), la non esclusione della prole.

Ci si domanda anche di solito se si deve parlare di matrimonio, quando un uomo e una donna, entrambi liberi da altri legami coniugali, si uniscono non per procreare figlioli, ma solo per soddisfare la reciproca intemperanza, ponendo però tra di loro la condizione che nessuno dei due abbia rapporti con altra persona. In un caso del genere forse parlare di matrimonio non sarebbe fuor di proposito, purché essi osservino vicendevolmente questa condizione fino alla morte di uno dei due e purché, anche non essendosi uniti a questo scopo, tuttavia non abbiano escluso la prole, come avviene invece quando la nascita di figli non è desiderata o addirittura è evitata con qualche pratica riprovevole. Ma se mancano i due elementi della fedeltà e della prole, o anche uno solo di essi, non vedo in qual maniera potremo chiamare matrimonio simili unioni. In effetti, se un uomo si unisce temporaneamente con una compagna, finché non ne trovi da sposare un'altra all'altezza della sua condizione sociale ed economica, nell'intenzione è un adultero, e non con quella che intende trovare, ma con questa con la quale vive maritalmente, pur non essendo unito a lei da

---

[14] *Sermo* 224, 3 e ss. L'onomatopeico sintagma *"cras cras"* ritorna anche, ma stavolta a condanna dell'impudicizia, in *Confessiones* VIII, 11, 28 ed in *Sermo* 82, 11, 14, mentre in *Sermo* 360/B, 27 nel senso più generico di necessità di conversione al cristianesimo.

matrimonio. Perciò anche la donna che conosce ed accetta questa situazione mantiene un rapporto senz'altro impudico con colui al quale non è congiunta dal patto coniugale. Certo, se ella si mantiene fedele, e dopo che l'uomo si è sposato regolarmente non pensa a sposarsi a sua volta, ma da parte sua si prepara a rinunciare del tutto alla vita coniugale, non oserei chiamarla adultera alla leggera; però nessuno potrà sostenere che non pecca, quando risulta unita a un uomo di cui non è la moglie[15].

Più avanti[16] egli comunque affermerà che, anche nel caso in cui la convivenza è aperta alla prole, nondimeno quest'unione mai risulta preferibile al matrimonio. In contesto mistagogico, infine, si conferma il divieto di tenere concubine ma solo insieme o in attesa di matrimonio: «Non vi è lecito tenere concubine. Anche nel caso che non abbiate mogli, non vi è lecito tenere una concubina, da congedare poi per prendere moglie. Ancor più grave sarà la vostra condanna se vorrete tenere concubina e moglie»[17].

2.6 Verso il diritto giustinianeo

Nei secoli quarto e quinto il diritto si occupò di concubinato, ma la preoccupazione era rivolta esclusivamente alla questione della legittimazione dei figli: nel 371 gli imperatori Valentiniano I, Valente e Graziano, mitigarono la normativa di Costantino consentendo di elargire come donazione *inter vivos* o testamentaria dei lasciti ai figli della concubina o ad ella medesima, con limitazioni variabili in presenza di

---

[15] *De bono coniugali liber unus* 5,5.
[16] Cf. *De bono coniugali liber unus* 14,16.
[17] *Sermo* 392, 2.

figli legittimi mentre nel 397 gli imperatori Arcadio ed Onorio riconfermarono le disposizioni di Costantino che inibivano i figli della concubina a ricevere lasciti dal padre. Dopo diversi oscillamenti del diritto, nel 529 con Giustiniano la legittimazione dei figli venne estesa definitivamente anche ai figli di concubine *ingenuae et honestae* nati dopo l'emanazione della legge, mediante tre forme di *legitimatio per subsequens matrimonium* (per successivo matrimonio), di *legitimatio per oblationem curiae* (offerta dei figli alla curia della città di origine), di *legitimatio per rescriptum principis* (mediante rescritti imperiali nei casi non previsti dalla legge, come ad esempio nel primo caso se la moglie muore prima del matrimonio o non considerata degna).

3. Sintesi conclusiva

In sintesi, la ricerca storica ad oggi consente di affermare che, anche se il fenomeno del concubinato monogamico socialmente non veniva percepito come disdicevole ed era largamente diffuso a causa dell'impossibilità di convolare a *iustae nuptiae* con determinati soggetti, l'ordinamento giuridico romano in età repubblicana ed imperiale non lo ha mai equiparato a matrimonio e gli stessi figli dei concubini venivano considerati illegittimi. Solo in epoca tardo antica, invece, a causa di un liberante processo di equiparazione sociale posto in atto dal cristianesimo, poté avvenire la liceità dei matrimoni tra classi diverse e la regolarizzazione dei figli nati da relazioni di concubinato.

Stefano Brancatelli

*Facoltà di Missiologia e
Istituto di Studi Interdisciplinari
su Religioni e Culture*

ADNANE MOKRANI, *Matrimonio e famiglia nell'islam europeo*
REZART BEKA, *Comunione matrimoniale secondo i testi fondanti
    dell'Islam*
MASAHIKO OKAMOTO, *Tenrikyo and its teaching of husband and wife
    as the "origin" to settle a family*

MATRIMONIO E FAMIGLIA NELL'ISLAM EUROPEO

1. Il fondamento teologico e spirituale della famiglia

Uno dei segni nel Creato che indicano la Maestà e la Bellezza del Creatore è la creazione in coppie:

> Di ogni cosa abbiamo creato una coppia, affinché possiate riflettere (51: 49)[1].

L'amore coniugale tra la donna e l'uomo fa parte di questo fenomeno della creazione:

> Fa parte dei Suoi segni l'aver creato da voi, per voi, delle spose (degli sposi)[2], affinché riposiate presso di loro, e ha stabilito tra voi amore e misericordia. Ecco davvero dei segni per coloro che riflettono (30: 21).
> Dio vi ha dato spose (sposi) della vostra specie, e da loro vi ha dato figli e nipoti e vi ha concesso le cose migliori. Crederanno al falso e disconosceranno la benevolenza di Dio? (16: 72).

Da notare che due legami forti che dovrebbero unire la coppia *mawadda*, amore, e *raḥma*, misericordia o

---

[1] Le citazioni sono versetti coranici, seguiti dai numeri della *sūra* (capitolo) e del versetto, per esempio: 51: 49.

[2] La parola *zawj* (sing.) *azwāj* (pl.) in arabo è neutrale, significa "sposo" o "sposa".

meglio dire amore donato gratuitamente, derivano da tre Nomi divini: *al-Wadūd, al-Raḥmān, al-Raḥīm*.

Il matrimonio è descritto nel Corano come *mīthāq ghalīẓ*, "un patto solenne" (4: 21). La stessa espressione è usata per descrivere il patto tra Dio e i Profeti, per esempio:

> [Ricorda] quando accettammo il patto dei Profeti: il tuo, quello di Noè, di Abramo, di Mosè e di Gesù figlio di Maria; concludemmo con loro un patto solenne (33: 7).

Da qui si può intravedere la dimensione divina del patto matrimoniale.

L'islam attribuisce un valore sacro al legame famigliare considerando la solidarietà tra i membri della stessa famiglia un obbligo religioso, che non esclude ovviamente la solidarietà fuori della famiglia. Ciò è chiamato *ṣilat al-raḥim*, il rispetto della parentela:

> Genti, temete il vostro Signore che vi ha creato da un solo essere, e da esso ha creato la sposa sua, e da loro ha tratto molti uomini e donne. E temete Dio, in nome del Quale rivolgete l'un l'altro le vostre richieste e rispettate i legami di famiglia. Invero Dio veglia su di voi (4: 1).

In questo contesto, il rispetto dei genitori e il trattare loro nel modo migliore, *wa bi-l-wālidayni iḥsānan*, ricoprono una posizione centrale:

> E quando stringemmo il patto con i Figli di Israele [dicemmo]: «Non adorerete altri che Dio, vi comporterete bene con i genitori, i parenti, gli orfani e i poveri; userete buone parole con la gente, assolverete all'orazione e pagherete la decima!». Ma dopo di ciò avete voltato le spalle, a parte qualcuno tra voi, e vi siete sottratti (2: 83).

Adorate Dio e non associateGli alcunché. Siate buoni con i genitori, i parenti, gli orfani, i poveri, i vicini vostri parenti e coloro che vi sono estranei, il compagno che vi sta accanto, il viandante e chi è schiavo in vostro possesso. In verità Dio non ama l'insolente, il vanaglorioso (4: 36).

Il tuo Signore ha decretato di non adorare altri che Lui e di trattare bene i vostri genitori. Se uno di loro, o entrambi, dovessero invecchiare presso di te, non dir loro «uff!» e non li rimproverare; ma parla loro con rispetto, e inclina con bontà, verso di loro, l'ala della tenerezza; e dì: «O Signore, sii misericordioso nei loro confronti, come essi lo sono stati nei miei, allevandomi quando ero piccolo» (17: 23-24).

Voi che credete, attenetevi alla giustizia e rendete testimonianza innanzi a Dio, fosse anche contro voi stessi, i vostri genitori o i vostri parenti, si tratti di ricchi o di poveri! Dio è più vicino [di voi] agli uni e agli altri. Non abbandonatevi alle passioni, sì che possiate essere giusti. Se vi destreggerete o vi disinteresserete, ebbene Dio è ben informato di quello che fate (4: 135).

Dì: «Venite, vi reciterò quello che il vostro Signore vi ha proibito e cioè: non associateGli alcunché, siate buoni con i genitori, non uccidete i vostri bambini in caso di carestia: il cibo lo provvederemo a voi e a loro. Non avvicinatevi alle cose turpi, siano esse palesi o nascoste. E, a parte il buon diritto, non uccidete nessuno di coloro che Dio ha reso sacri. Ecco quello che vi comanda, affinché comprendiate» (6: 151).

2. **Il fondamento giuridico della famiglia**

Poiché nell'Islam non esistono la chiesa o il clero, come istituzioni, l'atto di matrimonio è di natura civile, basato sull'accettazione reciproca. Questo contratto è inserito storicamente in un contesto socio-culturale patriarcale, dove l'uomo è capo della famiglia. Da questo derivano molti problemi di adattamento e di rinnovamento giuridico secondo i cambiamenti socio-culturali.

Vorrei quindi elencare alcuni punti problematici sia nel rapporto tra Islam e Cristianesimo, sia nel rapporto tra Islam e modernità.

2.1 *La figura del waliyy*

Il *waliyy*, tutore o rappresentante legale della sposa durante la registrazione dell'atto di matrimonio, cioè il padre o il capo della famiglia, è una figura necessaria per alcune scuole giuridiche; per altre invece, è considerato indispensabile solo in occasione del primo matrimonio e non per le vedove e le donne divorziate che vogliono risposarsi.

Questa condizione è comprensibile in una società patriarcale, dove l'età matrimoniale molto bassa richiede una certa tutela; e dove il matrimonio è considerato più un fatto sociale tra due famiglie o due tribù che non un fatto individuale o una scelta personale. Nonostante ciò la tutela è doppiamente condizionata nella stessa legislatura tradizionale:
– il *waliyy* non può costringere, in ogni caso, una donna a sposare un uomo contro la sua volontà. Il consenso della sposa è indispensabile per la legittimità e la validità del matrimonio.
– il *waliyy* non può rifiutare arbitrariamente o per interessi personali i candidati al matrimonio. Questo rifiuto è considerato come un peccato grave.

Oggi la figura del *waliyy* è rimasta piuttosto un simbolo di consultazione famigliare e di rispetto verso i genitori, senza una vera autorità giudiziaria.

2.2 Il divorzio

Tentare di dividere e separare tra due sposati è considerato un atto demoniaco e un grave peccato:

> Prestarono fede a quel che i dèmoni raccontarono sul regno di Salomone. Non era stato Salomone il miscredente, ma i dèmoni: insegnarono ai popoli la magia e ciò che era stato rivelato ai due angeli Hārūt e Mārūt a Babele. Essi però non insegnarono nulla senza prima avvertire: «Badate che noi non siamo altro che una tentazione: non siate miscredenti». E la gente imparò da loro come separare l'uomo dalla sua sposa, ma non potevano nuocere a nessuno senza il permesso di Dio. Imparavano dunque ciò che era loro dannoso e di nessun vantaggio (2: 102).

Un detto del Profeta Muḥammad descrive il divorzio come «la cosa lecita più odiata da Dio»; è considerato come l'ultimo rimedio quando falliscono tutti i tentativi di riconciliazione e per evitare successivi danni.

> Se temete la separazione di una coppia, convocate un arbitro della famiglia di lui e uno della famiglia di lei. Se [i coniugi] vogliono riconciliarsi, Dio ristabilirà l'intesa tra loro. Dio è saggio e ben informato (4: 35).
>
> Si può divorziare due volte. Dopo di che, trattenetele convenientemente o rimandatele con bontà; e non vi è permesso riprendervi nulla di quello che avevate donato loro, a meno che entrambi non temano di trasgredire i limiti di Dio. Se temete di non poter osservare i limiti di Dio, allora non ci sarà colpa se la donna si riscatta. Ecco i limiti di Dio, non li sfiorate. E coloro che trasgrediscono i termini di Dio, quelli sono i prevaricatori (2: 229).

Alcune scuole giuridiche accettano il divorzio solamente davanti ad un giudice e rifiutano il ripudio. E questa posizione è diventata la legge in vigore in tanti paesi a maggioranza islamica.

2.3 La poligamia

Per quanto riguarda la poligamia, l'unico brano del Corano che tratta l'argomento è nel cotesto della solidarietà sociale con le vedove, gli orfani e le orfane:

> Se temete di non essere equi verso gli orfani, ebbene, fra le donne che vi piacciono sposatene due, o tre, o quattro, con la condizione assai difficile di essere giusti: ma se temete di non essere giusti, allora una sola (4: 1-3).

In altro versetto:

> Non potrete mai essere equanimi con le vostre mogli, anche se siete solleciti. Non propendete del tutto verso una di loro al punto di lasciare l'altra come sospesa (4: 129).

Il Corano, dunque, dà un nuovo indirizzo a un fenomeno pre-islamico, limitandolo a quattro mogli e alla solidarietà verso le vedove e gli orfani, un tipo di *adozione* solidale in una società patriarcale e tribale che non conosce le assicurazioni sociali in senso moderno.

La giurisprudenza islamica tradizionale in seguito ha trascurato la dimensione della solidarietà, e si è concentrata sulla questione della giustizia materiale. In quest'ambito giuridico stesso, troviamo alcuni elementi che limitano la poligamia:
– la poligamia non è una pratica religiosa, ma una rara usanza permessa con certe condizioni con la meta di risolvere problemi sociali;
– la donna, in alcune scuole giuridiche, può mettere nel contratto di matrimonio la condizione che il marito non sposi un'altra donna;
– la prima moglie, in alcune scuole, può chiedere il divorzio, *khul'*, per rifiutare la scelta del marito di sposare una seconda donna.

In epoca moderna la poligamia è proibita dalla legge in Turchia e Tunisia, condizionata in altri paesi dall'obbligo di informare la prima moglie (Egitto), oppure dalla necessità di avere il suo consenso scritto e ufficiale (Algeria).

L'Islam, dunque, non ha inventato la poligamia, ma l'ha trovata come un fenomeno diffuso nelle società tradizionali, patriarcali e tribali, nelle quali le famiglie numerose con tanti figli e tantissimi nipoti avevano un elevato valore sociale. Oggi invece, la struttura della società e della famiglia è cambiata, soprattutto in Europa e Occidente, passando dalla società patriarcale alla società ugualitaria, dalle grandi famiglie in cui il capo è l'uomo, alle piccole famiglie dove non c'è più un capo, ma una gestione comune e una condivisione ugualitaria delle responsabilità e dei compiti. Anche se tracce del patriarcalismo, talvolta sottili e indirette, restano sempre presenti. La tendenza generale oggi nelle società industrializzate e globalizzate, non è più sposarsi e avere figli, ma totalmente il contrario. In questo contesto moderno, la poligamia, almeno nel senso tradizionale, è in via di estinzione, anche negli stessi paesi a maggioranza islamica. Gli immigrati stessi non sono esclusi da questo percorso, che si osserva particolarmente nel cambiamento culturale tra la prima e la seconda generazione.

L'educazione, la formazione e il lavoro della donna, vale a dire la sua autonomia intellettuale ed economica, rendono sempre più difficile sia la forma poligamica del matrimonio, che ogni tipo di sfruttamento e di oppressione da parte dell'uomo, anche se questi fenomeni continuano ad esistere nonostante i notevoli progressi.

2.4. L'aborto

L'Islam condanna fortemente l'omicidio della vita umana, come è ben indicato in questo versetto:

> Chiunque uccida una anima (un essere umano), che non abbia ucciso a sua volta o che non abbia sparso la corruzione sulla terra, sarà come se avesse ucciso l'umanità intera. E chi ne abbia salvato una, sarà come se avesse salvato tutta l'umanità (5: 32).

L'omicidio dei propri figli "*per timore della miseria*" o per altri motivi è ancora più grave come peccato, come ci dicono questi versetti:

> Non uccidete i vostri figli per timore della miseria: siamo Noi a provvederli di cibo, come [provvediamo] a voi stessi. Ucciderli è veramente un peccato gravissimo (17: 31, vede anche 6: 151).

> E quando verrà chiesto alla [neonata] sepolta viva [nel Giorno del Giudizio]: per quale colpa sia stata uccisa? (81: 8-9; si tratta qui di una pratica araba pre-coranica di uccidere le neonatte femmine)[3].

Anche se gli ultimi versetti parlano dei figli già nati, e non esplicitamente dell'aborto, rimangono applicabili anche alla vita prenatale, ma con certe ecce-

---

[3] Si tratta di una questione di onore tribale e di maschilismo omicida com'è denunciato in questi versetti: «Quando si annuncia a uno di loro la nascita di una figlia, il suo volto si adombra e soffoca [in sé la sua ira]. Sfugge alla gente, per via della disgrazia che gli è stata annunciata: deve tenerla nonostante la vergogna o seppellirla nella polvere? Quant'è orribile il loro modo di giudicare» (16: 58-59; cf. 43: 17).

zioni stabilite dai giuristi musulmani. La regola è dunque la proibizione dell'aborto volontario. In caso di emergenza e durante le complicazioni del parto o della gravidanza, il medico deve dare la priorità alla vita della madre su quella del bambino.

Alcuni giuristi musulmani, in Tunisia per esempio, hanno considerato l'inizio della vita non dal concepimento ma dal terzo mese della gravidanza, basandosi sull'apparenza di alcuni *ḥadīth*, detti del Profeta Muḥammad, in cui si dice che lo Spirito della vita, *rūḥ*, è soffiato nel feto nel terzo mese di gravidanza. È importante notare che questi testi non sono di natura giuridica normativa e non parlano dell'aborto, rappresentando invece una descrizione della vita umana nel grembo materno come miracolo divino. In ogni modo, questi giuristi hanno considerato che l'identità umana del feto comincia dal terzo mese, perciò si può compiere un aborto volontario con l'unica condizione di garantire la salute della madre sotto controllo medico.

Un'altra questione di divergenza tra la morale cattolica e quella islamica è la questione dell'uso degli strumenti di contraccezione (la pillola, il profilattico, ecc.), nonostante le resistenze iniziali, il parere più diffuso oggi è l'ammissibilità a condizione di non causare danni alla salute o la sterilità. La sessualità in questa visione non è legata esclusivamente alla procreazione.

Questi sono punti sensibili di bioetica famigliare che meritano un dibattito approfondito nel dialogo interreligioso.

3. L'iniziativa dell'arcivescovo di Canterbury

Nella sua conferenza del 7 febbraio 2008 nel *Royal Court of Justice*, intitolata «Diritto Civile e Religioso in Inghilterra: una prospettiva religiosa», l'arcivescovo anglicano di Canterbury Rowan Williams ha espresso l'idea che certe estensioni della Sharī'a in Gran Bretagna sono "invitabili", anzi sono auspicabili dal punto di vista della coesione civile e la difesa dei "diritti dei gruppi" e degli enti religiosi. Ciò apre la possibilità alla creazione di tribunali islamici basati sul diritto islamico. Questa conferenza ha suscitato un grande dibattito, talvolta con toni polemici viscerali, tra le comunità religiose e all'interno di esse[4].

In Europa non esistono tribunali religiosi islamici, mentre ci sono tribunali ecclesiastici come la Rota Romana cattolica e il Tribunale Rabbinico. Non esiste, dunque, una figura di giudice musulmano, *qāḍī*, ma ci sono altre figure come ad esempio quella del Muftì, uno specialista in diritto islamico che emette pareri giuridici, *fatwā*, un tipo di guida pratico negli affari interni della comunità che non esercita un'autorità giudiziaria. È una figura non molto diffusa in Europa, dove è talvolta solamente un titolo onorario, come per esempio i Muftì di Parigi, di Marsiglia, di Sarajevo. In Europa esiste anche il «Consiglio Europeo per la Fatwā e la Ricerca» (*The European Council for Fatwa and Research ECFR*), che ha sede a Dublino (Irlanda). Questo tipo di figure religiose non esistono in Italia, per il problema della formazione re-

---

[4] Il testo completo della conferenza, con la trascrizione del dibattito, è pubblicato in R. AHDAR – N. ARONEY (ed.), *Shari'a in the West*, Oxford 2010, 293-308.

ligiosa e per la relativa giovinezza ed eterogeneità dell'Islam italiano.

La giurisprudenza islamica, *fiqh*, è lo sforzo umano di capire e interpretare i principi e i valori etici e morali che guidano la vita del musulmano, un'interpretazione che deve essere contestualizzata culturalmente, storicamente e geograficamente. Questa è la sfida del pensiero religioso: distinguere tra i principi e le loro interpretazioni ed applicazioni in diverse forme storiche. Il pensiero islamico in generale, incluso quello giuridico, ha conosciuto lunghi secoli di decadenza e di rigidità, che hanno impedito lo sviluppo di nuove forme e teorie. Oggi, in situazioni totalmente nuove e diverse, ci si può chiedere fino a che punto le scuole giuridiche classiche, nei loro giudizi e strumenti ermeneutici, siano ancora efficaci per rispondere alle sfide attuali del mondo. Molti musulmani, specialmente in Occidente, sentono il bisogno di uno sforzo di rinnovamento, *ijtihād*, radicale e metodologico, basato su una lettura prospettica della *sharī'a* che guardi ai principi, *uṣūl*, e ai fini, *maqāṣid*, oltre le forme del passato.

Negli incontri svolti nel 2006-2008 dal Comitato, e poi Consiglio, Scientifico per la redazione e promozione della «Carta dei valori della cittadinanza e dell'integrazione», presso il Ministero degli Interni, di cui ero membro con associazioni e personalità musulmane, non abbiamo registrato nessuna richiesta di legittimazione della poligamia in Italia, o della creazione di tribunali religiosi islamici per la famiglia[5].

---

[5] Per ulteriori approfondimenti sul diritto della famiglia nell'Islam: R. AHDAR – N. ARONEY (ed.), *Shari'a in the West*, Oxford 2010; R. ALUFFI BECK-PECCOZ, *La modernizzazione del diritto di famiglia nei paesi arabi*, Milano 1990; S. FERRARI (ed.), *Il*

4. I veri problemi

I veri problemi che incontrano le famiglie musulmane in Europa non sono di natura giuridica, a mio parere, ma piuttosto di natura sociale; soprattutto gli immigrati che perdono il tessuto sociale di sostegno e di solidarietà, sono famiglie isolate, fragili e più vulnerabili davanti alle sfide e ai problemi della società moderna, le stesse sfide che incontrano le famiglie cristiane che sono invece più avvantaggiate essendo ben radicate nelle loro società.

Il caso italiano è particolarmente critico: la maggioranza dei musulmani è fatta di immigrati che lavorano come manodopera non qualificata, non c'è una leadership culturale, l'Italia non attira gli studenti stranieri per l'ostacolo linguistico, non c'è intesa tra lo Stato e le comunità islamiche, cosa che impedisce ai musulmani di usufruire di certi vantaggi. Le moschee spesso non riescono a offrire l'aiuto sociale necessario alle famiglie per la debolezza delle strutture e la povertà del volontariato. Si aggiungono a questi fattori problematici, la non-preparazione culturale di un bel numero di famiglie provenienti da zone rurali arretrate o dalle periferie povere delle grandi città. Tutto ciò ha creato spesso una spaccatura tra genitori e figli, la seconda generazione spesso nata e cresciuta in Italia, educata nella scuola pubblica, che conosce bene la lingua e la cultura del paese e si ritrova nel ruolo di mediatore culturale tra i genitori e la società. In altri casi, questa stessa differenza culturale e valoriale si trasforma in crisi acuta e rottura, i casi più mediatizzati sono i casi estremi, figlie

---

matrimonio, diritto ebraico, canonico e islamico: un commento alle fonti, Torino 2006; J. SCHACHT, *Introduzione al diritto musulmano*, tr. P. Guazzotti – E. Lanfranchi, Torino 1995, 169-182.

uccise dai padri padroni, padri che hanno perso totalmente il controllo della situazione e si sono trovati nel panico omicida. Padri e madri che vogliono preservare lo stesso sistema valoriale atavico in una società totalmente diversa, soprattutto i valori della castità, la verginità, l'ubbidienza assoluta ai genitori..., tutti valori sacrosanti nelle società patriarcali tradizionali e non più riconosciuti nelle società europee moderne. In altri casi interviene l'assistenza sociale per allontanare i figli dai genitori. Ho incontrato una volta una mamma marocchina privata dalla propria figlia "ribelle", mi diceva piangendo: «Abbiamo sacrificato e perso tutto, siamo venuti in Italia per cercare una vita migliore per i nostri figli, ma alla fine abbiamo perso anche loro!». Davanti al dolore di questa madre ho chiesto a un amico, un gesuita italiano, che abita vicino a quella famiglia di cercare di intermediare. In certi casi si cade fin nella delinquenza, il traffico di droga, la prostituzione... Le famiglie musulmane immigrate rappresentano un anello debole nella struttura sociale, e i deboli pagano spesso e purtroppo il prezzo più alto.

Non voglio presentare un'immagine drammatica della situazione, perché ci sono anche molti casi felici d'integrazione e di adattamento culturale, che dipendono spesso dal livello culturale dei genitori. Il problema in fondo è più socio-culturale che religioso, e credo che necessiti oltre che del dialogo interreligioso e interculturale, di una collaborazione concreta tra associazioni e movimenti cristiani e musulmani che lavorano insieme nel campo sociale per affrontare questi problemi e per imparare dalle esperienze positive e dai piccoli successi in Italia e in Europa.

ADNANE MOKRANI

COMUNIONE MATRIMONIALE
SECONDO I TESTI FONDANTI DELL'ISLAM

L'essenza di ogni visione islamica parte dal *Tawhid*, cioè dalla testimonianza di fede «*la ilaha illa Allah*» (Non c'e dio al di fuori di Dio). Anche se breve e sintetica, questa frase costituisce l'essenza e il fondamento della religione islamica. Il principio del *Tawhid*, o del unità e unicità divina, è il primo principio di tutto quello che è islamico. È il principio secondo cui Allah è Allah, e nessuno è come Lui. Che Lui è assolutamente Uno e Unico, metafisicamente trascendente e assiologicamente ultimo, fonte del bene, dell'amore e della bellezza.

Mentre nel Corano da un lato si afferma la assoluta unità di Dio, dall'altro lato, per quanto riguarda il resto del creato, si afferma:

> E di tutte le cose creammo una coppia, perchè voi rifletteste (Corano 51:50).

L'essere in coppia fa parte così dell'essenza delle cose create, è la base del dinamismo e della relazione tra le creature. In una certa maniera, l'esistenza è un gioco dinamico di elementi opposti che si risolve nel Uno. Di questa realtà creaturale fa parte anche l'essere umano, ma con una differenza significativa. Nell'essere umano, l'essere creati in coppia non è un dato iniziale, ma deriva da una unità originaria. Riguardo a questo il testo coranico dice:

> E uno dei Suoi Segni è che Egli v'ha creato da voi stessi delle spose affinché riposiate presso di loro, e ha posto fra di voi amore e compassione. Ecco davvero dei segni per coloro che riflettono (Corano 30:21).

Come si vede, la coppia umana deriva da una originaria unità, e come scopo viene ed esiste affinché l'uomo si orienti verso la donna e in lei trovi il riposo, l'equilibro e il compimento della sua persona.

Una parola importante nel testo coranico sopraccitato è la parola riposare (affinché riposiate); questa parola in arabo deriva dalla forma verbale *sekene / jeskunu*, dalla quale deriva il termine islamico *sekina*. Questa parola ha molti significati, tra i quali: (1) *serenità*, (2) *tranquillità*, (3) *riposo*, (4) denota *una cosa che ti e gradevole*, (5) *di cui tu sei compiaciuto*. La parola contiene in sé sia la tranquillità fisica sia quella spirituale. Interessante è notare che questa parola viene usata anche per indicare la casa (*mesken*). Nella lingua araba si usano diversi termini per indicare la casa. Si usa la parola *bayt*, che denota un posto dove trascorri una giornata, la parola *dar* che denota un posto dove ti muovi e fai le faccende di ogni giorno. Come si vede chiaramente, questi due ultimi termini descrivono il lato funzionale della casa. Manca in loro la dimensione della dimora. Questa dimensione si trova appunto nella parola *mesken*. Nel testo coranico, per esempio, si dice: «*Mesakinu terbeuneha*», voi avete case che vi piacciono, di cui siete contenti. C'e un elemento di gioia e di appagamento in questa parola.

La parola *sekina* usata in questo testo è la stessa della parola ebraica *shekina*, che denota la presenza e l'abitare di Dio nel Tempio. In questo senso l'affermazione coranica di «affinché riposiate presso di loro» si può forse capire come l'abitare mutuo della coppia l'uno presso l'altro. Come dice anche il testo coranico:

Esse sono una veste per voi e voi una veste per loro (Corano 2:187).

L'abito o la veste, usato in questa metafora, è una cosa dove l'uomo si rifugia, trova riposo, protezione; in un certo modo possiamo dire che noi abitiamo nelle nostre vesti.

Il testo coranico continua dicendo: «e ha posto fra di voi amore e compassione». L'amore e la compassione sono state poste da Dio nella coppia in modo che si realizzi questa *sekina* di cui abbiamo parlato, questa relazione e unione mutua. La parola usata in questo testo per indicare l'amore è *meudah*, che denota una specifica forma d'amore. Questa parola corrisponde a uno dei nomi di Dio (*El-Wedud* = L'amorevole) e descrive l'amore puro, pieno, limpido, un amore incondizionato, un tipo di amore incondizionato e disinteressato che qualcuno mostra nei confronti di un altra persona. Oltre l'amore nel testo è menzionata anche la compassione. La parola usata nel testo è *Rahma* che anche questa, come la prima, è un nome di Dio, *Ar-Rahman* (il Compassionevole). Questo nome, inoltre, è la parte centrale della formula più importante coranica *Bismilahir Rahhmanir Rrahim* (Nel nome di Dio, Clemente Misericordioso!), con la quale si aprono quasi tutti i capitoli del Corano. Il profeta Maometto ha spiegato che questo attributo deriva dalla parola *Rahim*, che significa grembo o utero materno. Questo termine ha così una esplicita risonanza femminile. In un *hadith* il profeta spiega:

> Il giorno in cui Dio creò i cieli e la terra, creò un centinaio di *rahma*, ognuno dei quali è grande come lo spazio che si trova tra cielo e terra. Ed Egli mandò un Rahma giù in terra, grazie alla quale una madre ha Rahma per il suo bambino (Muslim, Tawba, 21).

Il termine usato nel testo coranico vuol dire compassione amorevole e, secondo alcuni commentatori, mentre il primo termine (amore) nel testo significa amore di grazia ed è unidirezionale e disinteressato, il secondo termine è una compassione amorevole e non denota soltanto quello che dai ma anche quello che ricevi dall'altro.

Il testo dice che Dio «v'ha creato da voi stessi delle spose» e non dice v'ha creato delle donne, perché è convinzione coranica che soltanto nel matrimonio si ha quella condizione che fa possibile la piena unione e la relazione d'amore, misericordia amorevole tra l'uomo e la donna. E per questo che il Profeta ha detto: «Il matrimonio è la mia *Sunnah* (tradizione), e chiunque si allontana dalla mia *Sunnah* non è di me».

Nell'Islam tradizionale i nomi e le qualità divine sono state divise in due gruppi principali: *Jalal* e *Jamal*, cioè nome della maestà e rigore e quello della bellezza e amore divino. Tra i nomi della maestà divina possiamo menzionare *El-Qawi* (Il Potente), *El-Jebbar* (Il Travolgente), *El-Hakkam* (Il Giudice) ecc., mentre tra i nomi della bellezza e amore divino troviamo termini come: *Er-Rahman* (Il Compassionevole), *El-Halim* (Il Dolce), *El-Wedud* (L'amorevole), ecc. Il punto cruciale è che nessuno di questi due gruppi di nomi può essere visto come preminente, perché tutti sono ugualmente nomi di Dio, pur se i nomi della bellezza e dell'amore sono più rappresentativi di Dio che gli altri, come dice anche il profeta Maometto:

> Quando Allah creò le creature, scrisse nel libro, che è con Lui sul Suo trono: «In verità, la Mia misericordia prevale sulla Mia ira» [Al-Bukhari].

Che collegamento ha questo elemento teologico con il nostro tema? Il Profeta dice in un *hadith*: «Dio creò Adamo secondo la sua propria immagine» [Al-Bukhari]. Nell'Islam classico questa immagine è stata interpretata come la capacità dell'essere umano di conoscere e attualizzare dentro di sé tutti i nomi divini, secondo la sua natura umana. L'essere umano è teomorfico in quanto, essendo creato ad immagine di Dio, riesce a conoscere, attualizzare e a riflettere, con l'aiuto di Dio, tutti i nomi e le qualità divine appartenenti alle due categorie che abbiamo menzionato. Anche se con una differenza importante. I nomi della Assolutezza e Maestà divina vengono visti come (principalmente) maschili, mentre i nomi dell'amore, infinità e bellezza vengono visti come principalmente femminili. L'uomo e la donna sono visti come due creature di Dio, dove ciascuno di essi manifesta nomi e qualità divine diverse. Attraverso la loro unione complementare nel matrimonio gli sposi complementano l'un l'altro. Nessuno è completo in se stesso, tutti e due hanno bisogno l'uno dell'altro. Nel rapporto con la donna l'uomo scorge in lei la dimensione dei nomi della bellezza e dell'amore divino, per riscoprirli poi dentro di sé e per attualizzarli anche lui nel suo essere, e viceversa anche per la donna. La mutua relazione d'amore tra l'uomo e la donna fa sì che loro perfezionino la loro natura teomorfica, il loro essere a seconda dell'immagine di Dio. Questo mutuo complementarsi sta alla base della uguaglianza tra l'uomo e la donna, uguaglianza pur nella diversità. Come ha detto anche il profeta Maometto: «In verità le donne sono uguale agli uomini» (Tirmidhi). Attraverso il loro mutuo complementarsi l'uomo e la donna raggiungono l'equilibrio e la perfezione che Dio ha ordinato per loro e che li ha resi meta dell'esistenza umana. È per questa importante funzione del matrimonio e della relazione d'amore tra i coniugi che il Profeta in modo audace ha dichiarato: «Il matrimonio è meta della fede».

REZART BEKA

TENRIKYO AND ITS TEACHING OF HUSBAND AND WIFE AS THE "ORIGIN" TO SETTLE A FAMILY

1. Miki Nakayama, the foundress of Tenrikyo

Tenrikyo is a religion that is based on the teachings of Miki Nakayama (1798-1887). The followers refer to Her as "Oyasama", meaning "our beloved Parent." Almost ten years before, Charles Darwin presented his well-known theory of evolution (1859), Miki Nakayama, the foundress of Tenrikyo, received a divine revelation when She was forty-one years of age, and was settled as "the Shrine of God" on October 26, 1838. She was a housewife married to a farmer of more than average means, living in a village (now in the city of Tenri in Nara Prefecture, Japan)[1].

During the 1830s, the people's lives grew harder and harder due to the nationwide *Tenpo* famines[2]. Due to successive crop failures, many destitute peasants died of starvation.

In that context, Miki began to teach Her path of salvation by plunging into the depths of poverty. She gave away the belongings of Her family to those in need and

---

[1] TENRIKYO OVERSEAS DEPARTMENT, *Guide to Oyasato: The Home of the Parent*, Tenri 2006, 7.
[2] TENRIKYO CHURCH HEADQUARTERS, *The Life of Oyasama, Foundress of Tenrikyo*, Tenri 1996³, 17.

even dismantled the family's mansion. Every time when Her husband, Zenbei, refused the request of Miki, She became afflicted with a bodily disorder. Zenbei had no choice but to comply with Her. Miki, however, always remained radiant and spirited despite living in the depths of poverty for the next decade. At times when there was nothing to eat, She encouraged Her children by saying, «When we drink water, it tastes of water»[3].

For nearly twenty years people did not understand Her deeds and, consequently, no one listened to Her teachings. By the late 1850s, however, people began coming to Oyasama to receive what are termed blessings of miraculous salvation. She sought to teach them about the existence and the intention of God and to show them how to attain spiritual growth[4].

In 1875 She identified the location of the place of the original conception of human beings, and thereafter urged the followers to perform the Service there[5]. This Service was created by Oyasama as the means to universal salvation of all humankind.

The principle of the Service is to let all people become one in mind with God in the course of the dance and the playing of the musical instruments. The Tenrikyo Service is the most important ritual taught by Oyasama[6].

However, with the growth of the path, Oyasama and the followers were subjected to increasingly vigorous persecution. This is simply because Oyasama's teachings were not compatible with the general poli-

---

[3] TENRIKYO OVERSEAS DEPARTMENT, *Yoboku's Guide to Tenrikyo*, Tenri 2004, 44.

[4] TENRIKYO OVERSEAS DEPARTMENT, *Guide to Oyasato* (cf. nt. 1), 7.

[5] TENRIKYO OVERSEAS DEPARTMENT, *Guide to Oyasato* (cf. nt. 1), 7.

[6] TENRIKYO OVERSEAS DEPARTMENT, *Tenrikyo: The Path to the Joyousness*, Tenri 1998, 18.

cies of the Japanese government at the time. Finally, the followers found themselves unable to perform the Service because it was clear that the performance would result in Oyasama's imprisonment[7]. Since the way to salvation depended upon the performance of the Service, Oyasama withdrew from physical life on January 26, 1887, thus removing the obstacle that had prevented the followers from performing the Service[8].

Though no longer physically present, She remains everliving and works as ever before to save all humankind. This is known as the truth of the everliving Oyasama and is an important point in the Tenrikyo faith[9].

2. God the Parent, "Tenri-O-no-Mikoto"

Tenrikyo followers often use the phrase "God the Parent" to refer to God and, in praise and worship of God, they call out the divine name "Tenri-O-no-Mikoto"[10].

There are four aspects that should be looked at in relation to God the Parent – Tenri-O-no-Mikoto: God the Parent is God who became openly revealed in this world, is the creator who created all things including the world and humankind, is the sustainer and protector who gives existence and life to all creation, and is

---

[7] TENRIKYO OVERSEAS DEPARTMENT, *Guide to Oyasato* (cf. nt. 1), 7.
[8] TENRIKYO OVERSEAS DEPARTMENT, *Guide to Oyasato* (cf. nt. 1), 7.
[9] TENRIKYO OVERSEAS DEPARTMENT, *Guide to Oyasato* (cf. nt. 1), 7.
[10] TENRIKYO OVERSEAS DEPARTMENT, *A Glossary of Tenrikyo Terms*, Tenri 2010, 109. The term "Tenri" – which translates as "truth of heaven" – can be regarded as referring to the "way" or "course" along which God's providence unfolds. We may say that the name "Tenri-O-no-Mikoto" indicates that God is the ultimate subject who presides over the truth of heaven.

the savior whose intention is to save all humankind and enable them to attain spiritual growth[11].

3. Joyous Life 陽気ぐらし [陽 *Yō* (Sun, Brightness, Positiveness), 気 *Ki* (Atmosphere , Spiritual State), ぐらし *Gurashi* (Way of Living)][12]

There is a reason why God the Parent created human beings. In Scriptures, we read:

> The reason Tsukihi [God] began human beings was the desire to see you lead a joyous life (Ofudesaki XIV:25).

Indeed, God the Parent wanted to see us live our lives Joyously while helping one another and respecting one another by making use of the individual freedom of mind, and to share in our joy[13]. This God's intention in creation is the point of departure and therefore, the "Joyous Life" is the goal of human existence[14].

---

[11] TENRIKYO OVERSEAS DEPARTMENT, *A Glossary* (cf. nt. 10), 110-111.

[12] Oyasama taught that when the Joyous Life takes concrete form "sweet dew" is to descend from the heavens and it enables us to freedom from illness, death, and weakening. This dew, we are taught, will fall only when the desired level of spiritual maturity is reached by all human beings. Thus we read in the Songs for the Service: «When your mind is completely purified, / Then comes paradise» (Mikagura-uta X:4). TENRIKYO OVERSEAS DEPARTMENT, *Tenrikyo* (cf. nt. 6), 20.

[13] As for joy, a Divine Direction tells us: «Only when your joy brings joy to others, can it be called true joy. If you enjoy yourselves while causing others to suffer, this cannot be called true joy» (Osashizu, December 11, 1897).

[14] TENRIKYO OVERSEAS DEPARTMENT, *Sermons and Addresses by the Shinbashira 1986-2005*, Tenri 2006, 271.

Then, God the Parent was openly revealed by taking Miki Nakayama as the Shrine of God. She laid a reliable path leading to the Joyous Life by demonstrating the fifty years of Her life and is still guiding us now as ever before[15]. Therefore, all we have to do is to follow the path of our foundress by emulating Her way of living and to grow spiritually by nearing the intention of God the Parent. Thus, so long as we walk on the path to the Joyous Life, we certainly feel comfortable and savor the true joy.

This, however, is not so easy since we human beings, misusing our freedom of the mind, choose to be selfish as opposed to the intention of God the Parent, and consequently, we deviate from the true path as the times change.

Here, I would liken human beings to a car, an automobile. A car is normally designed for running on the asphalt-paved road. If it deviates from the paved road, the car cannot run smoothly and it starts jolting on the bad road and drivers feel uncomfortable. The same can be applied to us human beings. Since we are originally designed for walking on the path to the Joyous Life, we feel uncomfortable when we deviate from the true path. Once we feel uncomfortable, for example having illnesses and other troubles, we are taught that it is the opportunity to change our orientation of mind into the right direction and return to the true path. In fact, Oyasama taught that illnesses and other troubles are manifestations of God's guidance[16].

---

[15] By the guidance of the everliving Oyasama, Tenrikyo has spread throughout Japan as well as to many other countries in the world. Consequently, there are now more than 17.000 Tenrikyo churches, which are seeking to play their role as models of the Joyous Life in their communities. Cf. *Guide to Oyasato* (cf. nt. 1), 6.

[16] TENRIKYO OVERSEAS DEPARTMENT, *Questions and Answers about Tenrikyo*, Tenri 2006, 187.

Here is a question: what would we do when the car becomes totally dysfunctional on the way to its destination? We may get a new one and restart the journey. Likewise, we are taught that we pass away (die) but pass away "for rebirth" by borrowing again a new body and return to the world again, start from the same point that they finished in their previous lives. Our body is borrowed from God the Parent, and something that is borrowed must eventually be returned. Yet our soul, which is the spiritual essence of human beings, lives for eternity and is perpetually reborn in the world by borrowing a new body[17].

4. Husband and Wife [夫 *fū* (Husband) 婦 *fu* (Wife)] as the "Origin" to Settle A Family

Tenrikyo puts great emphasis on the husband-wife relationship, regarding it as a key element of human society. In the *Songs for the Service*, we find God saying: «Representing heaven and earth / I have created husband and wife. / This is the beginning of the world». The verse indicates that man and woman are endowed with opposite characteristics, and uniting the two as one through God's providence it becomes the foundation for establishing and maintaining the world and humanity[18]. The Scripture also says:

Settle the minds of the two of you in one accord!
Then any and everything shall be realized (Mikagura-uta IV:2).

---

[17] TENRIKYO OVERSEAS DEPARTMENT, *Words of the Path: A Guide to Tenrikyo Terms and Expressions*, Tenri 2009, 84.
[18] TENRIKYO OVERSEAS DEPARTMENT, *A Glossary* (cf. nt. 10), 146.

Husband and wife working together in *hinokishin* [selfless-thankful action]; this is the first seed of everything (Mikagura-uta XI:2).

The verses stress that settling and uniting the minds of the husband and wife is of primary importance, because this unity is seen as the primary factor that will enable the realization of the Joyous Life[19].

On a concrete level, the establishment of this union also involves the causality of each individual concerned[20]. In the *Divine Directions* we read:

> I have already commented on the relationship between husbands and wives. They all become husbands and wives through their causality, I say (Osashizu, November 21, 1891).

In fact, a man and a woman, even if they still lack maturity, are united as husband and wife based on their causality so that they may help and complement each other and grow fully as human beings[21]. It is important for husband and wife, who have opposite characteristics like heaven and earth, to recognize his or her own causality in the spouse, accept it for what it is, and address it within himself or herself[22].

Thus, besides helping each other, neither being yet perfect, it is of paramount importance for husband and wife to clearly recognize God's underlying providence, which is always at work to lead them to the Joyous Life, and to rely totally on God as they proceed through each day[23].

---

[19] TENRIKYO OVERSEAS DEPARTMENT, *A Glossary* (cf. nt. 10), 146.
[20] TENRIKYO OVERSEAS DEPARTMENT, *A Glossary* (cf. nt. 10), 147.
[21] TENRIKYO OVERSEAS DEPARTMENT, *A Glossary* (cf. nt. 10), 147
[22] TENRIKYO OVERSEAS DEPARTMENT, *A Glossary* (cf. nt. 10), 147.
[23] TENRIKYO OVERSEAS DEPARTMENT, *A Glossary* (cf. nt. 10),

It is my conviction that to settle a relationship between husband and wife can be seen as the "origin" to settle a family. And if one can say that a family is a miniature society, when combined, these miniature societies become the society of an entire nation, or of all humankind for that matter[24].

MASAHIKO OKAMOTO

---

148. However, making such spiritual growth is often far from easy. Consequently, there are cases in which couples, though united through causality, end their relationship in divorce without fully realizing their causality. The *Divine Direction* explains in this regard: «You say that the relationship between a husband and wife has ended. Even if the marital relationship no longer exists, help them form a brothersister relationship» (Osashizu, May 22, 1895). The passage addresses the relationship between divorced spouses from the perspective of the truth of universal brotherhood.

[24] TENRIKYO OVERSEAS DEPARTMENT, *Joyousness Day after Day*, Tenri 1992, 72-73.

Facoltà di Scienze Sociali

ISABELLA PITONI, *La famiglia tra lavoro e dinamiche socio-economiche*
RICCARDO CINQUEGRANI, *La famiglia tra crisi istituzionale e problemi relazionali*

LA FAMIGLIA TRA LAVORO E DINAMICHE SOCIO-ECONOMICHE

Introduzione

La mia riflessione sul tema parte da alcune tesi utili ad inquadrare e delimitare la discussione.

La prima tesi afferma che la famiglia si conferma, nel contesto socio-economico delle economie avanzate, come il principale ed ancora il più efficace "ammortizzatore sociale" del radicale cambiamento in atto e dell'impatto dei conseguenti costi sulla società e sulle persone.

La seconda tesi – che in realtà è un corollario della prima – afferma che la famiglia stia assolvendo un ruolo di intermediario sociale ed interistituzionale, con funzioni di regolazione informale (ma sostanziale) del mutamento sociale e dei conseguenti conflitti. In altre parole, la famiglia sta surrogando – sia volontariamente che per necessità – funzioni e ruoli propri delle istituzioni titolari delle *governances dei sistemi sociali*. Il tutto senza avere adeguata copertura e sostegno dalla società stessa.

Proviamo a sviluppare il ragionamento osservando le diverse fenomenologie sociali in cui la famiglia gioca questo ruolo di *social player* talvolta per scelta, talvolta in modo involontario e inconsapevole.

1. La famiglia assorbe la disoccupazione giovanile ed i lunghi tempi di uscita dalla famiglia

È un dato oggettivo, specie nel contesto italiano, che la disoccupazione e la precarietà occupazionale dei giovani non siano sostenute da sufficienti politiche sociali di sostegno e di incentivo. In conseguenza, le nuove generazioni tendono a restare, ben più a lungo delle generazioni precedenti, sostanzialmente "a carico" del proprio nucleo familiare. Ma ciò che appare più rilevante sotto il profilo sociologico è che i giovani si emancipino dai nuclei familiari secondo tempi e, soprattutto, risultati professionali e sociali in modo direttamente proporzionale ai sistemi di opportunità economici finanziari e culturali degli ambienti di appartenenza e di riferimento. La società italiana (ma anche quella di vari altri Paesi avanzati investiti dalle crisi in atto) vede quindi un aumento della disuguaglianza e della sua già cronica lentezza della mobilità sociale tra ceti socio economici.

2. La famiglia subisce la perdita del lavoro o la precarietà dei componenti adulti

Le crisi occupazionali dei lavoratori adulti e la conseguente riduzione del reddito familiare, unita ai problemi precedentemente citati, producono una consistente riduzione del reddito medio delle famiglie, unita alla persistente contrazione dei consumi finali e con l'aumento del rischio povertà per le fasce meno abbienti (in termini numerici la famiglia italiana è al primo posto per decrescita del reddito: -4% del reddito delle famiglie italiane, mentre nella media Eurozona il livello del reddito è cresciuto del +6%). Si riscontrano dunque almeno due tendenze fondamentali: l'aumento dei divari socio-economici tra le famiglie (ricordiamo che l'Italia è ancora ben sopra la media UE per ricchezza privata in termini di patrimonio privato e rendite, ma tale condizione è concentrata nel 30 % delle famiglie italiane), mentre emerge sul piano più generale una riduzione della capacità di risparmio delle famiglie. Mostra quindi spiccati segni di sofferenza uno dei peculiari punti di forza del sistema economico italiano. La crisi in Italia ha dunque direttamente ampliato il disagio sociale delle famiglie. Un dato per tutti: il 91% delle famiglie monoreddito con capifamiglia disoccupati sono a rischio povertà, contro il 32% del Belgio, il 55% di Spagna ed il 75% del Regno Unito.

3. La famiglia sostiene la cura degli anziani o dei soggetti deboli

Interviene attraverso forme "organizzate di autogestione" delle risorse, come lo sviluppo di forme di volontariato, solidarietà, reti di sostegno. Tali iniziative tendono ad integrare il consolidato ricorso (anche questo discrezionale in senso economico) a personale retribuito esterno alla famiglia, le cui spese non sono tuttavia riconoscibili o sostenibili da opportune politiche sociali.

4. La famiglia è consapevole della inadeguata qualità dell'offerta educativa

Vi sopperisce come e se può, attraverso cospicui investimenti materiali, culturali e progettuali per i figli. In particolare in materia di educazione si manifestano in tutta la loro rilevanza i "differenziali di status" suaccennati. Come noto, nella nostra Società globale fondata sulla Conoscenza, i processi di istruzione e di qualificazione delle Risorse Umane sono il motore dell'innovazione e dello sviluppo armonico delle società avanzate. Lasciare tali processi troppo "appoggiati" sui sistemi di opportunità propri dei gruppi di socializzazione primaria, come appunto la famiglia, comporta conseguenze sociali determinanti per la configurazione dell'intero modello socio-economico. In tale quadro, la famiglia diventa un fattore primario di declino o di promozione sociale per i suoi membri, in funzione delle opportunità *già possedute* e non di quelle *trasmesse dal sistema sociale* (condizioni socio-economiche e culturali, status di appartenenza e sistemi relazionali, ecc.).

Ciò porta ad affermare l'ipotesi che l'istituto familiare assuma oggi impropriamente il ruolo di variabile determinante degli indicatori di "qualità della vita" dei suoi componenti ed influisca quindi in modo rilevante (sia in senso positivo che negativo) sulle loro aspettative di mobilità sociale. Il paradosso sociologico cui siamo quindi di fronte è che l'istituto familiare sia oggi insieme vittima e causa (involontaria) dell'aumento delle disuguaglianze sociali e dei sempre più forti dislivelli nella capacità di accesso e navigazione nella società globale.

5. La famiglia affronta (contrasta e\o assorbe) l'impatto dei modelli culturali e valoriali di riferimento della società

Essa è ancora fonte di socializzazione primaria, ma esercita questo ruolo in condizioni di sempre più forte concorrenza con soggetti esterni. Affronta, infatti, nuovi e forti *competitors*, portatori di modelli culturali, valoriali e comportamentali a forte impatto ed assorbimento nei modelli culturali giovanili: il linguaggio e la filosofia culturale dei media, il mondo inclusivo di internet, la forza persuasiva della comunicazione virtuale, i nuovi modelli di premialità e successo, ecc., ovvero modelli culturali e valoriali spesso (ma non sempre o non necessariamente) alternativi od opposti ai quadri culturali di appartenenza della famiglia. Di fronte a tale pressione, la famiglia – laddove sia consapevole e capace – tenta di relazionarsi, di comprenderli, di dialogare con essi al fine di: a) assumerli come propri (se li approva) in qualità di modello esterno che di fatto sostituisce autorevolezza al proprio insegnamento; oppure b) di contrastarli, o comunque di filtrarli o "mediarli" con conseguente aumento del conflitto intergenerazionale e dei gap culturali tra il "dentro" ed il "fuori" la famiglia.

Conclusione

Traccio qui alcune conclusioni da intendersi unicamente come possibili punti di discussione:
– la famiglia subisce tutti gli indicatori di crisi e di declino economico, ma non è oggetto di sistematiche e continuative politiche di sostegno. Ciò a causa di politiche attive a supporto della famiglia estremamente discontinue e non sistematiche negli ultimi due decenni, in gran parte influenzate o condizionate dalla fine del modello di *welfare* classico e dall'impatto dei sistemi produttivi e dei mercati del lavoro globali;
– nello stesso tempo contribuisce da protagonista allo sviluppo economico – produttivo solidale, ma anche all'innovazione ed alla mediazione culturale. E' dun-

que un soggetto cardine del modello di sviluppo socioeconomico, ma nello stesso tempo alimenta indirettamente tendenze verso l'economia sommersa e distorsioni dei processi di cambiamento sociale; per esempio rischia di acuire la marginalità del lavoro femminile laddove le donne fortemente impegnate al sostegno familiare perdono *chance* e potenzialità di impegno ed investimento personale professionale (sarebbe necessario, ma impossibile qui, aprire la discussione sul tanto abusato e per certi versi ambiguo istituto della "conciliazione" tra vita lavorativa e vita); – in ogni caso [la famiglia] naviga in solitudine nelle dinamiche socio-culturali della globalizzazione con mezzi e risorse molto soggettive e differenziate per contesto e strato sociale.

Le uniche possibili conclusioni qui ed ora sono un invito ai giovani aspiranti sociologi della nostra Università ad impegnarsi sul piano scientifico, culturale ed etico per rispondere al meglio alle sfide del presente e del futuro.

ISABELLA PITONI

LA FAMIGLIA
TRA CRISI ISTITUZIONALE
E PROBLEMI RELAZIONALI*

Introduzione

Lo "stato di crisi"che sta colpendo a vari livelli le Istituzioni nel mondo contemporaneo offre una insperata possibilità per riaffermare la centralità della famiglia all'interno del tessuto sociale.

L'Esortazione apostolica di Giovanni Paolo II *Familiaris consortio* (1981) riassume in qualche modo la dottrina sociale cattolica in tema di famiglia. Essa delinea una propria semantica della soggettività sociale della famiglia, anche se in maniera implicita. La soggettività della famiglia è definita in vari passi. In particolare:
– al n° 15: «Nel matrimonio e nella famiglia si costituisce un complesso di relazioni interpersonali – nuzialità, paternità-maternità, filiazione, fraternità – mediante le quali ogni persona umana è introdotta nella 'famiglia umana' e nella 'famiglia di Dio' che è la Chiesa»);
– al n°17 che attribuisce alla famiglia quattro compiti generali: «1) la formazione di una comunità di persone; 2) il servizio alla vita; 3) la partecipazione allo sviluppo della società; 4) la partecipazione alla vita e alla missione della Chiesa»;

---

* Bibliografia di riferimento (escluse le opere menzionate successivamente nelle note) si trova alla fine dell'articolo.

– al n° 45 dove si ricorda, con le parole della Dichiarazione sulla libertà religiosa *Dignitatis humanae*, 5 del Concilio Vaticano II che «la società, e più specificatamente lo Stato, devono riconoscere che la famiglia è "una società che gode di un diritto proprio e primordiale"»;
– al n° 46 che delinea "la carta dei diritti della famiglia" quale «cellula base della società, *soggetto di diritti e doveri prima dello Stato e di qualunque altra comunità*».

A mio avviso, queste connotazioni delineano certamente una semantica (cattolica) tradizionale che propone un concetto originale di soggettività sociale della famiglia[1].

Il secondo elemento di investigazione all'interno di questo *paper* riguarda il tema dei problemi relazionali. In questo ambito occorre distinguere tra quelli cosiddetti *intra* familiari e quelli che afferiscono una sfera più ampia e vanno classificati come problemi la cui genesi è sicuramente extra familiare ma il cui impatto va a incidere (direttamente o indirettamente) sulle dinamiche familiari.

Da un punto di vista sociologico quindi il tema così introdotto richiede l'approfondimento di tre aspetti: le dinamiche relazionali (rispetto alle quali ci si rifarà ai concetti espressi da Pierpaolo Donati nei suoi scritti sulla sociologia della relazione); la definizione del concetto di impatto di un'insieme di azioni o meglio di una *policy* sulla famiglia; e, in conclusione, una chiave interpretativa che permetta di eludere un meccanismo di staticità e permetta di proiettare nel futuro alcune variabili per definire scenari possibili e probabili della famiglia stretta, appunto, tra crisi istituzionali e problemi relazionali.

---

[1] Cf. AGENZIA FIDES – AGENZIA DELLA CONGREGAZIONE PER L'EVANGELIZZAZIONE DEI POPOLI, *Dossier Fides 2006*, Roma 2006.

1. Soggettività sociale della famiglia

In estrema sintesi definire la soggettività sociale della famiglia potrebbe richiedere l'ausilio di concetti e termini provenienti da altre discipline (psicologia, antropologia, diritto), ma, in questa sede, si cercherà di circoscrivere la trattazione attenendosi ad un piano più strettamente sociologico.

Per la definizione sociologica di famiglia come soggetto sociale ci si avvale di una semantica che fa riferimento ad alcuni concetti-chiave, che si richiamano a vicenda. La famiglia è soggetto sociale in quanto: è relazione comunitaria, bene relazionale, soggetto di diritti relazionali, soggetto di funzioni per la società, titolare di una propria cittadinanza, nesso *sui generis* fra libertà e responsabilità. Vediamo in breve questi concetti.

a) La famiglia è relazione comunitaria di piena reciprocità fra i sessi e fra le generazioni in quanto include il contratto, ma ne va oltre, perché presuppone delle condizioni pre-contrattuali ed è portatrice di mete sovracontrattuali.

b) La famiglia è bene relazionale in quanto può essere generata e fruita soltanto assieme da coloro che la fanno; essa consiste di relazioni, non di beni individuali, e neppure è una somma di beni individuali.

c) La famiglia è soggetto di diritti-doveri relazionali in quanto, in essa, i diritti e i doveri devono essere declinati relazionalmente.

d) La famiglia è soggetto di funzioni per la società, comunque intesa, in quanto ciò che in essa avviene e ciò che essa fa ha riflessi su ogni altra forma di socialità.

e) La famiglia è un nesso particolare fra libertà di scelta e responsabilità delle conseguenze, non solo per quanto riguarda le azioni dei singoli membri della famiglia fra di loro, ma anche per quanto attiene le funzioni societarie, dotate di senso, della famiglia come relazione sociale (libertà e responsabilità della relazione familiare, non solo del singolo individuo).

f) La famiglia ha una sua cittadinanza (la cittadinanza della famiglia) in quanto la famiglia è una "persona sociale", titolare di un diritto soggettivo sociale, che va al di là dei diritti soggettivi individuali (come l'impresa economica ha una sua personalità giuridica, così è – o potrebbe o dovrebbe essere – per la famiglia).

In un certo senso, la soggettività sociale della famiglia richiama l'idea di una alterità: la famiglia è un *alter* che chiede una relazione di reciprocità con gli altri soggetti sociali. Non vi è dubbio che la società odierna manifesti una persistente ambivalenza nei confronti di tutte queste caratteristiche, che sono cercate e combattute nello stesso tempo. Per taluni aspetti, oggi questi concetti cominciano a farsi strada, e in ciò – almeno in apparenza – la famiglia viene rivalutata[2].

2. Azione della famiglia nelle società moderne

Le dinamiche relazionali configurano quindi uno degli ambiti di azione maggiormente significativi nella vita della famiglia la quale si trova coinvolta in un processo di morfogenesi che comporta profonde tensioni interne (fra i sessi e fra le generazioni) ed esterne (nei confronti sia del mondo vitale circostante sia delle istituzioni macrosistemiche, non ultima la scuola), pure essa ha dimostrato di essere ancora una delle istituzioni più solide della nostra società. Questo non significa che la

---

[2] P. DONATI, «La famiglia di fronte alla pluralizzazione degli stili di vita: realtà, significati e criteri di distinzione», in P. DONATI (ed.), *La famiglia tra identità e pluralità*, Cinisello Balsamo 2001, 12.

famiglia non cambi, ma piuttosto che gli attaccamenti ad essa e la sua solidità funzionale-adattativa si sono dimostrati assai elevati e hanno meravigliato anche coloro che vedono nella famiglia un ostacolo alla emancipazione sociale o addirittura ne hanno preconizzato la scomparsa. La famiglia è così divenuta oggetto di nuove attenzioni che crescono e sono destinate ad aumentare nei prossimi anni. Nello stesso tempo, è emersa una nuova attenzione per le associazioni familiari. La società civile, intesa come sfera delle solidarietà primarie e secondarie che non agiscono né per profitto né su comando, si è rimessa in moto. Le famiglie sono apparse quasi improvvisamente come soggetti di nuove solidarietà le quali si protendono dalle appartenenze primarie e locali, legate alla parentela e alle reti amicali e di vicinato, verso una nuova "sciabilità"[3].

In taluni casi questa sociabilità rimane ristretta e particolaristica. Ma in molti altri casi si apre alla promozione di valori e interessi generali. Anche chi parla il linguaggio più radicale della modernità ha dovuto riconoscere che è sorto un nuovo "familismo morale"[4], e in particolare che le famiglie si sono "associate per amore"[5]. Cosicché, adesso, la famiglia genera associazioni che sono inedite nella storia in quanto si fanno portatrici di fini e pratiche sociali orientate alla valorizzazione universalistica della persona umana. È il tema, in termini più generali, dell'emergere del "privato so-

---

[3] Cf. F. Héran, «Un monde sélectif: les associations», *Économie et Statistique* 208 (1988) 17-31.

[4] Si veda G. Turnaturi – C. Donolo, «Familismi morali», in C. Donolo – F. Fichera (ed.), *Le vie dell'innovazione. Forme e limiti della razionalità politica*, Milano 1988, 164-185.

[5] Cf. G. Turnaturi, *Associati per amore: l'etica degli effetti e delle relazioni quotidiane*, Bologna 1991.

ciale". In presenza di una crisi crescente dello Stato, soprattutto come Stato sociale, e dell'evidenziarsi dei limiti del mercato capitalistico nel perseguimento del bene comune (o comunque di finalità sociali), si sono fatte strada forme di auto-organizzazione di una nuova società civile. Molte di queste forme rimandano a raggruppamenti di famiglie che intraprendono iniziative comuni, vuoi mobilitando tutti i membri vuoi mobilitandone solo alcuni, ma sempre in ragione dell'essere appartenenti ad una famiglia.

3. Politiche familiari pubbliche

Una volta sottolineati questi tratti e queste dinamiche come elemento caratterizzante dell'azione della famiglia nelle società moderne, appare utile analizzare anche quelli che sono i tratti essenziali delle modalità con cui gli agglomerati sociali (in particolare le istituzioni pubbliche) "rispondono" all'azione delle famiglie generando dei processi di relazione che, a loro volta, producono impatti all'interno delle famiglie. Il meccanismo maggiormente tangibile e pratico di questo sistema di relazione è dato dalla valutazione dell'impatto di una politica familiare emanata dall'autorità di governo.

Gli elementi per definire una valutazione di impatto delle politiche pubbliche afferiscono ad una serie di fattori e dimensioni estremamente eterogenei tra loro; questo aspetto può considerarsi valido anche per ciò che concerne le Politiche per la famiglia. La valutazione può essere effettuata in coincidenza di diversi momenti di realizzazione della politica: prima dell'implementazione (*ex ante*), in corso di realizzazione (*in itinere*), al termine dell'intervento (*ex post*). Gli effetti della politica possono essere considerati a livello individuale/di singola famiglia (valutazione a livello micro) o a livello aggregato, attraverso la stima degli effetti complessivi delle politiche. Nella valutazione appare necessario distinguere tra impatto lordo e impatto netto. L'impatto lordo misura il risultato delle politiche sui destinatari, senza prendere in considerazione l'effetto di variabili intervenenti che possono influenzare tali risultati. L'impatto netto misura invece i risultati che non sarebbero stati ottenuti in assenza dell'intervento. La valutazione dell'impatto aggregato delle politiche pubbliche è resa particolarmente difficile dalle numerose variabili che possono direttamente o indirettamente influenzare i risultati delle politiche, oltre che dalla mancanza di dati adeguati. La maggior parte delle valutazioni di impatto misura l'effetto delle politiche a livello aggregato, attraverso analisi econometriche. I dati di indagine longitudinali sono i più appropriati per le valutazioni a livello macro. Tuttavia, le stime econometriche forniscono generalmente solo informazioni parziali sul complessivo impatto delle politiche. Inoltre, è estremamente difficile produrre affidabili evidenze empiriche su tutti gli effetti, diretti e indiretti, delle politiche stesse.

In sintesi la valutazione di impatto di una politica pubblica a favore delle famiglie deve tener conto del fatto che l'intervento agisce su due piani: a livello individuale (quello della socializzazione e della valorizzazione del singolo in quanto tale), e quello della socializzazione e della valorizzazione della famiglia. Come anticipato in precedenza questi due piani si influenzano vicendevolmente, in modo non sempre prevedibile nel tempo; inoltre, la valutazione delle politiche deve tenere conto anche degli effetti indiretti sui destinatari, oltre che degli effetti di lungo periodo. In questo quadro appare evidente come lo sviluppo di metodologie di valutazione degli effetti (diretti e indiretti) anche qualitativi e di lungo periodo rappresenti l'elemento centrale e di collegamento tra la sociologia della relazione e la valutazione dell'impatto di una politica pubblica a favore della famiglia. In questo contesto un approccio per scenari potrebbe significativamente apportare un contributo non solo teorico al fine di utilizzare un metodo di ricerca per investigare possibili *alternative future*[6]. Uno dei tratti caratterizzanti riguarda il nesso tra azione (svolta nel presente) ed implicazioni[7], le conseguenze logicamente deducibili che genereranno eventi in un tempo futuro.

4. Scenari

Da circa trent'anni a questa parte si registra l'esistenza di una moltitudine di tecniche utilizzate e lo sviluppo di metodologie "ispirate" alla logica degli scenari tali per cui si è caduti in un "caos metodologico" (come suggerito da Martelli[8]). Questo aspetto è dovuto anche al fatto che in letteratura sia possibile riscontrare una considerevole abbondanza di definizioni, elenchi di caratteristiche e principi riguardanti gli scenari spesso tra loro contraddittori. Pertanto, una delle principali sfide dovrebbe essere quella di risolvere, almeno in parte, il

---

[6] Cf. H. KAHN – A.J. WIENER, *The Year 2000: A Framework for Speculation on the Next Thirty-Three Years*, New York 1967.

[7] Cf. B. DE JOUVENEL, *The Art of Conjecture*, New York 1967.

[8] Cf. A. MARTELLI, «Scenario building and scenario planning: state of the art and prospects of evolution», *Futures Research Quarterly* 3 (2001) 321.

livello di confusione che aleggia attorno al concetto di scenario (nell'ambito del quale la componente di metodo è solo una delle possibili applicazioni). A supporto di tale interpretazione è possibile citare Mason che osserva come la moltitudine di definizioni del termine scenario sia ormai confusa quanto quella di strategia[9], oppure Simpson[10] che identifica un eccesso di vaghezza e approssimazione nei tentativi di definizione, oppure ancora Godet e Roubelat che sostengono che il termine sia ormai sovra utilizzato e spesso in maniera del tutto impropria[11]. Tutto ciò genera una serie di conseguenze riconducibili a tre ordini di fattori:
– scenario è un concetto dinamico, soggetto al cambiamento e adattabile la cui definizione risulta pertanto maggiormente prossima ad una logica *wiki* piuttosto che enciclopedica;
– gli scenari appartengono ad una "non disciplina intellettuale" il cui fine non è tanto quello di realizzare previsioni quanto tentare di dare forma al futuro[12];
– lo scenario rappresenta possibilità e alternative spesso in grado di coesistere.

La presa d'atto di questo insieme di difficoltà produce, come prima conseguenza, l'accettazione del-

---

[9] Cf. D.H. MASON, «Scenario-based planning: decision models for the learning organisation», *Planning Review* 22/2 (1994) 10.

[10] Cf. D.G. SIMPSON, «Key lessons for adopting scenario planning in diversified companies», *Planning Review* 20/3 (1992) 10-17.

[11] Cf. M. GODET, «Integration of scenarios and strategic management: using relevant, consistent and likely scenarios», *Futures* 22/7 (1990) 730-739; M. GODET – F. ROUBELAT, «Creating the Future: the Use and Misuse of Scenarios», *Long Range Planning* 29/2 (1996) 164-171.

[12] Cf. H. DE JOUVENEL, «A Brief Methodological Guide to Scenario Building», *Technological Forecasting and Social Change* 65 (2009) 37-48.

l'esistenza di incoerenze metodologiche spesso riconducibili a carenze teoriche. Questo punto è cruciale se si intende considerare "la galassia degli scenari" non solo come metodo ma anche come "prodotto" tipico di molti esercizi di previsione[13]. In questo caso l'obiettivo finale degli esperti e dei ricercatori coinvolti è proprio quello di giungere alla definizione degli scenari. Il cambio di logica è evidente, il passaggio è da strumento utilizzato per comprendere a fine di un percorso di interazione e scambio tra più soggetti.

Un'altra possibile accezione del concetto fa riferimento alle dinamiche tipiche di un "processo": la definizione di scenari si configura in questo senso come una modalità quasi negoziale per costruire consenso oppure per definire strategie. In entrambi i casi si registra una forte tendenza a coinvolgere diversi soggetti all'interno di questi processi. Il fenomeno assume particolare rilevanza a livello familiare dove "la partecipazione" è un prerequisito indispensabile e rappresenta in un certo senso una prima forma di "integrazione" nell'ambito delle scelte che riguardano l'intera famiglia.

Nella logica della sociologia della relazione e nella interazione tra famiglie e con le istituzioni, la partecipazione diviene un fenomeno che discende dalla mobilitazione di un gruppo di individui i quali, sulla base di un'insieme di elementi di carattere psicologico, decidono di attivarsi al fine di perseguire uno scopo socialmente condiviso. Gli incentivi e le motivazioni che conducono a tale scelta trovano una sistematizzazione teorica nei modelli di scelta razionale (in particolare nel "paradosso della partecipazione" teorizzato da

---

[13] Cf. IEA [= International Energy Agency], *Dealing with Climate Change*, Paris 2000.

Olson nel 1965[14]), oppure nei comportamenti razionali degli attori finalizzati alla realizzazione di un obiettivo comune. Anche Finkel[15] sostiene che le dinamiche comportamentali variano sensibilmente quando si passa dal ragionamento del singolo a quello di gruppo. "L'intelligenza collettiva" e la "razionalità collettiva" riconoscono valori quali la stabilità, la sicurezza e l'efficacia del lavoro di gruppo come elementi chiave nel successo di un esercizio di previsione. Pertanto, la combinazione di scelte razionali e norme sociali conduce alla definizione di un modello basato sul concetto di "incentivazione reciproca", modello nei fatti realizzato quotidianamente in milioni di abitazioni popolate da famiglie unite dal vincolo dell'amore.

In sintesi, è possibile sostenere che gli scenari sono in ultima analisi un

> riflesso naturale della natura umana e si collocano al confine tra due differenti aree della nostra vita ovvero quella della concretezza dell'attualità (nell'ambito della quale utilizziamo tecniche di osservazione per fornire spiegazioni alle nostre domande) e quella delle proiezioni dell'immaginazione (dove il nostro pensiero crea strutture utilizzando il ragionamento)[16].

Gli scenari possono essere considerati una classe eterogenea a questa dicotomia e soprattutto non tutti

---

[14] M. OLSON, *The logic of collective action*, New York 1965.

[15] S. FINKEL – E. MULLER, «Rational choice and the dynamics of collective political action: evaluating alternative models with panel data», *American Political Science Review* 92/1 (1992) 37-49.

[16] N. RESCHER, «Thought experimentation in pre-Socratic philosophy», in T. HOROWITZ – G.J. MASSEY (ed.), *Thought Experiments in Science and Philosophy*, Bollman Place, Savage (MD) 1991.

gli scenari hanno strutture comuni, sono stati realizzati nello stesso modo[17], o cercano di realizzare la stessa cosa[18]. Ad ogni modo, e seppur a livello astratto, tutti gli scenari sono accomunati da una base teorica che li fa configurare come un tentativo strutturato di ottenere istruzioni a seguito di un processo di ragionamento ipotetico che si realizza mettendo in relazione possibili conseguenze di una ipotesi che, benché basata su elementi fattuali e su dati concreti, fa riferimento al futuro o a suoi possibili sviluppi[19]. Tutto ciò comporta che all'interno di uno stato di incertezza si vadano delineando immagini i cui contorni siano circoscritti da una serie di implicazioni e conseguenze probabili, possibili o plausibili relative alla prima ipotesi formulata. In questo senso appare utile considerare gli scenari come un esperimento di pensiero che appartiene alle proiezioni dell'immaginazione. Tuttavia rivestono un'importanza fondamentale nell'analisi della realtà presente: ogni scelta, ogni azione concreta è (o dovrebbe essere) preceduta da esperimenti del pensiero in grado di anticipare differenti possibilità relative a conseguenze, esiti, impatti. Pertanto, anche se appaiono evidenti "debolezze" prevalentemente da un

---

[17] Cf. M. GODET, *Scenarios and Strategic Management*, London 1987.

[18] Cf. H. KAHN, «The alternative world futures approach», in F. TUGWELL (ed.), *Search for Alternatives: Public Policy and the Study f the Future*, Cambridge (MA) 1973.

[19] Cf. J. COATES, «Scenario planning», *Technological Forecasting and Social Change* 65 (2000) 115-123; P. SCHWARTZ, *The Art of the Long View: Planning For the Future in an Uncertain World*, New York 1996; H. KAHN – A.J. WIENER, *The Year 2000* (cf. nt. 5); K. DER HEIJDEN, *Scenarios: The Art of Strategic Conversation*, New York 1997.

punto di vista epistemiologico, l'elaborazione di queste proiezioni immaginarie – chiamate scenario – giocano un ruolo cruciale nella vita pubblica, in quella privata e nella quotidianità delle famiglie e vengono utilizzati in forme più o meno sofisticate da quasi la totalità degli attori sociali.

In sintesi, sia che venga inteso come processo, metodo, fine o strumento, il concetto di scenario ha subito una evoluzione che ha contribuito a strutturare un approccio che ci permette di considerare l'avvenire come qualcosa da creare piuttosto che come un mistero che necessita unicamente di essere rivelato[20].

Questo approccio comporta una rivisitazione della presenza e dell'azione del sistema di relazioni. Si accrescono i livelli di impegno (*engagement*), di iniziativa, di responsabilità e di leadership. Queste funzioni vengono demandate direttamente all'individuo che agisce in nome e per conto del proprio gruppo di appartenenza, ovvero, la propria famiglia. Allo stesso tempo, aumentano le possibilità di divenire parte di un processo che incrementa sia il livello di conoscenza della realtà sia le persone che fanno parte di sistemi che interagiscono con il nostro universo di riferimento. L'integrazione di più strumenti facilita la circolazione di informazioni, stimola la creatività e forma, plasma o rinforza coalizioni sociali attorno a strategie piuttosto che a idee. In questo contesto lo sforzo collettivo di delineare scenari futuri si configura come uno strumento attorno al quale costruire visioni condivise che verranno poi declinate in obiettivi, finalità, azioni e attività. Questa modalità di applicare la "logica per sce-

---

[20] Cf. H. DE JOUVENEL, «A Brief Methodological Guide» (cf. nt. 11), 39.

nari" ha trovato applicazione non solo in ambiti riconducibili alle politiche di sostegno alla famiglia ma anche in altri settori disciplinari[21] tra i quali l'ambiente[22], l'agronomia, il *risk managment*, l'energia[23], la macro economia, il *marketing*, gli studi strategico militari e la geopolitica[24].

Proseguendo l'analisi delle possibili applicazioni degli scenari (dall'informazione alla partecipazione, dalla formazione di consenso alla definizione di strategie), un ulteriore aspetto che emerge è la capacità di questo strumento di contribuire alla creazione di conoscenza e alla condivisione della stessa. Gli scenari si spostano lungo un tracciato che comprende o meglio integra elementi di natura quantitativa ad aspetti qualitativi e sistemici del fenomeno indagato.

Conclusione

La possibile conclusione a cui si può giungere leggendo questo breve articolo permette di declinare la famiglia quale centro di relazioni volte a realizzarsi non solo nella dimensione fisica dello "spazio" (ovvero dei luoghi e mediante l'interazione con altri attori

---

[21] Cf. K. van der Heijden – B. Bradfield – G. Burt – G. Cairns – G. Wright, *The sixth sense: accelerating organizational learning with scenarios*, Chichester (UK) 2002.

[22] Si faccia riferimento ai numerosi lavori pubblicati dall'Agenzia Europea per l'Ambiente e dall'International Panel for Climate Change [= IPCC].

[23] Tra gli altri, cf. la pubblicazione annuale della Research Departement Shell.

[24] Cf. P. Bilgin, «Alternative Futures for Middle East», *Futures* 33 (2001) 423-436.

sociali) ma anche in quella meno facilmente percepibile del tempo. Appare intuitivo attribuire al passato il ruolo e il compito di sorgente o radice dei nostri legami affettivi e fondamento antropologico della creazione di una famiglia, altrettanto condiviso è il tema del futuro collegato alle nuove generazioni ma non ancora alla logica della previsione e quindi dell'individuazione del futuro come unico spazio per l'azione umana, sia essa individuale che familiare. In tutto questo è possibile ravvedere un paradosso che trova la sua soluzione nella preghiera Eucaristica del rito del matrimonio dove in un unico periodo si trova sintetizzata la tesi sostenuta in questo articolo: «Assisti N. e N. che in Cristo hanno costituito una nuova famiglia, piccola chiesa e sacramento del tuo amore, perché la grazia di questo giorno si estenda a tutta la loro vita».

RICCARDO CINQUEGRANI

Bibliografia

BARBIERI MASINI, E. *Why Futures studies?*, London 1993.
———, *La Previsione Umana e sociale*, Roma 1986 e 1999.
———, *Penser le futur*, Paris 2000.
BARBIERI MASINI, E. – MEDINA VASQUEZ, J., «Scenarios as seen from a Human and Social Perspective», *Technological Forecasting and Social Change* 65/1 (2000) 23-29.
BELL, W., *Fundations for Futures Studies*, I-II, New Brunswick – London 1997.
BILGIN, P., «Alternative Futures for Middle East», *Futures* 33 (2001) 423-436.
BORJESON, L. – HOJER, M. –DREBORG, K.H. – EKVALL, T. – FINNVEDEN, G., «Towards a user's guide to scenarios-a re-

port on scenario types and scenario techniques», Version 1.1b, Department of Urban Studies, Royal Institute of Technology, Stockholm, November 2005, 4-5.

CHERMACK, T.J. – VAN DER MERWE, L. – LYNHAM, S.A., «Exploring the Relationship Between Scenario Planning and Perceptions of Strategic Conversation Quality», *Technological Forecasting and Social Change* 74 (2006) 379-390.

CLARK, W.C. – MITCHELL, R.B. – CASH, D.W., «Evaluating the Influence of Global Environmental Assessments», in R.B. MITCHELL – W.C. CLARK – D.W. CASH – N.W. DICKSON (ed.), *Global Environmental Assessments: Information and Influence*, Cambridge 1998.

DONATI P., *Sociologia delle politiche familiari*, Roma 2003.

———, «La famiglia come capitale sociale primario», in ID. (ed.), *Famiglia e capitale sociale nella società italiana*, Cinisello Balsamo 2003, 31-101.

DROR, Y., *The capacity to govern, a report to the club of Rome*, London 2001.

GARB, Y. – PULVER, S. – VANDEVEER, S., «Scenarios in society, society in scenarios: towards a social scientific analysis of storyline-driven environmental modelling», *Environmental Research Letters* 3 (2008) 1-8.

GODET, M., *L'avenir autrement*, Paris 1991.

———, *Creating futures, scenario planning as a strategic management tool*, Paris 2001.

———, «Sustainable development. With or without mankind?», *Futures* 30/6 (1998) 555-558.

———, *Crises are Opportunities*, Montreal 1985.

KAHN, H., *Year 2000*, London 1977.

LINSTONE, H., *The Delphi Method*, Reading (Mass.) 1975.

OGLIVY, J. – SMITH, J., «Mapping Public and Private Scenario Planning: Lessons from regional projects», *Development* 47 (2004) 62-72.

PACINELLI, A., *Metodi per la ricerca sociale partecipata*, Milano 2008.

PHELPS, R. – CHAN, C. – KAPSALIS, S.C., «Does scenario planning affect performance? Two exploratory studies», *Journal of Business Research* 5/1 (2001) 223-232.

RINGLAND, G., *Scenario Planning*, London 1998.

SCHNAARS, S.P. «How to develop and use scenarios», *Long Range Planning* 20/1 (1987) 105-114.

SCHOEMAKER, P.J.H., «Multiple Scenario Development: Its Conceptual and Behavioral Foundation», *Strategic Management Journal* 14 (1993) 193-213.

SLAUGHTER, R., *Knowledge base of futures studies*, I-III, Victoria (Australia) 2000.

STEWART, C., «Building from practice», *Futures* 40/2 (2008) 160-172.

US COMMISSION ON NATIONAL SECURITY IN THE 21ST CENTURY, «New World Coming: American Security in the 21st Century. Study Addendum» [accesso: 13-03-2009], http://www.fas.org/man/docs/nwc/addendum.pdf.

VAN ASSELT, M.B.A., *Perspectives on Uncertainty and Risk: The Prima Approach to Decision Support*, Berlin 2000.

VAN 'T KLOOSTER, S.A. – VAN ASSELT, M.B.A., «Practicing the Scenario-Axis Technique», *Futures* 38 (2006) 15-30.

Istituto di Spiritualità

Donna Orsuto, *Una spiritualità del matrimanio e famiglia oggi, un percorso dalla fede all'accoglienza*
Emma Caroleo, *Dalla fede in Cristo crocefisso all'accoglienza dell'alterità nel matrimonio*
Paul Rolphy Pinto, *Fede vissuta per l'accoglienza nella famiglia. Un "case study" indiano*

UNA SPIRITUALITÀ DEL MATRIMONIO E FAMIGLIA OGGI, UN PERCORSO DALLA FEDE ALL'ACCOGLIENZA

I cambiamenti nella società, con l'interazione di persone di diverse razze, culture e tradizioni religiose hanno un profondo impatto sulla spiritualità coniugale e familiare. Da un lato, coppie cristiane che celebrano il sacramento del matrimonio sono chiamate a testimoniare la loro fede e ad essere aperte al dialogo in un contesto multiculturale e interreligioso; dall'altro, sempre più spesso si presentano situazioni in cui i cattolici hanno relazioni con partner provenienti da un'altra tradizione religiosa, e dopo aver ricevuto la dispensa, sono validamente e lecitamente sposati[1]. In queste due situazione diverse, quale tipo di spiritualità matrimoniale e famigliare può essere proposta? *Formare una forte fede e una identità cattolica è fondamentale per lo sviluppo di tale spiritualità.* È importante sia quando il sacramento del matrimonio è celebrato tra due Cattolici sia quando il coniuge cattolico sposa una persona non battezzata. *Tuttavia, non è abbastanza.* Ciò che serve è una fede che raggiunga liberamente gli altri nell'*accoglienza, ospitalità e rispetto.*

---

[1] Cf., per esempio, Presidenza della Conferenza Episcopale Italiana, «I matrimoni tra cattolici e musulmani in Italia», *Notiziario CEI* (2005) 5, 139-165; B. Ghirighelli – A. Negri, *I matrimoni cristiano-islamici in Italia. Gli interrogativi, il diritto, la pastorale,* Bologna 2008.

Per iniziare, vorrei suggerire un'immagine. Qualche anno fa, due miei amici cattolici si sono sposati in una chiesa romana. Con sorpresa di tutti, la coppia ha ricevuto dal sacerdote celebrante, loro caro amico, il dono di una piccola tenda alla fine della cerimonia. La coppia ha spiegato che quando aveva pianificato il matrimonio, aveva deciso che la celebrazione del sacramento e la loro vita matrimoniale fossero testimonianza della manifestazione dell'amore di Dio. Mi hanno detto:

> La nostra sorpresa è stata grande allorquando il celebrante, alla fine della Messa, ha chiamato gli 'amici dello sposo' per far costruire una tenda senza porte. Questo è ciò a cui ci stavamo preparando da fidanzati, questo stavamo già facendo nella preparazione del nostro matrimonio e questo ci è stato richiesto dal celebrante, senza che lui lo sapesse[2].

L'immagine della tenda aperta rimase nel ricordo di tutti, perché inaspettato e allo stesso tempo significativo. Questa tenda aveva caratteristiche singolari poiché non c'erano porte che potessero isolarla dal mondo. Il matrimonio per sua natura è una realtà aperta alla vita, aperta agli altri. Per i battezzati è un sacramento di servizio alla comunità. Il sacramento è anche comunicazione di un Dono grande (*Ef* 5,32). *Ecco perché un matrimonio non può e non deve rimanere chiuso.*

L'immagine della tenda ci parla dell'*accoglienza* perché si allarga per ricevere altri; ci dà l'idea della *sosta*, perché rinfranca e alimenta, concede lo *spazio* per riprender-si e riprendere il proprio cammino. La tenda è *luogo di incontro*, sia per chi vi abita sia per

---

[2] Sono molto grata a Lizza Rodriguez che ha condiviso quest'esperienza con me insieme ad altre idee presenti nei prossimi due paragrafi che riguardano l'immagine della tenda.

chi vi viene accolto e si ri-trova in uno spazio "più grande" che è quello dell'Amore stesso di Dio rispecchiato negli sposi e nel loro modo specifico di essere famiglia. Quindi, la tenda-casa è il posto in cui la vita di una famiglia si allarga per essere ospitata e per ospitare altre famiglie, con le quali condividere il servizio reciproco, la preghiera, le proprie riflessioni e i propri dubbi, la semplicità del quotidiano.

Se questa immagine della tenda cattura l'obiettivo di una spiritualità coniugale e familiare nella società di oggi, allora sorge la domanda, come si può sviluppare tale spiritualità? Lo scopo di questo studio è quello di esplorare prima di tutto, quali siano le intuizioni dell'insegnamento che la Chiesa ci offre per vivere una spiritualità coniugale e familiare di fede e di accoglienza in un contesto multiculturale e interreligioso.

1. L'insegnamento della Chiesa sul matrimonio: alcuni temi chiave

Inizierò a esplorare brevemente alcuni temi fondamentali riguardanti in primo luogo il matrimonio sacramentale e quindi il matrimonio tra una persona cattolica e una persona non battezzata. Finirò con alcuni suggerimenti pratici per promuovere una spiritualità coniugale specifica in un ambiente multiculturale e interreligioso.

2. Il matrimonio sacramento

Quando due cristiani battezzati si sposano, quando si scambiano promesse davanti al sacerdote o diacono in Chiesa, noi crediamo che sia celebrato un sacramento. Il sacramento, però, non dovrebbe essere semplicemente inteso in forma statica. Infatti, il *Catechismo della Chiesa Cattolica* [= *CCC*] parla dei sacramenti in forma dinamica, come forze che derivano dal Corpo di Cristo, sempre vivo e fonte di vita, operante nella Chiesa[3].

Nel sacramento così inteso si enfatizza la centralità della grazia. Nel matrimonio, la grazia del sacramento è operante non soltanto durante la sua celebrazione ma anche nel vivere quotidianamente un impegno per tutta la vita. Qual è il significato concreto di ciò? Il significato è che, attraverso gli alti e i bassi del vissuto quotidiano della coppia, si manifesta l'opera salvifica dell'amore di Dio. In un certo senso, i coniugi diventano reciprocamente "sacramento". Più precisamente, gli sposi sono ministri del sacramento: sono strumenti della grazia l'uno per l'altro. Essi sono, l'uno per l'altro, segni visibili della grazia di Dio, giorno dopo giorno, nell'ordinario ondeggiare e scorrere della vita. Come nota l'Introduzione al *Rito del Matrimonio*, pubblicata dalla C.E.I.:

> Se il Matrimonio costituisce un momento propizio per riscoprire e sviluppare la vocazione battesimale, non si deve pensare che questo si esaurisca con la celebrazione. Esso investe tutta l'esistenza degli sposi, che sono chiamati, giorno dopo giorno, ad accogliere e valorizzare la grazia che scaturisce dal sacramento, tra-

---

[3] Cf. *CCC* 1116. Questo tema è stato sviluppato più in profondità in D. ORSUTO, *Holiness*, London 2005; cf. D. ORSUTO, «Discovering the Extraordinary in the Ordinary. Towards a Christian Marital Spirituality», *INTAMS Review* 7 (2001) 3-11; R. MIGGELBRINK, «Contours of a Sacramental Spirituality of Marriage», in T. KNIEPS-PORT LE ROI – M. SANDOR (ed.), *Companion to Marital Spirituality*, Louvain 2008, 185-200.

ducendo nei gesti e nelle parole della vita quotidiana ciò che essi sono diventati in forza dell'intervento dello Spirito[4].

Nel libro, *A Daring Promise, A Spirituality of Christian Marriage*, R. Gaillardetz, un teologo degli Stati Uniti, uomo sposato e con una grande famiglia, racconta che prima di sposarsi chiese consiglio a un caro amico. Nel corso della conversazione informale mentre stavano a pranzo, egli domandò alquanto impacciato, «Roberto, c'è stato in particolare qualcosa di così espressivo ad aiutarti nella decisione di sposare Nancy?». La risposta fu spontanea e ferma. Rispose molto semplicemente: «Lei è stata la mia salvezza»[5]. Gaillardetz ammise di essersi sentito a disagio per questa risposta e di averla accantonata, ma dopo tanti anni di matrimonio giunse alla conclusione che rappresentava la verità. Sappiamo certamente che la salvezza è opera di Dio in noi, ma crediamo pure in una sorta di *cooperatio* ogni volta che rispondiamo alla grazia di Dio. Gaillardetz spiega:

> Detto semplicemente, mentre la salvezza è sempre opera di Dio in noi, spesso essa sembra come opera nostra se noi cerchiamo di essere docili all'azione salvifica di Dio. In ogni caso, mi sono convinto che la mia "salvezza", la trasformazione spirituale che Dio desi-

---

[4] CONFERENZA EPISCOPALE ITALIANA [= CEI], *Rito del Matrimonio*, Città del Vaticano 2008. Cf. S. MAGGIANI, «La seconda edizione del "Rito del Matrimonio": motivazioni, contenuti e prospettive», in P. SORCI (ed.), *La celebrazione del matrimonio cristiano*, Trapani 2007, 31-32.

[5] R. GAILLARDETZ, *A Daring Vocation, A Spirituality of Christian Marriage*, New York 2002, 61.

dera operare in me, trasuda dentro il crogiolo del mio rapporto con mia moglie e i miei figli[6].

Per lui, questo insieme d'impegni interdipendenti, che costituisce la sua famiglia, è un invito a vivere una vocazione veramente ascetica. La trasformazione in Cristo si realizza anche e soprattutto nelle relazioni e attraverso le relazioni, proprio attraverso il loro rapporto come moglie-marito o madre-padre e figli.

La famiglia cristiana diventa ciò che è, cioè uno spazio sacro consacrato a Dio, attraverso una trasformazione che si verifica nella vita quotidiana. Concretamente significa che «la famiglia riceve la missione di custodire, rivelare e comunicare l'amore, quale riflesso vivo e reale partecipazione dell'amore di Dio per l'umanità e dell'amore di Cristo Signore per la Chiesa sua Sposa»[7]. Per una coppia cristiana, la chiamata non è soltanto uscire da casa per servire gli altri. La sfida è aprire il proprio focolare domestico, la propria dimora agli altri. È precisamente questo spazio sacro ad essere loro in Cristo dove sono chiamati ad accogliere gli altri. Negli altri, accolgono Cristo stesso che dice: «Ogni volta che avete fatto queste cose a uno solo di questi miei fratelli più piccoli, l'avete fatto a me» (*Mt* 25,40).

3. Matrimonio tra cattolici e non battezzati

Quanto ai matrimoni tra cattolici e non battezzati, a causa delle difficoltà che possono sorgere quando i

---

[6] R. GAILLARDETZ, *A Daring Vocation* (cf. nt. 5), 62.
[7] GIOVANNI PAOLO II, Esortazione Apostolica sui compiti della famiglia cristiana nel mondo moderno *Familiaris consortio* 17, *AAS* 74 (1982) 100.

cattolici contraggono matrimonio con persone di altre fedi, la Chiesa li scoraggia[8]. Allo stesso tempo, dobbiamo riconoscere che questi matrimoni accadono sempre di più e quindi siamo chiamati a domandarci: quale spiritualità del matrimonio e della vita familiare può essere proposta per queste coppie?

La posizione della Chiesa cattolica nei confronti di un matrimonio tra un cristiano e una persona non battezzata è espressa nel *Codice di Diritto Canonico* del 1983. In determinate circostanze, l'Ordinario del luogo può concedere la dispensa per questi "matrimoni con disparità di culto", in modo che il matrimonio possa essere celebrato come valido e lecito. Ponendo l'accento sulle difficoltà per la fede della parte cattolica, il can. 1086 riafferma la dottrina tradizionale secondo cui un matrimonio tra un cattolico e un battezzato non è valido salvo che l'impedimento sia dispensato. Questo può avvenire solo se sono soddisfatte determinate condizioni. Il can. 1125 descrive le tre condizioni necessarie per concedere tale dispensa:

> 1° la parte cattolica si dichiari pronta ad allontanare i pericoli di abbandonare la fede e prometta sinceramente di fare quanto è in suo potere perché tutti i figli siano battezzati ed educati nella Chiesa cattolica;
> 2° di queste promesse che deve fare la parte cattolica, sia tempestivamente informata l'altra parte, così che consti che questa è realmente consapevole della promessa e dell'obbligo della parte cattolica;
> 3° entrambe le parti siano istruite sui fini e le proprietà essenziali del matrimonio, che non devono essere esclusi da nessuno dei due contraenti.

Il *Codice di Diritto Canonico* è esplicito circa i tre principali problemi che devono affrontare queste cop-

---

[8] *CCC* 1633, 1634, 1635, 1637.

pie: lo sforzo della parte cattolica di mantenere la sua fede, la preoccupazione per la crescita dei figli nella fede cattolica e il possibile fraintendimento del significato del matrimonio. Questa complessa situazione richiede una guida pastorale chiara e sensibile e un sostegno della comunità cristiana non solo durante il periodo di preparazione al matrimonio, ma anche dopo, quando la coppia cerca di vivere il suo impegno coniugale. Per riassumere, il can. 1086 presenta le condizioni per un matrimonio valido, mentre il can. 1125 mostra i presupposti per una lecita celebrazione del matrimonio. Senza la dispensa, il matrimonio è invalido, ma senza le promesse, tale dispensa non va concessa.

Alla luce di questo, è possibile trarre le seguenti conclusioni: le coppie sono incoraggiate ad avvicinarsi al matrimonio con grande prudenza e con realismo. Per quanto riguarda la preparazione al matrimonio, la coppia ha bisogno di utilizzare questo tempo per affrontare onestamente e apertamente le difficoltà concrete inerenti a tale rapporto. Chiarezza per quanto riguarda il concetto di matrimonio, il rispetto della pratica religiosa dell'altro dopo il matrimonio e la crescita dei bambini futuri sono temi che richiedono particolare attenzione. La coppia deve essere consapevole della complessità evidente di sposare qualcuno da un diverso *background* religioso[9]. Quando emerge il problema della fede, spesso possono sorgere difficoltà non solo nella coppia, ma anche tra i membri delle fa-

---

[9] Cf. V. MURANGO, «La celebrazione del matrimonio tra una parte cattolica e una catecumena o non cristiana: problematiche canoniche pastorali e liturgiche», in P. SORCI (ed.), *La celebrazione* (cf. nt. 4), 165-188. Cf. D. ORSUTO, «The Indispensable Role of the Laity in Interreligious Dialogue», *Studia Missionalia* 49 (2000) 207-224.

miglie che a volte esercitano una pressione eccessiva sui futuri sposi.

Il matrimonio tra un cattolico e uno non battezzato non è un sacramento, ma è un evento religioso significativo[10]. In questo caso è celebrato il *terzo rito del matrimonio tra una parte cattolica e una parte catecumena o non cristiana*[11]. La seconda edizione italiana del *Rito del Matrimonio* [=*RM*] edito nel 2004 afferma che, «[q]uando contraggono Matrimonio una parte cattolica e una parte [...] non cristiana, la celebrazione avviene nella chiesa o in altro luogo adatto [...]. Questo rito deve essere osservato dal sacerdote o dal diacono, che abbia ricevuto delega dall'Ordinario del luogo o dal parroco ad assistere e benedire in nome della Chiesa» (*RM* 147).

Attraverso una breve analisi del rito, possiamo vedere alcune intuizioni che potrebbero aiutarci a sviluppare una spiritualità del matrimonio e della famiglia in questo contesto.

Prima di tutto, la presenza di un sacerdote o del diacono suggerisce già qualcosa d'importante: *il matrimonio non è un evento privato*, è un rito che è appoggiato e benedetto dalla Chiesa. La comunità cristiana ha la responsabilità di sostenere questa coppia. Come Giovanni Paolo II ha scritto nell'esortazione apostolica *Familiaris consortio*:

---

[10] J.P. BEAL – AL., *New Commentary on the Code of Canon Law*, New York 2000, 1338. Cf. UNITED STATES CATHOLIC CONFERENCE OF BISHOPS, *Marriage: Life and Love in the Divine Plan*, Washington (D.C.) 2009, http://www.usccb.org/laity/loveandlife/MarriageFINAL.pdf [Access: 7/04/2011].

[11] CEI, *Rito del Matrimonio* (cf. nt. 4). Tutte le citazioni saranno prese da questa edizione, citata come *RM* e seguita dal numero del paragrafo.

è di somma importanza che, con l'appoggio della comunità, la parte cattolica sia fortificata nella sua fede e positivamente aiutata a mature nella comprensione e nella pratica di essa, in modo da diventare vera testimone credibile in seno alla famiglia, attraverso la vita stessa e la qualità dell'amore dimostrato all'altro coniuge e ai figli[12].

Un secondo punto da notare è l'accoglienza. Gli sposi dicono l'uno all'altra: «Io N. accolgo te, come mio sposo/mia sposa. Prometto di esserti fedele sempre...» (*RM* 156). Nella seconda edizione italiana del *Rito del matrimonio*, i traduttori hanno scelto di cambiare l'interpretazione-traduzione dell'atto consensuale dal verbo *prendere*, al verbo *accogliere*[13]. Il termine sottolinea un aspetto importante della relazione interpersonale della coppia. Il modello è quello dell'ospitalità[14].

Il terzo elemento importante è una certa flessibilità del rito del matrimonio (*RM* 155-170). Anche se idealmente il matrimonio ha luogo in una chiesa, "un altro luogo adatto" è accettabile. Viene mostrata la flessibilità anche nelle preghiere scelte, nelle letture selezionate, nei gesti dei coniugi (se devono inginocchiarsi, per esempio). Inoltre, la Benedizione nuziale può essere omessa «se le circostanze lo consigliano». Comunque, anche in questo caso c'è una preghiera che, chiedendo la protezione di Dio sul «vincolo che tu stesso hai istituto», sottolinea che è volontà di Dio

---

[12] *Familiaris consortio* (cf. nt. 7), n° 78.

[13] Cf. S. MAGGIANI, «La seconda edizione» (cf. nt. 4), 19.

[14] G.P. DI NICOLA – A. DANESE, «Spiritualità e vita matrimoniale a partire del nuovo rito», in P. SORCI (ed.), *La celebrazione* (cf. nt. 4), 241.

che «L'uomo e la donna sono uniti per la vita e la crescita del genere umano». Così il rito incoraggia una certa accoglienza dell'altro, attenzione alle circostanze e la volontà di essere flessibile.

La quarta caratteristica è il posto che nel rito si dà alla fede. La preghiera introduttoria suggerita dal *Rito del Matrimonio* tra una parte Cattolica e una parte catecumena o non Cristiana enfatizza questo elemento. Per il credente «Dio è la fonte dell'amore e della fedeltà» perché «Dio è amore». In questo rito, la coppia ascolta la Parola di Dio e s'impegna alla fedeltà, nella stabilità e nell'apertura ai figli davanti a Dio e al rappresentante della Chiesa. Nel rito, i cristiani presenti sono invitati a pregare il "Padre nostro" insieme. «Coloro che credono in Cristo invochino il Padre con la preghiera della famiglia di Dio».

L'attuale celebrazione del matrimonio è un'occasione per promuovere il rispetto reciproco della fede dell'altro, evitando problemi di sincretismo. Una fede solida, il sostegno della comunità e l'accoglienza degli altri sono presenti già nel rito del matrimonio. Possono anche servire come linee guida per lo sviluppo di una spiritualità del matrimonio e della famiglia in queste situazioni interreligiose. In primo luogo, la religione di ciascuno deve essere rispettata. Il coniuge cattolico è invitato ad approfondire la sua tradizione di fede e a creare un ambiente che rispecchia le migliori virtù cristiane per i suoi figli e per il suo coniuge. Lui o lei sono incoraggiati a essere radicati nella comunità cristiana e a essere supportati da essa. In questa situazione, lui o lei sono pronti a essere flessibili quando ciò non comprometta la propria fede, per rispettare l'altro, accogliere l'altro con tutto il cuore e ricevere dall'altro\a.

4. Suggerimenti pratici

Dopo aver esaminato brevemente alcune nozioni importanti per affrontare sia il matrimonio sacramentale sia il matrimonio tra un cattolico e una persona di altra religione, ora mettiamo a fuoco l'ultima domanda: quali sono i suggerimenti pratici per lo sviluppo di una spiritualità coniugale specifica in un contesto interreligioso?

Per una spiritualità coniugale e familiare in un contesto multiculturale e interreligioso è fondamentale la volontà di vivere un autentico dialogo di vita. Che cosa significa, in pratica, è ben spiegato nel documento del Pontificio Consiglio per il Dialogo Interreligioso, *L'atteggiamento della Chiesa di fronte ai seguaci di altre religioni. Riflessioni e orientamento su dialogo e missione*:

> Il dialogo è innanzitutto uno stile di azione, un'attitudine e uno spirito che guida la condotta. Implica attenzione, rispetto e accoglienza verso l'altro, al quale si riconosce spazio per la sua identità personale, per le sue espressioni, i suoi valori [...].
> Ogni seguace di Cristo, in forza della sua vocazione umana e cristiana, è chiamato a vivere il dialogo nella sua vita quotidiana, sia si trovi in situazioni di maggioranza, sia in condizioni di minoranza. Egli deve infondere il sapore evangelico in ogni ambiente in cui vive ed opera: quello familiare, sociale, ecc.[15].

---

[15] «L'atteggiamento della Chiesa di fronte ai seguaci di altre religioni. Riflessioni e orientamento su dialogo e missione», in F. GIOIA (ed.) *Dialogo interreligioso nell'insegnamento ufficiale della Chiesa cattolica dal Concilio Vaticano II (1963-2005)*, Città del Vaticano 2006, 1450.

Le coppie e le loro famiglie possono promuovere il dialogo della vita, prima di tutto, con l'impegno di venire a conoscere e capire la religione del partner. Questo può assumere varie forme, tra cui la semplice conversazione con il proprio coniuge e la sua famiglia, la lettura della letteratura religiosa della tradizione di altri e\o accompagnare il partner in chiesa, tempio, moschea o gurdwara[16]. In secondo luogo, l'arricchimento reciproco si verifica quando entrambi i partner mostrano un genuino rispetto per la propria e l'altrui religione, evitando ogni coercizione, per esempio, come cambiare religione. In alcuni casi, la riflessione sulle feste della fede della religione dell'altro porta non solo al dialogo, ma anche ad una riflessione sulla propria spiritualità. In un documento congiunto promosso dal Pontificio Consiglio per il Dialogo Interreligioso e dell'Ufficio del Consiglio Mondiale delle Chiese per le relazioni Inter-Religiose, il seguente esempio è presentato:

> La pratica del digiuno durante il mese del Ramadan potrebbe essere uno stimolo per il partner cristiano a riesaminare il valore del digiuno. Oppure il tema della luce che supera le tenebre, importante nella festa di Diwali può portare ad una riflessione più profonda su Cristo come Luce. Allo stesso modo la conoscenza delle Scritture della religione del partner può indurre un coniuge a dare un nuovo sguardo alle sue Scritture. In tutti questi casi di solito si è scoperto che un aumento della conoscenza della religione dell'altro porterà a un approfondimento della propria fede[17].

---

[16] PONTIFICAL COUNCIL FOR INTERRELIGIOUS DIALOGUE – WORLD COUNCIL OF CHURCHES OFFICE OF INTER-RELIGIOUS, «Marriage: A Joint Study Document», *Pro Dialogo* 96/3 (1997) 334.

[17] «Marriage: A Joint Study Document» (cf. nt. 16), 334.

Certamente la situazione diviene più complessa quando nascono i figli. La parte cattolica ha promesso di «fare quanto è in suo potere perché tutti i figli siano battezzati ed educati nella Chiesa cattolica» (can. 1125, 1°). La sfida è promuovere il rispetto reciproco, evitando ogni sospetto di sincretismo che potrebbe confondere i figli.

Conclusione

Per concludere, vorrei ritornare all'immagine della tenda citata all'inizio. Una solida spiritualità coniugale e familiare inizia con la fede, data in dono e vissuta nella vita quotidiana. La fede è insieme un dono e una responsabilità. Se la fede è vissuta pienamente, la "tenda" diventa uno spazio sacro di sostentamento, di accoglienza, di rinnovamento, di trasformazione. La "tenda aperta" significa la volontà di accogliere lo straniero, chiunque egli o ella possa essere. Guardando ai nostri antenati, Abramo e Sara, una coppia che ha ricevuto ospiti nonché una benedizione sorprendente e straordinariamente generosa, ci viene in mente il monito della Lettera agli Ebrei, «non dimenticare l'ospitalità; per mezzo di questa infatti alcuni, senza saperlo, ospitarono angeli» (*Eb* 13,2).

DONNA ORSUTO

DALLA FEDE IN CRISTO CROCEFISSO ALL'ACCOGLIENZA DELL'ALTERITÀ NEL MATRIMONIO

I credenti in Cristo aderiscono per fede al Signore e tentano così come sanno, di far vivere Cristo in loro. Interrogando a riguardo S. Basilio, su cosa sia proprio del cristiano egli non esita ad affermare che ciò che caratterizza il cristiano sia la fede operante mediante l'amore[1].

Il card. Ratzinger chiama questa operazione di priorità che si deve alla fede *ablatio*[2] ispirandosi al compito dell'artista che secondo la opinione di Michelangelo è solo *ablatio* ovvero, il togliere via ciò che ricopre l'immagine per riportarla alla luce. Il card Ratzinger sottolineava così l'urgenza di una essenzializzazione della fede affinché divenga visibile il volto di Cristo e di Questi crocifisso. Esemplificativo di questa *ablatio* può essere l'esperienza di ascesi della beata Angela da Foligno che nel suo *Liber* afferma: «Capii che, se volevo andare incontro a Gesù Cristo, dovevo spogliarmi di me stessa per essere più leggera e più libera»[3]. La beata Angela da Foligno, a questo punto cominciò a spogliarsi sia materialmente sia affettivamente, cominciando una strada per abbracciare la Croce.

---

[1] BASILIO DI CESAREA, *Regole Morali*, n. 22, in *Basilio di Cesarea*, Torino 1980, 207-209.

[2] J. RATZINGER, «Una compagnia in cammino. La Chiesa e il suo ininterrotto rinnovamento», *Communio* 114 (1990) 91-105.

[3] ANGELA DA FOLIGNO, *Il Libro delle mirabili visioni e consolazioni*, Firenze 1922, 14.

La fede mi porta ad andare al suo criterio ultimo di autenticità, la croce e dalla croce alla Resurrezione. Primato della fede significherà in quest'ottica assunzione decisa della croce come vaglio del proprio operare nel mondo. In tal senso Edith Stein ci ha consegnato delle intense meditazioni sul Cristo crocefisso, povero, abbandonato dallo stesso Padre nell'istante cruciale del supplizio. Come Gesù, così dovrà fare anche il/la credente, gettandosi a capofitto nella fede che è l'unica via verso l'incomprensibile Dio[4]. La croce di Cristo, Incomprensibile e Meraviglioso Paradosso, dovrebbe rappresentare la misura, il canone del credente e della credente facendo così compagnia a Cristo "fino alla fine". L'apostolo Pietro nella sua Prima Lettera utilizza una immagine di grande immediatezza ricorrendo ad un termine scolastico *hipogrammos* (*1Pt* 2,21) che indica il modello di scrittura che lo scolaro deve copiare. Allo stesso modo Cristo è la Lezione, l'Esempio da riprodurre, il paradigma perché in una certa maniera il cristiano riscrive la vita di Gesù nella propria vita[5]. Non credo che il Signore sia stato più esplicito ed esigente: solo nella rinuncia completa, senza guardarsi indietro, senza nemmeno congedarsi, solo il gettarsi dentro, cieco e spoglio, nell'imitazione, vi è l'accesso alla sequela. Chi non riesce a decidersi in proposito, chi si scusa, anche se con gli impegni più urgenti di questo mondo – l'acquisto di una casa, di un paio di buoi, la scelta di una donna, addirittura il funerale del padre – questa persona ha perso la possibilità di compiere il salto dal mondo alla croce. Si assimila l'insegnamento del Signore che dice: «Se qualcuno

---

[4] E. STEIN, *Scientia Crucis. Studio su S. Giovanni della Croce*, Milano 1960, 141.

[5] E. BIANCHI, *Una vita differente. Esercizi spirituali*, Cinisello Balsamo (MI) 2005, 75.

vuole venire dietro di me rinneghi se stesso, prenda la sua croce e mi segua» (*Mt* 16,24). Proprio questo abbiamo promesso quando siamo stati battezzati: «Voi, infatti, siete morti e la vostra vita è ormai nascosta con Cristo in Dio» (*Col* 3,3). Gesù Cristo crocifisso costituisce l'Altro storicamente esistente in quanto interlocutore di Dio, perché Egli sulla croce esprime il sì definitivo di Dio all'uomo e alla donna e nello stesso tempo conferisce all'uomo ed alla donna la propria dignità.

In questa situazione accogliere l'altro significherà perdersi un po', per far spazio dentro di sé, come segno di un amore capace di andare alla Radice, di seguire i suoi passi sul Legno della croce comprendendo così dell'agire di Dio. La Sacra Scrittura "dal principio" indica da cosa si caratterizza l'agire di Dio: «E Dio disse: non è bene che l'uomo sia solo, voglio fargli un aiuto che gli sia simile» (*Gen* 2, 18-25).

La creazione della donna è un racconto di rara bellezza e credo anche di grande ricchezza teologica ed antropologica. Per la prima volta compare un giudizio negativo da parte di Dio. «Dio disse: non è bene che l'uomo sia solo»: si fa emergere uno stato negativo di indigenza, di bisogno, di mancanza che è nell'uomo. Questa deficienza non può essere colmata dal lavoro (*Gen* 2,15) né dal riferimento a Dio: l'uomo necessita di un partner corrispondente, adeguato[6]. L'uomo diventa uomo, si umanizza nella misura in cui conosce e vive e accoglie l'alterità, la dualità, "l'opposizione polare"[7], come la definisce Romano Guardini.

---

[6] BENEDETTO XVI, Enc. *Deus Caritas est*, 25 dicembre 2005, Città del Vaticano 2006, n. 11.

[7] R. GUARDINI, «L'opposizione polare. Saggio per una filosofia del concreto vivente», in R. GUARDINI, *Scritti filosofici*, I, Milano 1964, 135-272.

A questo punto Dio «separa per unire, separa in vista di una comunione e crea la donna dal lato dell'uomo»[8]. Il testo di Genesi ci vuol dire che *ish* e *ishshah* sono il risultato di una separazione dei lati, separazione che rende possibile il faccia a faccia, l'«incontro allo sfavillio del volto dell'altro/a», affermerebbe Levinas, dell'altra che coinvolge, che pone in questione, che rende possibile la comunione fra i due partner e l'essenziale uguaglianza dell'uomo e della donna dal punto di vista della umanità[9]. Con immagini simili alla liturgia nuziale si dice che Dio presenta, conduce la donna all'uomo così come il padre della sposa a braccetto con Lui e la porta allo sposo che solo a quel punto parla, anzi esplode in un inno di gioia: «Finalmente! Questa volta è osso delle mie ossa, carne della mia carne. La si chiamerà donna, perché dall'uomo è stata tolta» (*Gen* 2,23). L'uomo parla quando ha davanti a sé l'altro. La relazione avviene con l'altro da sé, la donna, che è alterità in una somiglianza. *Telos* del matrimonio è l'incontro dell'alterità, dall'io al tu, uomo donna nell'amore, ma su questo incontro, dell'io e del tu, c'è la benedizione di Dio il cui frutto visibile è nei figli, nell'accoglienza di altre alterità, quindi dall'io al tu, al noi. Il matrimonio si fonda sull'accoglienza dell'alterità in un'economia di amore, in nome dell'amore, sull'esempio di Dio che è Amore nella Triunità delle Tre Persone Divine[10]. Così il modello originario della famiglia deve essere cercato nel mistero di Dio, nel mistero della sua vita trinitaria, che

---

[8] E. BIANCHI, *Una vita differente* (cf. nt. 5), 192.

[9] GIOVANNI PAOLO II, Lett. Ap. *Mulieris dignitatem*, 15 agosto 1988, Città del Vaticano 1988, nn 7-8.

[10] GIOVANNI PAOLO II, *Mulieris dignitatem* (cf. nt. 9), n. 7.

è convivialità di tre Persone diverse, esistenti nell'unità della Natura Divina.

L'accoglienza dell'alterità nel matrimonio si trova oggi a misurarsi con delle sfide. La nostra vita differente segnata dalla Croce impone l'urto con il mondo e la mondanità, ma non elude il confronto con questo nostro tempo e come Cristo, seguendo i suoi passi ne dovremmo portare il carico, all'interno del proprio contesto storico: collocando Gesù Cristo al centro dell'esistenza[11].

Il matrimonio e la famiglia cristiana dovrebbero essere definiti come "luogo" che accoglie l'altro/l'altra in un dialogo di amore, all'interno del quale la fedeltà rappresenta la concretizzazione storica e la sua attuazione[12]. Poiché alla radice della fedeltà c'è l'Amore di Dio: la sua fedeltà caratterizza il Suo amore per la sua creatura: «Carissimi, amiamoci gli uni gli altri, poiché l'amore è da Dio e chi ama è generato da Dio e conosce Dio» (*1Gv* 4,7).

Il Paradosso Meraviglioso ed Incomprensibile della croce di Cristo e la Sua sequela impongono ai coniugi cristiani un pensiero sul dono, sulla *spiritualità del gratuito* all'interno della propria famiglia che in una società contrassegnata dal profitto e dal successo a tutti i costi non credo sia irrilevante. L'accoglienza dell'alterità nella gratitudine, all'interno della quale ciascun membro della famiglia è grato all'altro per il dono *gratis* di sé. Questo atteggiamento *gratis* richiama il gesto di grazie che è l'Eucaristia. Benedetto XVI nel *Sacramentum caritatis*, richiama nel binomio

---

[11] D. BONHOEFFER, *Resistenza e resa* (1943-1944), Milano 1969, 216.

[12] Sul tema della fedeltà coniugale insiste la *Familiaris consortio*, in special modo n. 19.

sacramentale Eucaristia/Matrimonio la centralità dell'Eucaristia come sacramento sponsale[13]. Vi è nel matrimonio anche la "notte oscura", fonte di amarezza e di sofferenze, fino all'esplosione di una crisi nella quale a volte un coniuge abbandona l'altro. Ma una sfida, una strada del vivere differente dei credenti in Cristo crocefisso potrebbe essere quella del perdono – non del perdonismo superficiale, ma dell'accoglienza dell'alterità nel ricorso all'umile amore[14]. Ritengo, inoltre, che accogliere l'alterità in ginocchio alla croce di Cristo significhi accettare la grande sfida di questi nostri giorni sviluppando una autentica *spiritualità dell'accoglienza* di fronte all'altro che ci scomoda, l'altro completamente diverso da me, per razza, per etnia, per colore di pelle. Oggi in Italia stiamo assistendo ad una situazione inedita per il numero crescente dei migranti e l'intensificarsi dei flussi migratori. I coniugi cristiani e la famiglia, "luogo di accoglienza", di fronte all'altro/a, credo, dovrebbero porsi una domanda elementare: «Come posso accogliere l'altro e pregare Dio che rende giustizia all'orfano ed alla vedova, ama lo straniero e gli dà pane e vestito? Come affrontare il giudice giusto che ci chiederà conto: "Ero forestiero e non mi avete ospitato?"». Nella *spiritualità dell'accoglienza* può avvenire l'incontro con Cristo. E' quello che ci attesta la pericope di *Mt* 25,35 dove Cristo si identifica con l'altro: povero, malato, straniero, che porta con sé qualche cosa della debolezza di Dio. Allora nell'atto dell'accoglienza si può rivelare qualche cosa di divino.

---

[13] BENEDETTO XVI, Es. ap. *Sacramentum caritatis*, 22 febbraio 2007, Città del Vaticano 2007, nn. 27-29.

[14] F. DOSTOEVSKIJ, *I fratelli Karamazov*, libro VI, Milano 1998, 427-428.

«Non dimenticate l'ospitalità: alcuni praticandola hanno accolto degli angeli senza saperlo; Abramo accogliendo l'altro ha accolto Dio» (*Eb* 13,2).

Infine, e termino, credo che una delle più grandi virtù quotidiane all'interno della famiglia sia l'ascolto nella tenerezza: «Amica mia fammi ascoltare la tua voce, perché la tua voce è soave» (*Ct* 2,14). Sono convinta che la tenerezza dell'uno aiuti l'altro ad uscire fuori dalla solitudine per incontrare l'alterità di tutti e di tutte le altre con cuore aperto: come Ruth la moabita che dice a Booz: «Mi hai consolata parlando al mio cuore» (*Rt* 2,13). E' il linguaggio dell'amore che accoglie e riconosce l'alterità e rinnova la vita dal di dentro. La tenerezza si attua come accoglienza per diventare capaci di essere accoglienza, rendendosi disponibili ad essere amati nel Figlio, l'eterno Amato del Padre. Sulla Croce.

EMMA CAROLEO

FEDE VISSUTA PER L'ACCOGLIENZA NELLA FAMIGLIA.
UN "CASE STUDY" INDIANO

Introduzione

La famiglia è chiesa domestica in cui si riceve la fede e si matura in essa. Quando la famiglia si allarga, quando i fratelli e sorelle si sposano, spesso la diversità di nuovi membri rappresenta una novità e una sfida.

Vorrei riflettere con voi sulla fede, maturata attraverso le sfide di diversi matrimoni nella mia famiglia. Questo processo bello, malgrado le difficoltà, ha accresciuto tra noi l'unità e ci ha aperto alla maggiore accoglienza.

Nel mio villaggio nello stato di Karnataka, sud d'India, la maggioranza è rappresentata dagli induisti, i musulmani sono una piccola minoranza. Noi, cristiani, rappresentiamo una minoranza ancora più ridotta. La lingua parlata degli induisti è kannada, dai musulmani è l'urdu e tra noi cristiani si parla il konkani. In India, la mia famiglia fa parte del gruppo religioso-culturale chiamato, 'mangalorians' o cristiani di Mangalore. Il contesto è dunque multiculturale, multireligioso e multilinguistico.

Nella mia famiglia siamo dodici fratelli. Sei maschi e sei femmine. Otto sono sposati, gli altri sono religiosi. Ho diciotto nipoti, dai quali cinque sono sposati e gli altri tre lo stanno per fare. A passo con il tempo, il mondo cambia. Lo stile e il tipo di matrimoni nella storia della mia famiglia hanno subito dei cambiamenti notevoli. I primi matrimoni sono stati più tradizionali, mentre i più recenti sono stati più diversi e complessi. Nella mia famiglia si può distinguere la generazione dei fratelli dalla generazione dei nipoti. La diversità nei matrimoni dei nipoti ha creato più problemi, e le sfide per l'unità della famiglia sono state maggiori.

1. Generazione dei fratelli

Il primo matrimonio, del terzo fratello, ha rappresentato una brutta sorpresa per i miei genitori. In India i matrimoni fra i giovani sono combinati dalle famiglie, mio fratello, invece, ha sposato una ragazza solo per amore, senza il consenso dei miei genitori. Vi è stato un breve mutuo allontanamento tra mio fratello e il resto della famiglia, superato con la nascita della prima bambina, che ha fatto sparire le ferite famigliari precedenti.

I secondi due matrimoni, di un fratello e di una sorella, sono stati i più tradizionali, combinati secondo la cultura mangaloriana. Il quarto matrimonio ha portato qualche novità in più. Di fatti, mia sorella è stata chiesta in sposa da un uomo cattolico di Goa. I cristiani di Goa parlano konkani, ma sono diversi dai mangaloriani. La questione era, se la nostra fede cattolica avesse permesso questo matrimonio. Il problema è stato risolto facilmente perche la fede era la stessa e non vi era nessun impedimento per il matrimonio. La difficoltà è stata quella di accettare una nuova cultura che diventasse parte della nostra famiglia. È stato l'inizio dell'accoglienza del "diverso" in famiglia. Il settimo matrimonio ha avuto diverse sfide da affrontare.

In fatti, mia sorella si è innamorata di un ragazzo con molte diversità rispetto alle nostre: era cristiano, ma non cattolico, apparteneva alla cultura Telugu. La sua lingua materna, telugu, non era compresa neanche dalla mia sorella innamorata. Nella mia famiglia l'accoglienza della diversità non era un'esperienza inedita, ma la sfida dell'accoglienza di una fede diversa era una realtà nuova. Mia sorella, in comunione con il mio cognato, è arrivata ad una soluzione accettabile per i miei. Mio cognato ha abbracciato la fede cattolica. Il suo arricchimento portato attraverso il dialogo di fede e di cultura è stato molto apprezzato da noi.

2. Generazione dei nipoti

I nipoti formano parte della famiglia allargata e con i loro matrimoni comincia una nuova generazione. Il secondo matrimonio fra i nipoti dava un nuovo inizio. Il mio nipote si innamorò di una ragazza hindu. Malgrado i suoi genitori fossero preparati ad accogliere una nuora hindu, la loro preferenza sarebbe stata chiaramente una nuora cattolica. La ragazza del mio nipote, con il consenso dei suoi genitori, ha deciso di abbracciare la fede cattolica ed il matrimonio è stato portato a lieto fine. Nel contesto sociologico, questi matrimoni misti sono motivi di conflitti. Alcuni induisti non sono aperti alla libertà di religione. Bisogna stare attenti ad alcuni dettagli. Prima di tutto, bisogna assicurare che la persona che cambia la religione, lo faccia in libertà totale. La mancanza di ciò è un motivo chiaro per i possibili conflitti che potrebbero subentrare nella società multireligiosa. L'atteggiamento di umiltà è indispensabile in questi rapporti.

Qualsiasi dimostrazione di orgoglio potrebbe diventare una provocazione di possibile conflitto.

Nel terzo matrimonio dei nipoti poteva accadere l'inverso di ciò che è accaduto ai genitori della moglie del mio secondo nipote. Infatti mia nipote si è innamorata di un ragazzo hindu che non ha voluto abbracciare la fede cattolica. Mia nipote è stata obbligata ad abbandonare la fede cattolica per convertirsi alla religione hindu. Malgrado i diversi tentativi di mia cognata per impedire che la figlia sposasse il ragazzo, il matrimonio è stato celebrato con il rito hindu. Per più di un anno mia nipote si è allontanata dalla famiglia. E non è stata accolta neppure dalla famiglia hindu del marito. Naturalmente nessuno nella mia famiglia voleva che mia nipote fosse messa fuori dal circolo familiare. Ma tutti noi avevamo bisogno di tempo per imparare ad accoglierla con il suo marito. Il processo è stato lungo e lento, ma gradualmente tutti l'hanno accolta così come esigeva la nostra fede. Ci sarebbe piaciuto che avesse la libertà religiosa di vivere la fede cattolica. Senza obbligare il suo marito ad accettare il cattolicesimo, il nostro desiderio sarebbe che nostra nipote torni ad essere cattolica e battezzi il suo figlio.

Nel nostro villaggio, tutti hanno seguito gli eventi della nostra famiglia. Dal punto di vista umano-sociologico, per la famiglia è stato un momento umiliante, perché abbiamo dovuto cedere al fatto che nostra nipote diventasse hindu. Questo è la croce nella fede vissuta. Con l'atteggiamento di apertura nella luce della fede siamo riusciti ad ottenere che la mia nipote sia pienamente membro della famiglia.

Il quarto caso del matrimonio di un mio nipote rappresenta un cammino non ancora compiuto verso l'accoglienza – da un'unità imperfetta verso un'unità perfetta. La ragazza del nipote in questione era praticante cattolica. Gli elementi umani sono stati le cause principali per la rottura tra la mia famiglia e il nipote con la sua moglie. Quando hanno deciso di sposarsi, erano molto giovani, mio nipote ha compiuto appena 20 anni. Mio fratello, con un minimo di esperienza, ha chiesto di pazientare un paio di anni, ma per la ragazza di mio nipote questo sembrava improponibile. Presi dalla fretta sono riusciti a litigare con il parroco, hanno trovato un pastore di una chiesa protestante che ha acconsentito di sposarli. Attualmente non vivono la fede cattolica e non formano, tristemente, parte integrante della famiglia.

Da parte del mio fratello, padre di questo quarto nipote, c'è tanta voglia di ri-accogliere il figlio nella famiglia e convalidare il suo matrimonio nella Chiesa cattolica. Ma la nuora vuole che il suocero prenda l'iniziativa e le chieda perdono. Ci sono delle condizioni puramente umane che impediscono la piena accoglienza e unione. La fede è vissuta effettivamente quando c'è comprensione, coraggio di umiliarsi e generosità di perdonare. Ma questi ideali non si raggiungono quando ci sono delle ferite ancora aperte.

Riflessioni conclusive

Questa è la storia dei matrimoni nella mia famiglia. È una bellissima storia, nonostante tante imperfezioni che ancora esistono. Noi abbiamo imparato tanto e ancora dobbiamo imparare tanto. Abbiamo imparato che la fede non si deve racchiudere in se stessa, ma aprirsi verso l'altro. Non è cambiata la nostra fede, ma la comprensione di essa, e matura ancora in un processo continuo di purificazione e di riforma.

«Fa' che siano tutti una cosa sola: come tu, Padre, sei in me e io sono in te, anch'essi siano in noi» (*Gv* 17,21). Questa è stata la preghiera di Gesù per noi nel momento del suo congedo terreno. Unità è un valore che gente di buona volontà cerca. Noi siamo immagine e somiglianza di Dio (cf. *Gen* 1,27), Dio trinitario, Dio comunione. È una comunione aperta alla diversità. Questa comunione accoglie il diverso, addirittura lo sconosciuto. La fede vissuta in Dio trinitario richiede una corrispondenza alla vita intratrinitaria. L'unità è sempre stata un valore molto apprezzato nella mia famiglia. Come abbiamo visto, la nostra fede in Dio comunione ci ha portati a costruire questa unione. L'apertura e l'accoglienza del diverso, il differente è stato un processo graduale in un contesto multi religioso-culturale-linguistico. Mediante questo processo, la nostra fede ha posto le radici più profonde nel Dio trinitario. C'è stato uno sviluppo positivo nella nostra auto comprensione della fede. Gli orizzonti della fede sono diventati sempre più ampi. Siamo arrivati a questo arricchimento di fede dopo il processo continuo di autoriflessione e conversione interiore. La conversione interiore riguarda l'umiliazione e il non arenarsi a rigidi principi di ciò che noi crediamo sia la fede. Accogliere il diverso arricchisce la fede e la qualità della vita. Allo stesso tempo, la sfida per il futuro è quella di rimanere radicati e fermi nella fede insegnata della Chiesa e ereditata dalla famiglia, e continuare ad avere il coraggio di accogliere il diverso in un mondo sempre più postmoderno.

PAUL ROLPHY PINTO, S.J.

Istituto di Psicologia

GIOVANNI CUCCI, *Il matrimonio, l'ultimo simbolo di eternità nel tempo*
THELMA D'PAULA, *Il matrimonio nella cultura indiana. Stato del Karnataka*
MARY PENAYO MONGES, *Il matrimonio nella cultura paraguaiana*
AGOSTINHO MAHOLELE, *Matrimonio e famiglia nel contesto della diocesi di Maputo nel sud del Mozambico*

IL MATRIMONIO, L'ULTIMO SIMBOLO DI ETERNITÀ NEL TEMPO*

1. Cosa significa sposarsi?

Il matrimonio non sembra godere di buona salute in Occidente, anzi qualcuno già da tempo lo ha dato per spacciato. Negli anni '70 si era profetizzata la morte del matrimonio e della famiglia, vista come simbolo dell'oppressione che penalizza la libertà dell'individuo[1].

Si tratta di un fenomeno che si estende ben al di là del periodo della contestazione legato al '68, ma che esprime un malessere più grande di cui il matrimonio e la famiglia sono probabilmente l'indicatore più significativo. Quasi un secolo fa lo scrittore Th. Mann lamentava la crisi del matrimonio nella nuova epoca, successiva alla prima guerra mondiale:

> Il matrimonio, dunque […] un problema. Divenuto problematico, ai giorni nostri, come tutto il resto. I nostri nonni, beati loro, non l'avrebbero capito. Sono brutti tempi, i nostri, in cui le cose più necessarie, gli ordinamenti più elementari sembrano divenire impossibili, impossibili dal di dentro, dall'istinto stesso dell'uomo, che di per se stesso è un essere problematico, legato alla na-

---

* Una versione più ampia del presente contributo è pubblicata in *La Civiltà Cattolica* 162/2 (2011) 425-530.

[1] Cf. D. COOPER, *La morte della famiglia. Il nucleo familiare nella società capitalistica*, Torino 1972.

tura, obbligato verso lo spirito, una creatura vessata dalla propria coscienza, costretta all'ideale e all'assurdo, con la tendenza a segare sempre il ramo sul quale è seduta[2].

D'altra parte è proprio la complessità di un'istituzione come il matrimonio (a livello storico, filosofico, psicologico, religioso, giuridico, economico, affettivo, politico e sociale), che rispecchia la complessità della sessualità umana, a mettere in guardia da facili generalizzazioni. Come osservava É. Durkheim nel 1888, «la famiglia di oggi non è né più né meno perfetta di quella di una volta: è diversa, perché le circostanze sono diverse»[3]. Come si vedrà, il calo dei matrimoni e la sua messa in discussione, dice di questa diversità di circostanze che, ben al di là del matrimonio, coinvolge non solo l'intera società, ma l'identità stessa dell'essere uomo e donna.

Ma che cosa significa sposarsi?

Sposarsi è inserirsi all'interno di una storia, di una tradizione che ci precede e ci accompagna. È scrivere la propria storia all'interno di questa Storia più grande[4]. Ogni matrimonio ha una dimensione pubblica, è un *rito* e una *festa* che coinvolge altri, i presenti ma anche gli assenti, coloro che appartengono al futuro. Matrimonio significa letteralmente *matris munus*, il dono della maternità:

> La parte più intima e segreta di noi, la sessualità e l'affettività, assumono, nel matrimonio, una veste pubblica. Una inversione così radicale richiede la mediazione del rito,

---

[2] Th. MANN, *Lettera sul matrimonio*, San Giuliano di Puglia (FG) 2007, 15-16.

[3] Cit. in A. L. ZANATTA, *Le nuove famiglie*, Bologna 1997, 7.

[4] Cf. S. VEGETTI FINZI, *Il romanzo della famiglia,* Milano 1992, VIII.

la sua capacità di esprimere e di conciliare gli opposti. Benché radicalmente mutato rispetto alla tradizione, il matrimonio conserva tratti arcaici. Gli sposi vi sono coinvolti come persone fisiche: non si sposa per fax [*mentre invece ci si può lasciare per fax o per sms*] o semplicemente inviando una richiesta in carta bollata. Con maggiore o minor sfarzo si organizza, per l'occasione, una cerimonia […]. Ed è proprio questo rinvio alla tradizione che fa di ogni matrimonio, anche quello acquistato per cinque dollari a Las Vegas, un rito di straordinaria intensità. Il matrimonio non è mai, in nessuna occasione, un atto amministrativo, una registrazione notarile, anche quando i suoi protagonisti intendono ridurlo a questi minimi termini[5].

Il matrimonio rimanda essenzialmente a una richiesta di *stabilità*, di cui gli sposi sono portatori ma che, proprio come l'amore, l'amato, non possono possedere. Tuttavia, senza questa esigenza di stabilità e di fedeltà, non è possibile accedere a questa dimensione.

Questo è vero per ogni matrimonio, esso richiede, come l'amore, l'eternità. Non ha alcun senso dire alla persona amata, «vogliamo amarci per 2 anni?». L'amore non conosce la scadenza, come i prodotti del supermercato, anche se può morire: questo dice che non è la coppia la fonte e il criterio dell'amore ma che esso si trova in altro da loro, con cui sono chiamati a rimanere in comunione. Questa ulteriorità è l'aspetto sacro del matrimonio è la sua tensione strutturale, compresenza di tempo ed eternità, è la peculiarità del matrimonio, è il suo fascino, ma anche la sua debolezza; esso è un'espericnza di eternità nel presente, una maniera di mantenere una freschezza che il trascorrere

---

[5] S. VEGETTI FINZI, *Il romanzo* (cf. nt. 4), 9/13.

del tempo non può cancellare. Con le parole del filosofo Marcel: «Dire a qualcuno "ti amo" è come dirgli "tu non morirai"».

Per Platone l'Eros è qualcosa di intermedio tra l'umano e il divino è un demone che ha il compito di attrarre l'uomo alle realtà eterne, perché ha in sé qualcosa di eterno:

> Eros è un gran dèmone: infatti, tutto ciò che è demonico sta fra mortale e immortale [...]. E stando in mezzo fra gli dèi e gli uomini, opera un completamento, in modo che il tutto sia ben collegato con se medesimo. Un dio non si mescola all'uomo, ma per opera di questo dèmone gli dèi hanno ogni relazione e ogni colloquio con gli uomini, sia quando vegliano, sia quando dormono[6].

La sessualità umana ha in se stessa questo doppio canale, di tensione tra cielo e terra, tra corpo e anima, tra tempo ed eternità, tra finito ed infinito; anche le esperienze più banalizzanti e sofferte conservano questa tensione come un segno di speranza, di poter vivere diversamente le proprie potenzialità di amare.

In questo senso il matrimonio è stato definito l'ultimo simbolo di immortalità ancora accessibile all'uomo occidentale: la promessa di un impegno definitivo per amore di un'altra persona, che si vorrebbe sempre con sé, presenta una stabilità che offre riparo alla relazione, chiedendo però il sacrificio della propria libertà, l'impegno della propria fiducia (espresso dagli anelli, chiamati con il termine significativo di *fedi*):

---

[6] PLATONE, *Simposio*, 202 E-203 A. Cf. G. REALE, *Eros dèmone mediatore. Il gioco delle maschere nel Simposio di Platone*, Milano 2005.

In nessun altro atto della società civile ci è richiesto di confrontarci con la dimensione del "per sempre", con una adesione così totale e senza residui. In questo il matrimonio risponde ad una esigenza profonda, ad una avidità quasi corporea: quella di non morire, di esistere sempre, nonostante la riconosciuta caducità della nostra esistenza. L'inconscio non conosce il tempo e non accetta di registrare la possibilità della nostra fine [...]. Il conflitto tra la pretesa di "non mai cessare di esistere" e la consapevolezza del nostro essere finiti sembra comporsi nel pronunciamento del sì, dove convergono il riconoscimento della precarietà e l'illusione della perennità [...]. In quell'attimo gli sposi vedono le due facce del tempo, quello finito e quello infinito, cogliendo simultaneamente il profilo della temporalità e lo sfondo di eternità [...]. E le parole, per l'inconscio, sono cose; nel suo territorio il desiderio acquista capacità esecutiva, si fa realtà. I due partner, che si sono incontrati per circostanze più o meno casuali, che si sono magari prescelti "per allegria", trovano, in questa esperienza condivisa, senso e consistenza. La casualità di ogni unione sentimentale afferma, nel matrimonio, la sua intrinseca necessità[7].

L'eternità, il desiderio più vero e profondo di chi ama, fa il suo ingresso nella vita dell'uomo e della donna attraverso una decisione visibile, in cui l'invisibile prende dimora. È un motivo che anche Freud aveva colto, commentando il celebre episodio della scelta dei tre scrigni:

> La scelta prende il posto della necessità, del destino. In questo modo l'uomo supera la morte, che ha riconosciuto intellettualmente. Non è concepibile un trionfo

---

[7] S. VEGETTI FINZI, *Il romanzo* (cf. nt. 4), 17-18.

più grande della realizzazione del desiderio. Viene fatta una scelta mentre nella realtà c'è l'obbedienza ad una costrizione, e ciò che si sceglie non è una figura di terrore, ma la più bella e la più desiderabile delle donne[8].

Questo elemento di *idealità*, che deborda la propria finitezza e fragilità, ma che insieme le ricomprende, è la caratteristica essenziale del matrimonio come unione d'amore, che lo differenzia da una polizza a tempo:

> Anche nei matrimoni combinati, o in quelli formalizzati per l'acquisizione di un vantaggio materiale, nel momento del "sì" è l'amore eterno che viene evocato. Si dirà che tutto questo è il nefasto residuo della cultura romantica e che gli antichi avevano del matrimonio un'idea più sobria e realistica, ma non credo. L'arte ci ha lasciato, in ogni campo, un'immagine alta e solenne delle nozze e ciascuno ha sempre inteso, in quel momento elevarsi all'altezza del suo ideale. La dimensione del matrimonio è il sublime, spetterà poi alla vita mantenere o meno quella tensione ascensionale[9].

L'incontro fra il tempo e l'eternità può essere possibile soltanto se gli sposi sono disposti a giocarsi per questo rischio e vivere in pienezza quest'esperienza, che richiede la fiducia, il dono totale di sé:

> È offensivo – scriveva Kierkegaard – e perciò brutto, voler amare con una parte dell'anima, e non con tutta l'anima; far del proprio amore un momento, e ciò nonostante prendere tutto l'amore di un altro [...]. Sarebbe un'offesa volersi legare a un'altra persona come ci si

---

[8] S. FREUD, «Il motivo della scelta dei tre scrigni», in ID., *Opere 1905-1921*, Roma 1992, 689-690.
[9] S. VEGETTI FINZI, *Il romanzo* (cf. nt. 4), 16.

lega alle cose finite e casuali, condizionatamente, perché si possa, qualora si mostrassero delle difficoltà, togliersi d'impiccio [...]. Quello che l'amore esige è come la tassa del tempio, un'imposta sacra che si paga con una moneta siffatta che tutta la ricchezza del mondo non basta a far da contrappeso se il conio è falso[10].

Questo carattere eterno, dell'ideale alto e totale, introduce il matrimonio nella dimensione del *sacro* (lett.: del separato), tra il tempo ordinario e l'eterno, dell'ideale che si rende presente solo in qualche fuggevole attimo, dopo il quale comunque non si è più gli stessi di prima. Il giorno del matrimonio è speciale e differente da tutti gli altri giorni; anche se si dipana e approfondisce nei giorni seguenti della vita, esso rimane unico. Lo dice l'abbigliamento (l'abito della sposa, che non si può indossare nei giorni seguenti), lo dice quel giorno, che coinvolge altri a fare festa, lo dice quella sua prosecuzione idilliaca che è il viaggio di nozze:

> È tale il divario tra la festività matrimoniale e la ferialità circostante che il passaggio dall'una all'altra richiede di transitare in una dimensione intermedia [...]. Persino quando la coppia giunge disincantata al matrimonio, dopo aver convissuto per molti anni o avendo alle spalle altri matrimoni e figli precedenti, scatta in ogni caso la stessa magia, la stessa commozione senza parole perché il rito è sempre uguale e sempre diverso, non dice ma allude, non significa ma rinvia ad altro[11].

---

[10] S. KIERKEGAARD, *Aut Aut*, Milano 1964, 183-184.
[11] S. VEGETTI FINZI, *Il romanzo* (cf. nt. 4), 16-17.

2. Tra eternità e morte. La crisi del matrimonio

I cambiamenti occorsi che si riflettono nella maniera di valutare il matrimonio sono molteplici e differenziati, alcuni di essi importanti e auspicabili da tempo – come la parità giuridica tra uomo e donna, un'accresciuta ricchezza e possibilità di risorse a disposizione – altri sono invece portatori di una preoccupante precarietà, come la disoccupazione, la scarsità di alloggi, l'incertezza verso il futuro, altre sono legate ai differenti comportamenti e costumi in materia sessuale e più in generale di concezioni della vita. Vi sono infine altri cambiamenti, ancora più radicali che rimangono nascosti, invisibili perché attengono il vissuto interiore, cambiamenti che rivelano una profonda crisi della genitorialità e dello stesso essere uomo e donna[12].

Collocata nell'odierno contesto di una società "liquida" (per riprendere un termine fin troppo abusato ma valido), la crisi del matrimonio dice di una più generale crisi di civiltà, crisi di senso, di appartenenza, che nella generale instabilità si manifesta anche nel matrimonio: esso può diventare a sua volta un segno sintomatico dello stato di salute di una società, perché la sua crisi manifesta problemi più generali, come la stabilità e la maturità affettiva, la capacità di dare fiducia e di affrontare le difficoltà in genere, oltre alla capacità di elaborare un progetto in grado di fornire delle risposte alla durezza della vita.

---

[12] Cf. S. Vegetti Finzi, *Il romanzo* (cf. nt. 4), 7. Sulla crisi di identità di genere, cf. S. Ciccone, *Essere maschi. Tra potere e libertà*, Torino 2009. Sul rapporto fra trasformazioni sociali e matrimonio cf. E. Watters, *Urban Tribes. La generazione che sta ripensando amicizia, famiglia e matrimonio*, Milano 2004.

La crisi del matrimonio esprime questa crisi più grande dell'idealità e dell'identità: la si nota nell'appiattimento generazionale, che vede adolescenti, giovani, adulti, anziani, genitori e figli spesso alle prese con i medesimi problemi affettivi. È una crisi che manifesta la grande paura del futuro a motivo della precarietà che attraversa in maniera sempre più rilevante le giovani generazioni [*La generazione mille euro*, come recita un recente film italiano], che con sempre maggiore difficoltà trovano qualcosa di bello e di grande per cui valga la pena spendersi, anche per mancanza di modelli credibili.

Alcuni sintomi allarmanti di questa instabilità ci vengono presentati dalla parte più debole del matrimonio, che è anche quella più sensibile: i figli. Desta preoccupazione per esempio il continuo aumento nei bambini e negli adolescenti dei *disturbi dell'alimentazione e del linguaggio*, due aree in cui la dimensione affettiva e relazionale è fondamentale. Due disturbi che dicono di un disagio a livello somatico, un disagio che non sembra ancora essere stato colto nella sua gravità a livello di cura e trattamento psicologico, ma che evidenziano un notevole senso di precarietà, «un senso di impotenza di fronte ai problemi della vita» come si esprime Hilde Bruch parlando dell'anoressia[13].

Un altro sintomo di questo disagio, che la crisi del matrimonio esprime, è la *bassissima natalità* del nostro paese, che ha uno degli indici più bassi al mondo: «Se come diceva Auguste Comte, la demografia è il destino, allora dobbiamo chiederci quanto il drastico invecchiamento della società italiana sarà compatibile

---

[13] H. BRUCH, *La gabbia d'oro. L'enigma dell'anoressia mentale*, Milano 2003, 14.

con la sua sostenibilità»[14]. Secondo i dati ISTAT, nei prossimi 40 anni le persone in età pensionabile cresceranno del 75%, mentre solo il 14% degli italiani ha un'età inferiore ai 14 anni. Questo dice dell'incapacità del nostro paese di generare fisicamente una classe in grado di assumere le redini della società.

Il calo di natalità porta con sé altre conseguenze psicologiche rilevanti. Nelle famiglie italiane, il figlio, quando c'è, è unico. Ma il figlio unico è per lo più solo:

> Il figlio unico raccoglie su di sé tutte le ansie, le preoccupazioni, le aspirazioni e le frustrazioni dei genitori che non le possono distribuire equamente su più figli. Appena nato, si dà al figlio unico un carico di attese molto pesante a cui il figlio, appena cresce, cercherà di sottrarsi, perché avvertirà queste attese come cose non sue. Ma soprattutto, crescendo [...] conoscerà solo il tratto "verticale" genitori figlio, e non quello "orizzontale" tra fratelli. Per quanti amici si potrà fare nella vita, questi non riusciranno mai a compensare il buco della "socializzazione primaria" che avviene tra fratelli, mangiando insieme, dormendo nella stessa stanza, mescolando intimità che non si possono condividere con gli amici. Tutto ciò crea le premesse per una socializzazione difficile, e una difficoltà, da adulti, a manifestare un'intimità di cui non si sono acquisiti i primi rudimenti. La responsabilità di cui inconsciamente sono investiti da parte dei genitori rende questo figlio ansioso se, pur volendolo, non riuscirà a corrispondervi, oppure depresso se già da subito intuisce di non poter corrispondere. Forse per questo la depressione investe ormai in

---

[14] V. FILIPPI, «Dove va la famiglia italiana? Alla ricerca di un senso di marcia», *Aggiornamenti Sociali* 54 (2003) 187-198, qui 197.

Italia un bambino su cinque e, guarda caso quel bambino è quasi sempre figlio unico[15].

Ma è soprattutto a motivo di un'incresciosa esperienza vissuta in famiglia che molti figli, una volta adulti, non intendono ripetere la storia dei propri genitori, scegliendo forme meno traumatiche di vita insieme. Anche questa diventa una tradizione, che volenti o nolenti, i genitori trasmettono ai propri figli: è quella che è stata chiamata «la trasmissione ereditaria dell'instabilità coniugale»[16], in quanto, statisticamente parlando, figli di divorziati tendono con più facilità e frequenza a divorziare a loro volta.

La fiducia di fondo acquisita nell'ambito familiare è fondamentale, perché abilita alla capacità di vivere relazioni stabili, ad affrontare difficoltà e frustrazioni, e risulta decisiva anche in ordine allo sviluppo morale e religioso, alla relazione con un Dio che, nella tradizione biblica, si presenta come un Padre che ama i suoi figli di affetto materno.

La crisi del matrimonio viene pagata non dalla famiglia soltanto, ma dall'intera società. Il volontariato stesso nasce per lo più come tentativo di risposta alla crisi della famiglia, che diventa crisi sociale. È stato calcolato che l'80 o il 90% delle associazioni di volontariato non avrebbe più ragione di esistere qualora la famiglia fosse in buona salute, perché i problemi di cui esse si occupano sorgono dalla sua crisi:

> A ben guardare, tutti i discorsi sull'assistenza [...] sono tutti, alla lettera, una vasta riscoperta oggettiva

---

[15] U. GALIMBERTI, «L'educazione imperfetta», *la Repubblica* 19 aprile 2001, 1.
[16] V. FILIPPI, «Dove va la famiglia italiana?» (cf. nt. 14), 191.

della famiglia con l'intesa di non nominarla. Si fanno censimenti di tutti i gruppuscoli spontanei di assistenza, e non si fa il censimento delle famiglie disintegrate. Si progettano a livello nazionale movimenti per il volontariato democratico, unioni per la lotta contro l'emarginazione sociale [...], senza mai nominare una volta la famiglia. Mentre è chiaro che tutto questo assistenzialismo sta *a valle*, ancora una volta, della crisi della famiglia. Necessità di servizi di base, certamente: ma per aiutare, sostentare, rafforzare, non per sostituire quella nuova *e* antica famiglia che è la chiave umana del problema[17].

3. L'unicità del legame matrimoniale

Con il matrimonio l'umanità ha elaborato nel corso del tempo, dei luoghi e delle culture più diverse una forma di legame stabile che nulla può eguagliare:

> La domanda radicale alla quale occorre rispondere, in vista di una rifondazione dell'istituzione del matrimonio, è se esso sia semplicemente un "prodotto" della storia e delle culture, una delle tante forme che i rapporti fra gli uomini hanno conosciuto nel corso del tempo, oppure un dato permanente e un'acquisizione irrinun-

---

[17] L. LOMBARDI VALLAURI, *Corso di filosofia del diritto*, Padova 1981, 363-364; cf. *Servizi sociali: autonomie locali e volontariato. Un'ipotesi di lavoro*, Torino 1978, 37. Sul legame tra integrazione sociale e stabilità familiare cf. F. CORTEZ, *Enfant, famille et société urbaine. Génèse et mecanisme de l'inadaptation*, Paris 1963; J. DELAIS, *Le dossier des enfants du divorce*, Paris 1967; P. BERTOLINI, «Comportamento deviante, disadattamento, delinquenza e criminalità minorile», in *Questioni di Sociologia*, II, Brescia 1966, 615-655.

ciabile, un valore che "sfida il tempo", per riprendere una felice espressione di Thomas Mann[18].

Il fatto che sia difficile trovare alternative a questo tipo di unione dal punto di vista terminologico, dice che esso non può considerarsi una mera tradizione e consuetudine storica, d'altronde attestata nelle culture di tutti i tempi.

Le stesse convivenze, pur in aumento, non costituiscono una possibile alternativa, perché mostrano una fragilità ancora più grande: questo tipo di unione registra infatti una percentuale di scioglimento del legame dieci volte superiore a quella del matrimonio[19]. È un'unione dove si è smarrita la dimensione dell'eterno propria dell'amore, per farne un contratto a tempo:

> La convivenza prematrimoniale non è una garanzia di lunga durata dell'unione, anzi essa sembra favorirne lo scioglimento [...] perché considera l'avvenire coniugale a breve scadenza. Questo spiega perché le convivenze si spezzino più frequentemente dei matrimoni, sia perché questi ultimi, quando sono preceduti da un'unione libera, si dimostrino più fragili degli altri[20].

---

[18] G. CAMPANINI, «Dall'amore all'istituzione. Il significato del matrimonio», in D. BONIFAZI – G. TORTORELLA (ed.), *Matrimonio e famiglia: quale futuro? Aspetti antropologici*, Milano 2001, 5-25, qui 14. Cf. V. SOLOVIEV, *Il significato dell'amore e altri scritti*, Milano 1983, 102.

[19] Cf. M. FRANCESCONI, «Divorzio e convivenza in Gran Bretagna. Quale futuro per la famiglia?», *Aggiornamenti Sociali* 51 (2000) 417-430.

[20] A.L. ZANATTA, *Le nuove famiglie* (cf. nt. 3), 39.

In questi casi infatti la motivazione primaria è per lo più negativa: al posto dell'ideale smarrito, vi è il tentativo di ridurre i rischi e i possibili danni, insieme alla paura di fallire.

In questo senso le convivenze appaiono essere uno specchio del nostro tempo; esse sono, come è stato osservato, «le figlie dell'ansia, della paura condivisa da uomini e donne che anche il proprio matrimonio finisca a pezzi come quello dei genitori o degli amici»[21]. Questa paura finisce per diventare una profezia che si autoavvera; è noto dal punto di vista psicologico quanto la paura che un evento si realizzi contribuisca paradossalmente al suo realizzarsi[22].

Una volta rifiutato il matrimonio come valore, diventa molto difficile trovare qualcosa capace di sostituirlo. È significativo che in Francia la battaglia per i patti sociali, anche se approvata in sede giuridica da più di 10 anni, è ben presto decaduta, al punto che viene scelta attualmente da pochissime coppie: «Nella sostanza tale patto non è un'alternativa al matrimonio, ma un matrimonio *depotenziato* (e in questo senso lo si è argutamente definito un *piccolo matrimonio*)»[23].

Non si dà dunque un'unione stabile e affettiva che possa dirsi alternativa al matrimonio: anche dal punto di vista linguistico è difficile trovare parole differenti per questo tipo di legame. La stessa negazione lo pre-

---

[21] M. BARBAGLI, *Provando e riprovando. Matrimonio, famiglia e divorzio in Italia e in altri Paesi occidentali*, Bologna 1990, 33.

[22] Cf. R. MERTON, «La profezia che si autoadempie», in ID., *Teoria e struttura sociale. II. Studi sulla struttura sociale e culturale*, Bologna 2000.

[23] F. D'AGOSTINO, *La famiglia, un bene insostituibile*, Siena 2008, 47.

suppone: in fondo anche il verbo divorziare si coniuga... Questa difficoltà grammaticale è tutt'altro che trascurabile, se pensiamo all'importanza che la parola e la lingua hanno in ordine alla rilevazione del valore e del senso delle azioni umane.

L'alternativa al matrimonio può esprimersi solamente in negativo, mostrando di appoggiarsi a ciò che nega, una negatività che si esplicita nella complicazione linguistica di dare un'identità all'altro/a (per esempio quando lo si presenta ad altre persone) e quindi di fornire un'identità alla propria relazione:

> Non si può dire "mio marito" o "mia moglie" perché non si è sposati; "il mio convivente" [*o l'altra componente del patto sociale*] sembra estratto dai verbali della questura; [*"la fidanzata", "il fidanzato" suona un po' grottesco a 50, 60 o 70 anni*] "la mia compagna" ha un sapore sessantottino ormai superato; "la mia amica o il mio amico" una sfumatura ambigua [...] Credo che questa impossibilità linguistica abbia spinto, a lungo andare, molti più libertini al matrimonio di quanto non abbiano mai fatto la disapprovazione sociale o gli anatemi religiosi[24].

Questo carattere essenzialmente pubblico, di visibilità del matrimonio, è insieme la sua forza e la sua debolezza. Per questo sarebbe semplicistico ricondurre la sua ragion d'essere alla dimensione meramente giuridica, o affettiva; si richiede piuttosto di esplicitare un'adeguata *antropologia*, perché il matrimonio non è un dato di fatto che si è succeduto nel tempo, ma un'esigenza strutturale dell'essere umano: «Riconoscendo la famiglia come comunità

---

[24] S. VEGETTI FINZI, *Il romanzo* (cf. nt. 4), 22.

di amore e di solidarietà si ottiene [...] anche il riconoscimento di un'immagine dell'uomo, che è la sola su cui fondare la speranza di una società e di un futuro non disumani»[25].

Ciò che è davvero in gioco, dietro la crisi evidenziata dal matrimonio, è il progetto di una civiltà che voglia durare nel tempo e che richiede un centro comune condiviso, capace di dare risposte alla vita e alla morte; in secondo luogo necessita di educatori che sappiano trasmettere questo progetto con la loro vita. Considerando le cose sotto questo punto di vista, si notano subito le famiglie caratterizzate dal dono di sé, dalla tenerezza e dalla comprensione, famiglie in cui viene comunicata la bellezza del vivere, come un punto di riferimento sicuro nelle difficoltà. Perché la psicologia e la sociologia della famiglia, e più in generale il mondo dell'informazione, sono così poco interessati a conoscere gli elementi fondamentali che stanno alla base dei matrimoni riusciti? Rispondere a questa domanda significa offrire un messaggio concreto di speranza alle generazioni future:

> Sono fortunati quei fidanzati cresciuti in famiglie che hanno consentito loro di respirare direttamente l'amore tra i genitori e incamerare una riserva di umanità. Essi tenderanno a riprodurre da sposati un clima di coeducazione con i figli, secondo un modello circolare di rapporti, in cui ciascuno dà e riceve, educa ed è educato[26].

---

[25] F. D'AGOSTINO, *La famiglia* (cf. nt. 23), 28.29.
[26] G.P. DI NICOLA – A. DANESE, *Le ragioni del matrimonio. Aspetti di sociologia della famiglia*, Cantalupa (TO) 2006, 159.

È un modello in cui si è vinta la solitudine, una solitudine tristemente in aumento nella odierna crisi di appartenenza, confermando la verità dell'osservazione di Tolstoj: «Tutte le famiglie felici sono simili le une alle altre; ogni famiglia infelice è infelice a modo suo»[27].

GIOVANNI CUCCI, S.J.

---

[27] L. TOLSTOJ, *Anna Karenina*, Firenze 1961, 17.

IL MATRIMONIO NELLA CULTURA INDIANA. STATO DEL KARNATAKA

La società indiana è molto antica, il suo patrimonio culturale raggiunge 5000 anni. L'India è una terra che raccoglie persone molto dissimili dal punto di vista etnico, culturale, linguistico e religioso. Ha 28 stati divisi in regioni ed ogni regione ha le sue caratteristiche, le sue tradizioni e le sue lingue. La religione di maggioranza è l'Induismo (83%). Fondamentalmente ci sono due sistemi familiari: in molte regioni domina il patriarcato e in altre il matriarcato.

Vorrei presentarvi il significato del matrimonio e della famiglia nel mio stato chiamato Karnataka che si trova nel sud-ovest dell'India. Bangalore è la città capitale ed è in prima linea nel processo di sviluppo economico e tecnologico che l'India si propone di raggiungere. Il Karnataka è uno stato estremamente diverso linguisticamente e religiosamente. L'83% della popolazione è induista, cioè la maggioranza, l'11% è musulmana, solo il 4% della popolazione è cristiana. Il Buddismo e il Jainismo sono le religioni di assoluta minoranza (meno dell'1%). Esiste una varietà di culti, sette, credenze e rituali. Si parlano più di 10 lingue ed ogni regione ha la propria cultura.

Tradizionalmente la maggior parte delle famiglie sono famiglie allargate, in cui ogni membro ha il suo proprio ruolo, spesso influenzato dall'età e dal genere. I vantaggi di questa famiglia allargata sono che i bambini possono imparare molto dall'esperienza vissuta dai loro nonni e dagli altri anziani della famiglia e così maturano con sicurezza e stabilità. Attualmente in Karnataka, il numero di famiglie nucleari è in aumento. Le giovani generazioni sono attratte dalla cultura occidentale come stile e modo di vivere. Nella famiglia di oggi i bambini godono molta libertà e crescono in modo autosufficiente e indipendente, ma non possiamo negare che diventano anche più egoisti.

Nella nostra società il matrimonio è visto come un contratto sociale e religioso. In tutte le religioni si fanno le promesse matrimoniali alla presenza di Dio, usando ciascuno i propri rituali e le proprie pratiche che esprimono lealtà, amore e impegno di mantenere la fedeltà fino alla fine della vita. Il matrimonio non è percepito come un rapporto tra due persone ma come un rapporto tra due famiglie. Il matrimonio non si celebra in un solo giorno, ma continua almeno per 8 giorni. Tradizionalmente è un fatto accettato che le famiglie avessero un ruolo importante nello scegliere il partner (la coppia) per il matrimonio. Il matrimonio è visto come un atto di amore, la scelta è pensata e progettata con tanta attenzione poiché il matrimonio è una delle decisioni più importanti e il divorzio non è accettato dalla maggioranza delle famiglie. Molte persone preferiscono i matrimoni combinati, dando così ai loro figli il tempo per godere la propria gioventù senza preoccupazioni e responsabilità. Ciò che rende questa scelta più facile e accettabile è la fiducia grande che i figli hanno nei propri genitori, considerati persone sagge. Uno dei fatti più importanti è che ciascun genitore cerca un partner all'interno della propria religione o comunità perché ognuno di loro desidera vedere i propri figli felicemente sposati secondo i propri usi e costumi. In certe zone meno sviluppate, in alcuni casi, troviamo l'usanza del matrimonio prima della maggiore età (18 anni per le donne e 21 per gli uomini), ma il governo non incoraggia questa pratica.

Il matrimonio è necessario per ogni indù, in modo che i figli possano ripagare i debiti dei genitori. Esiste il sistema di caste e quello di dote fra gli indù. Quando la sposa entra nella famiglia dello sposo, deve portare molte cose da casa propria. A volte i genitori della sposa devono vendere tutto per assecondare le richieste dello sposo e della sua famiglia. A causa di questo molte donne sono trattate male, dopo il matrimonio scelgono il suicidio, preferiscono non sposarsi. La nascita di una femmina non è molto accettata, quindi si registrano molti aborti in tante famiglie.

I musulmani considerano il matrimonio come un dovere sacro. Diritto fondamentale delle donne musulmane è prendere *mahar* (la dote) da suo marito, ad esempio soldi o proprietà. La dote serve ad assicurare una certa sicurezza alla donna in caso di divorzio o di decesso del marito.

Per i cristiani il matrimonio è sacro ed è un vincolo religioso. L'usanza di ricevere la dote non è praticata dai cristiani, ma può essere consegnata una libera offerta alla figlia. Ci sono dei matrimoni misti nella società cristiana. La Chiesa permette tali matrimoni secondo le condizioni stabilite dal Diritto Canonico. Ci sono pochi esempi di relazioni prematrimoniali.

In ogni religione il sistema e le pratiche di matrimonio subiscono dei cambiamenti. Un primo cambiamento è che oggi sono possibili i matrimoni in seguito ad un innamoramento in cui i partner si scelgono liberamente. In questa nuova situazione, la donna ha pari diritti, entrambi condividono la responsabilità della coppia, tutto viene progettato assieme, sono più aperti alla discussione. Oggi anche le figlie possiedono il diritto di eredità, come i figli.

Un secondo cambiamento è che i matrimoni interreligiosi sono maggiormente accettati dalle giovani generazioni. Le nuove coppie hanno perso il legame con i matrimoni tradizionali; i rituali e le cerimonie sono ridotte. La santità e la sacralità sono sostituite dal contratto civile. I ragazzi preferiscono scegliere il partner da soli, invece i genitori forzano per scegliere un partner della propria religione o comunità. I matrimoni misti creano sempre una notevole difficoltà, perché ciascuno difenderà le proprie tradizioni. A questi cambiamenti si aggiunge l'influenza sui giovani dei *mass media* e del fenomeno della globalizzazione, che introduce usi e costumi della cultura occidentale. Tutti questi fattori allentano il vincolo di amore che è esistito in passato nella famiglia.

Vorrei concludere, valutando il rapporto tra i sentimenti e l'impegno delle promesse matrimoniali. Un tempo, molti indiani sposavano una persona che non conoscevano prima. Si può dire che un matrimonio combinato non era basato sui sentimenti, ma sull'impegno delle promesse. Una donna indiana ha descritto questa esperienza nel seguente modo: «Qui ci sposiamo senza avere sentimenti per la persona. Basiamo il nostro matrimonio sull'impegno rappresentato dalle promesse matrimoniali, non sui sentimenti. Man mano che il nostro matrimonio va avanti, si sviluppano anche i sentimenti. Altrove, dove il matrimonio si basa sui sentimenti, cosa succede quando questi diminuiscono? Non ti resta niente per tenere il matrimonio unito se ti sposi seguendo i sentimenti, se poi i sentimenti se ne vanno via».

Questa testimonianza ci pone davanti alla domanda: è meglio seguire la tradizione secondo cui i matrimoni sono combinati dalle famiglie, oppure è meglio lasciare i giovani liberi di scegliere il compagno o la compagna della propria vita?

Thelma D' Paula, SCCG

IL MATRIMONIO
NELLA CULTURA PARAGUAIANA

Ogni paese dell'America Latina presenta molteplici differenze culturali e sociali a seconda che si tratti di realtà urbane, rurali, giovanili... In alcune nazioni domina la radice indigena, mentre in altre è molto forte quella europea, sopratutto spagnola.

Il Paraguay fa parte di questa realtà. È uno Stato dell'America del Sud; confina a nord con la Bolivia, ad est con il Brasile, a sud e ad ovest con l'Argentina. La sua cultura è arricchita dalla fusione di altre due culture: quella europea (spagnola) e quella guaranì (del sud). L'attuale situazione ha origine nelle unioni tra uomini spagnoli e donne indigene guaranì: da queste nasce la razza chiamata *mestiza*, che costituisce il 95% della popolazione. In quanto alla fede il 97% della popolazione è cristiana.

Nella cultura guaranì, l'unione del matrimonio tra uomo e donna è una componente fondamentale per la formazione della famiglia (Art. 52, Costituzione Nazionale); esso racchiude in sé un valore molto importante per la formazione del focolare domestico e contribuisce alla stabilità della convivenza sociale. Il matrimonio è basato sulla reciproca libera scelta dell'uomo e della donna e può essere religioso e civile, o solo civile. Esiste anche la semplice unione concordata. Sebbene in Paraguay la società sia cattolica e conservatrice, a lungo è stata caratterizzata da questo tipo d'unione concordata, basata sul reciproco consenso, ma instabile e con un elevato tasso di illegittimità.

Il divorzio legale è raro, e le relazioni extraconiugali maschili sono poco criticate fino a quando non pregiudicano la sicurezza della famiglia; le relazioni extraconiugali femminili, invece, incidono sulla famiglia: le donne devono essere fedeli se si trovano in un'unione stabile.

La figura della donna all'interno del matrimonio è una figura pacificatrice – figura che risale già al tempo della colonizzazione, alle donne che si sono unite con i colonizzatori.

La figura della donna pacificatrice è presente anche nelle realtà in cui donne sono capofamiglia, le realtà sempre più frequenti in questa società. L'istituzione famigliare originariamente era di tipo matriarcale, ma dopo la guerra della triplice alleanza (Argentina, Brasile e Uruguay), vista la diminuzione della popolazione maschile, lo Stato ha ammesso la poligamia al fine di moltiplicare la popolazione. Di conseguenza il ruolo femminile è stato schiacciato dalla predominanza maschile: si è visto l'aumento del maschilismo e la svalutazione e sottomissione della donna all'uomo.

La modalità più importante e più valorizzata della celebrazione del matrimonio, sia in senso puramente sociale sia in senso religioso, è quella delle due forme: rito civile e rito religioso, dal quale dipende il prestigio della famiglia a livello socio-culturale: «Nessuna famiglia permetterebbe ai propri figli di sposarsi solo civilmente, o di rimanere in un'unione consensuale», perché così la coppia e i familiari stessi, rimarrebbero ad un livello sociale poco accettabile. Il matrimonio religioso ha in sé valori significativi per la cultura paraguaiana: la fedeltà al proprio credo, l'esempio di rispetto e di fiducia per la società che rendono la coppia degna di responsabilità e di considerazione. Tutto ciò è importante anche per l'educazione dei figli, fondata sui valori. Il matrimonio religioso è celebrato con due testimoni che devono essere sposati a loro volta ed essere persone rispettabili, esempio ai nuovi sposi. In caso di difficoltà hanno il dovere di correggere e accompagnare i coniugi.

Nella dinamica di una famiglia normale, l'uomo ha autorità formale all'interno di essa ed è trattato con rispetto da parte dei figli e della moglie. Sebbene i due genitori siano responsabili per l'educazione dei figli, la donna in pratica è la prima ad essere implicata nella loro cura e formazione, mantenendo allo stesso tempo i legami con gli altri membri della famiglia.

Anche se non siamo a conoscenza degli studi sul tema, possiamo affermare che il modello di famiglia a cui aspira l'attuale società paraguaiana è il nucleo familiare nella sua completezza. Accanto a questo modello dominante lentamente cresce il fenomeno dei nuclei familiari incompleti (solo madre e figli): la donna è capofamiglia, grazie anche alla sua maggiore capacità di indipendenza economica, da una parte, e di maggiore conoscenza dei suoi diritti, dall'altra. Spesso, poi, le donne capofamiglia dei nuclei incompleti formano la famiglia allargata con altri membri della famiglia di provenienza (nonni, zii, ecc.). Così possono contare su risorse maggiori per mantenere la loro autonomia ed avere maggiori protezione e garanzia di sopravvivenza. Il nucleo familiare completo, tuttavia, rappresenta quasi la metà della popolazione (45,8% nel 2002).

Legalmente il matrimonio è considerato ancora la base della famiglia e della società, ma a causa del cambiamento sociale non si è mantenuto il valore della fedeltà nel matrimonio. Questo è dovuto da una parte alla paternità poco responsabile, e dall'altra alla crescente emigrazione da parte di uno dei coniugi verso l'America del Nord prima, e ultimamente verso la Spagna. Quest'ultimo aspetto tocca direttamente la stabilità della famiglia, perché chi lascia l'ambiente familiare in cerca di un futuro migliore sono sopratutto le donne; il fatto talvolta porta alla separazione perché sentendosi più libera e autonoma, la donna cerca l'indipendenza e non più la sottomissione. Così all'interno dell'istituzione familiare si è generato un grande problema: la figura pacificatrice della donna del tempo della colonizzazione, divenuta poi sottomessa al marito nel dopo guerra, ora è cambiata in una figura di "donna libera". Questo implica anche una nuova concezione del matrimonio stesso.

Alla luce di questa realtà ci chiediamo: come possiamo proporre alle nuove generazioni "il matrimonio" come un valore da scegliere e nel quale compromettersi contrastando la sfiducia crescente nella possibilità di una fedeltà duratura?

MARY PENAYO MONGES

MATRIMONIO E FAMIGLIA
NEL CONTESTO DELLA DIOCESI
DI MAPUTO NEL SUD DEL MOZAMBICO

Introduzione

Il Mozambico è un paese dell'Africa australe, sull'oceano Indiano. È lungo tre mila chilometri. Una popolazione di circa 21 milioni d'abitanti. È un mosaico culturale e religioso di circa 50 etnie, quindi 50 culture diverse, in cui la religione tradizionale continua ad animare la vita spirituale di circa il 23,1 % della popolazione; la restante percentuale è condivisa tra il cristianesimo e l'islam. A loro volta, i cristiani sono così suddivisi: il cattolicesimo con circa 23,8%, le chiese della riforma con circa 16,2%, le comunità pentecostali con circa 17,5%. In fine l'islam con circa 17,8%[1].

A causa delle condizioni socio-politiche degli ultimi 50 anni circa, lotta di liberazione e indipendenza nazionale, si è generato un movimento a scala nazionale di mescolare tutti, per consolidare l'unità nazionale, colla conseguenza logica che sorgano i matrimoni al di là dei propri abitudini culturali, religiosi ed etnici. Fon-

---

[1] Cf. INSTITUTO NACIONAL DE ESTATÍSTICA, «Grafico: Distribuição Percentual da População por Religião, Moçambique 1997» [accesso: 23.05.2011], http://www.ine.gom.mz/Ingles/imagens/ditribui/view?searchterm=religião. Cf. anche P. DENGUA, «As Religiões em Moçambique, 21 Abril 2009» [accesso: 23.05.2011], http://pdengua.blogspot.com/.

damentalmente, ce ne sono due sistemi di discendenza: matriarcale al nord e patriarcale al centro e sud.

Questa presentazione non ha intenzione d'essere esaustiva, visto che l'intervento è solo d'indole illustrativa del tema presentato. Per cui esso non viene approfondito ulteriormente.

1. Dinamiche e focolai di conflitti

Come si potrebbe immaginare le relazioni all'interno d'un matrimonio in cui gli sposi sono impregnati di valori fondamentali diversi di cultura, matriarcale o patriarcale? In cui una persona profondamente radicata in una precisa visione dei valori e della vita si sposa con una che nutre un'ideale totalmente opposta?

Provate ad immaginare una coppia di giovani innamorati, convinti, che si preparano al matrimonio di mista religione: una cattolica con un giovane islamico. Lui è convinto che i figli di un padre islamico sono automaticamente islamici e che la donna deve convertirsi, anche per ridurre il rischio che il marito si prenda un'altra moglie che osserva la legge islamica? Al livello religioso, quindi, tale coppia non condivide gli stessi ideali.

Anche nella religione tradizionale africana la poligamia è un valore apprezzato e incoraggiato perché favorisce la nascita di più membri della famiglia, specie nella società patriarcale. Per costoro l'atto religioso cattolico è un atto parallelo e un uomo non si risposa soltanto per accontentare la moglie che, tuttavia, non può impedire al suo marito di avere altre donne.

Pensiamo ai matrimoni con le persone delle comunità pentecostali che spesso si considerano gli unici eredi dei valori evangelici, in quanto i cattolici sono «idolatri delle immagini che riempiono le loro chiese».

Per loro la condizione per contrarre il matrimonio è la conversione della parte cattolica e l'ingresso alla comunità pentecostale. Con le chiese della riforma, invece, spesso non si riscontrano grandi difficoltà. Abitualmente, la sposa lascia la sua chiesa per andare a quella dello sposo, senza drammaticità. Entra in gioco il privilegio del maschio che è il capo, porta la moglie a casa che, simbolicamente, è anche la sua chiesa.

2. Concetto di matrimonio nella società tradizionale

Per la società tradizionale, che tuttora influenza e spesso determina le dinamiche del matrimonio odierno, l'essenza del matrimonio si realizza nel rito della consegna del "lobolo" (dote)[2]. Il "lobolo", anche se non richiede nessun documento scritto, vincola non soltanto gli sposi, ma anche le famiglie – e per famiglia si intenda anche i defunti – attraverso l'atto religioso che precede e conclude la consegna della dote stessa. Per cui, fino ai giorni del villaggio globale, la grande maggioranza dei giovani non può ancora autodeterminarsi. Immaginate dunque, quale ruolo svolge il matrimonio cristiano cattolico, in una famiglia dove vi sono credenti della religione tradizionale, protestanti ed islamici – situazioni non rare. Da sottolineare, ancora una volta, che il "lobolo" unisce le famiglie e non solo le singole persone[3]. Per questo motivo sarebbe a rischio già un'unione

---

[2] Cf. «Lobolo, o casamento tradicional, 20.07.2007» [accesso: 23.05.2011], http://khanimambo-africa2007.blogspot.com/search?q=lobolo. Vedi anche F. MIGUEL, «Lobolo» [accesso: 23.05.2011], www.meuartigo.brasilescola.com/curiosidades/lobolo.htm

[3] Il fidanzato non si presenta mai in persona nella famiglia della fidanzata. Per esprimere il suo desiderio manderà un degno

senza l'accordo dei rispettivi familiari. D'altronde, questo serve anche ai cattolici praticanti. I divorzi o separazioni litigiose avvengono più spesso se la sposa non è integrata nella famiglia del marito, quindi non è stata assunta come un membro. Basta poco per isolarla e così finire l'unione.

La Costituzione del paese riconosce tre tipi di 'unione': civile, religiosa o tradizionale[4]. L'ultima è quella che non viene trascurata da nessuno. Prima o poi, deve essere celebrata per il suo carattere culturale e unificatore delle famiglie. Se, per esempio, una moglie muore prima di essere consegnata la dote, il marito non ha diritto di seppellirla, perché non è riconosciuto nella famiglia della moglie come genero. Quindi, bisogna prima consegnare la dote!

3. Conflitto dei valori cristiani e quelli tradizionali

L'unicità e l'indissolubilità sono due caratteristiche irrinunciabili del matrimonio cattolico (can. 1056). Per l'africano bantu, "assetato di fecondità"[5], l'unicità non è scontata, e viene certamente meno nel momento in cui non è assicurato un futuro materiale e spirituale basato sui figli. Cioè, se una sola donna, per diversi motivi, non è in grado di dare prole soddisfacente non solo al marito, ma anche a tutta la famiglia, la poliga-

---

rappresentante della famiglia: fratelli maggiori, zii, o altri considerati idonei. Così, nel titolo del lobolo, delegazione di una famiglia viene accolta dalla delegazione dell'altra. La fidanzata, invece, è presente e dà il suo consenso.

[4] Cf. «Casamentos» [accesso: 23.05.2011], www.portaldogoverno.gov.mz/Servicos/adminCivil/ casamentos/casamento3/?searchterm=casamentos.

[5] Cf. O. MATUNGULU, *Le célibat consacré pour une Afrique assoiffée de fécondité*, Kinshasa 1979, 47.

mia è inevitabile. Bisogna dire che il simbolo del potere, della vita, dell'eternità oppure della ricchezza dell'africano nero si trova strettamente legato al numero delle mogli e dei figli che può avere. Quindi vivrà eternamente nel sangue e nel ricordo della sua prole, specie dei maschi. L'importanza della prole si può comprendere ricordando che due cardinali africani (B. Sarah, Conacry e A. Malula, Kinshasa) arrivarono a sostenere che in Africa il matrimonio dovrebbe essere indissolubile solo dopo l'apparizione del primo figlio!

Se nel contesto dell'africano bantu già l'unicità rappresenta un problema, l'indissolubilità è tanto più inconcepibile. Come si può comprendere dagli interventi appena citati dei pastori delle chiese locali: la non apparizione della prole in un matrimonio crea un forte disagio a entrambe famiglie di provenienza. Non sono né cresciute né onorate.

4. Domanda

Dopo questa breve esposizione della situazione ci chiediamo: in un contesto in cui la fecondità si trova fortemente collegata col simbolo del potere, della vita, della continuità, quindi dell'eternità, quale sarebbe l'approccio pastorale per favorire la santità del sacramento di matrimonio cattolico?

CASTIGO AGOSTINHO
DA CONCEIÇÃO MAHOLELE, SSS

Solenne Atto Accademico

FRANÇOIS-XAVIER DUMORTIER, *Saluto inaugurale*
JANUSZ KOWAL, *Introduzione alla tematica dell'Atto Accademico*
IVO STEFANO GERMANO, *Le sfide della "società liquida" all'istituzione matrimoniale*
MARIA ELENA CAMPAGNOLA, *Matrimoni interconfessionali*
JANUSZ KOWAL, Communicatio in sacris *nei matrimoni inter-religiosi*

SALUTO INAUGURALE
DEL PADRE RETTORE

Carissimi Professori e Docenti,
Carissimi studenti,
Carissimi amici,

Dall'inizio di questa mattina, si è svolta la prima parte del *Dies academicus* che ha già permesso a numerosi docenti e studenti la riflessione e la condivisione sul tema: «Matrimonio e famiglia in una società multireligiosa e multiculturale». Infatti, è sembrato importante prevedere e organizzare un tempo nel quale tutte le nostre entità accademiche sono state chiamate ad esaminare con acutezza e cautela la diversità delle situazioni ed anche a discutere ed approfondire ciò che non è soltanto un tema, ma piuttosto una questione centrale e complessa nelle nostre società moderne o post-moderne.

Adesso siamo all'inizio dell'Atto Accademico propriamente detto. Sono molto felice di accoglierVi a nome di tutta la nostra comunità universitaria e desidero porgerVi un molto cordiale benvenuto. Permettetemi di porgere un benvenuto particolare e caloroso al Professore Germano e alla Dottoressa Campagnola che hanno accettato di intervenire questa mattina.

Tutti conosciamo l'importanza del matrimonio e della famiglia, particolarmente nelle società nelle quali i legami fra le persone sono spesso rotti e gli impegni sono spesso precari, società nelle quali le situazioni del matrimonio e della famiglia si sono modificate sotto i nostri occhi e sono di grande fragilità. Le sfide che il matrimonio e la famiglia affrontano riguardano anche tanti aspetti della vita sacerdotale e religiosa, della vita cristiana, e più ampiamente il futuro delle nostre società. Queste sfide non possono lasciarci indifferenti in un mondo sempre più globalizzato, cioè multiculturale e multireligioso.

Vorrei ringraziare di cuore tutti coloro che hanno maturato e sostenuto questa iniziativa, preparata con cura da tempo. Desidero in modo più particolare esprimere al P. Janusz Kowal e alla Facoltà di Diritto Canonico la mia e la nostra gratitudine per avere fatto di questi momenti un'espressione notevole del lavoro universitario interdisciplinare. Ringrazio i docenti e gli studenti che hanno presentato relazioni o commenti introduttivi alle diverse discussioni e a tutti coloro che con i loro contributi hanno mostrato che lo spirito della *disputatio* è ancora vivo...

Auguro a tutti Voi un lieto proseguimento di questa riflessione alla quale adesso ci introdurrà il P. Kowal.

FRANÇOIS-XAVIER DUMORTIER, S.J.

INTRODUZIONE ALLA TEMATICA DELL'ATTO ACCADEMICO

Il tema del Solenne Atto Accademico pone al centro dell'attenzione *Matrimonio e famiglia in una società multireligiosa e multiculturale*. Nella Facoltà di Diritto Canonico, cogliendo l'opportunità di organizzare quest'evento e di proporre la tematica, abbiamo valutato e discusso diversi argomenti. Tra essi proprio questo ci è sembrato non soltanto di vitale importanza, ma anche di grande attualità.

Già il primo approccio alla realtà del matrimonio e della famiglia nel mondo attuale – il mondo della progressiva globalizzazione soprattutto in forza dei mezzi di comunicazione, e della crescente mobilità umana – da una parte dimostra l'universalità del desiderio dei giovani di sposarsi e fondare una famiglia, il loro apprezzamento dei valori, tra cui la fedeltà, considerata un "valore guida" tra le coppie[1].

Ciascuno di noi, dall'altra parte, si rende conto almeno di alcuni problemi e delle sfide, che l'istituto del matrimonio e quello della famiglia affrontano al giorno d'oggi: la crescente incapacità di molti giovani di prendere delle decisioni impegnative in maniera definitiva, la diminuzione dell'interiorità e della capacità di riflettere, il consumismo, le convivenze, mentalità favorevole al divorzio, ecc[2].

---

[1] Cf. «Sfide e possibilità all'inizio del Terzo Millennio», *L'Osservatore Romano*, 21-22 luglio 2003, 6-7.

[2] Cf. «Sfide e possibilità» (cf. nt. 1), 6.

Similmente non sfugge a nessuno il crescente fenomeno dell'immigrazione e quindi la diversificazione della popolazione, o delle popolazioni in cui viviamo. L'Italia, con circa 4,5 milioni stranieri, pari al 7,5% della popolazione totale, è il terzo Paese europeo per numero assoluto di stranieri residenti, dopo Germania (7,2 milioni) e Spagna (5,7 milioni)[3]. Tale aumento della presenza degli immigrati comporta la crescita della diversità religiosa, visto che quanto all'appartenenza religiosa circa la metà dei menzionati oltre 4,5 mln sono Cristiani (2.109.481), di cui Ortodossi 1.221.915, Cattolici 700.777, Protestanti 137.340 e altri gruppi cristiani 49.532; poi Musulmani 1.354.901, Induisti 111.871, Buddisti 120.062, Animisti 48.535, Ebrei 6.809, e Atei, agnostici ed altri 483.400[4].

---

[3] Secondo i dati dell'Istituto Nazionale di Statistica della Repubblica Italiana (ISTAT) relativi al 1° gennaio 2011, sono presenti in Italia 4,56 milioni di stranieri, pari al 7,5% della popolazione totale, con un incremento, rispetto all'anno precedente, del 7,45%. Cf. ISTAT, «Indicatori demografici 2010», Comunicato stampa del 24 gennaio 2011 [accesso: 8 marzo 2011], http://www.istat.it/salastampa/comunicati/in_calendario/inddemo/20110124_00/testointegrale20110124.pdf.

Per avere un quadro di paragone e di riferimento: al 1° gennaio 2010 erano presenti 4,24 mln di stranieri, pari al 7,0% della popolazione totale, con un incremento dell'8,8%. Cf. ISTAT, «Popolazione straniera residente in Italia» (1° gennaio 2010), Statistiche in breve del 12 ottobre 2010 [accesso: 8 marzo 2011], http://www.istat.it/ popolazione/stranieri/.

[4] Cf. CARITAS E MIGRANTES, *Immigrazione, Dossier Statistico 2010*: *XX Rapporto*, Roma 2010, 205.

Va notata una palese diminuzione del numero dei Cristiani ed Ebrei, e la crescita del numero dei musulmani, buddisti, ecc. Secondo il *Dossier Statistico* del 2008, i 3.983.610 immigrati censiti in Italia risultavano infatti suddivisi così: Cristiani (2.096.262), di cui Ortodossi 1.129.630, Cattolici 775.626, Protestanti 138.825,

Nonostante sia riconosciuto che alcune etnie, almeno nella prima generazione, generalmente rimangono chiuse in sé stesse, quindi i loro membri non si sposano con le persone al di fuori del proprio gruppo/religione; prescindendo, poi, dal fatto della forte secolarizzazione degli Italiani/europei, che a volte colpisce di più le persone sradicate dalle proprie terre, costumi e credenze, cresce il numero dei matrimoni interreligiosi, interconfessionali e, in genere, matrimoni misti in senso ampio della parola[5].

Secondo i dati forniti dall'*Istat*, molti dei matrimoni misti falliscono: fino a quasi 80% di quelli celebrati negli ultimi 10 anni[6]. Recentemente, però, i dati statistici hanno rilevato una diminuzione delle sepa-

---

e altri gruppi cristiani 52.181; poi Musulmani 1.253.704, Induisti 90.931, Buddisti 55.861, Animisti 44.674, Ebrei 7.165 ed altri 435.013. Cf. CARITAS E MIGRANTES, *Immigrazione, Dossier Statistico 2008*: *XVIII Rapporto*, Roma 2008, 197.

[5] Per esempio nel 1995 circa 2 su ogni 100 matrimoni celebrati riguardavano coppie miste, nel 2000 già 5,6%, mentre nel 2008 l'incidenza ha riguardato 10 matrimoni ogni 100. Cf. CARITAS E MIGRANTES, *Immigrazione, Dossier Statistico 2010*: *XX Rapporto*, Roma 2010, 134.

[6] È da tener presente che molte di queste coppie si sono unite per i motivi estranei all'istituto matrimoniale, quale l'acquisizione di cittadinanza, benefici economici, ecc. Un numero rilevante di queste unioni sono i cosiddetti "matrimoni combinati": in genere si tratta di uomini italiani che appartengono alla fascia di età compresa tra i 70 e gli 85 anni, celibi, vedovi o già divorziati, sposati da giovanissime straniere; oppure le donne italiane, specie di etnia *rom* o molto anziane, che dietro compenso contraggono matrimonio con uno straniero, clandestino o meno, per garantirgli la cittadinanza. Negli ultimi dieci anni oltre 30 mila matrimoni sono stati "combinati"; nel 2008, a Milano, i matrimoni combinati erano la metà di quelli "misti". Cf. F. FERRARI, «Un fenomeno tutto italiano che sfugge al controllo», *La Vita Cattolica*, Settimanale d'informazione per la Diocesi di Cremona, 4 settembre 2008, 3.

razioni e dei divorzi nel caso delle coppie miste, quindi i matrimoni misti risultano più stabili rispetto agli altri matrimoni[7]. Pare, perciò, ancora più giusta l'osservazione secondo cui le coppie miste non godono negli ultimi anni di una salute peggiore di quella dimostrata dalle altre coppie. «A cambiare sono la società e i modelli familiari nel loro complesso: le coppie miste si conformano di conseguenza»[8].

Questi dati, pur portando certa speranza, rimangono approssimativi e senz'altro non rispecchiano pienamente la situazione reale. Proprio a causa della speranza che suscitano, però, costituiscono anche un invito ad un ulteriore approfondimento scientifico e ad una più attenta considerazione pastorale.

Di conseguenza ci siamo proposti anzitutto di cogliere, durante il Solenne Atto Accademico, l'attuale quadro sociologico del matrimonio e della famiglia nella società contemporanea. Il Prof. Ivo Stefano Germano, sociologo della famiglia e dei processi culturali all'Università del Molise e alla Libera Università Internazionale degli Studi Sociali *Guido Carli* di Roma[9], ha accettato benevolmente di presentarci un quadro sociologico dell'istituzione matrimoniale in Italia e nel

---

[7] ISTAT, «La rilevazione sulle separazioni e sui divorzi - Anno 2008» [accesso: 8 marzo 2011], http://demo.istat.it/altridati/separazionidivorzi/index.html

[8] R. CALLA, «Famiglie miste in Italia, fra matrimoni, nascite, separazioni e divorzi», in CARITAS E MIGRANTES, *Immigrazione, Dossier Statistico 2010*: *XX Rapporto*, Roma 2010, 139.

[9] Prof. Ivo Stefano Germano, si occupa di sociologia della famiglia e dei processi culturali, e anche di sociologia della comunicazione, di sociologia dei nuovi media, di sociologia dello sport. Ha insegnato nelle Università di Bologna e Modena. Tra le sue pubblicazioni vanno menzionate: *Il Villaggio glocale*, Roma 1999; *Barbie. Il fascino irresistibile di una bambola leggendaria*, Roma

mondo. Il Professore descrive la società attuale, usando le parole di Zygmunt Bauman, come *società liquida*[10]. Speriamo, comunque, che nella sua relazione ci farà cogliere qualche punto più fermo dell'immagine di questa società, per poter percepire correttamente anche le sfide che accumulano oggigiorno davanti al matrimonio e alla famiglia.

Un altro spunto per la nostra riflessione, un seguente approfondimento, nonché una più attenta valutazione pastorale, presenterà la Dottoressa Maria Elena Campagnola, ricercatrice e, fino a pochi mesi fa, docente della Facoltà di Giurisprudenza dell'Università *La Sapienza* di Roma. La Dottoressa è ex-studentessa della nostra Facoltà di Diritto Canonico, nella quale ha frequentato il Seminario di Giurisprudenza. Lei ha coraggiosamente accettato l'invito a presentare, soprattutto dal punto di vista canonistico, la realtà dei matrimoni tra membri delle diverse comunità cristiane, tra cristiani e non cristiani, musulmani, ebrei, induisti, ecc[11].

Roma 2000; con F. Montanari, *Percorsi di filosofia per le scienze sociali. Una mappa*, Bologna 1996; con I. Cucci, *Tribuna Stampa: da Pindaro a internet. Per una storia critica del giornalismo sportivo in Italia*, Roma 2003.

[10] Cf. Z. BAUMAN, *Modernità liquida*, Roma – Bari 2002; ID., *Amore liquido. Sulla fragilità dei legami affettivi*, Roma – Bari 2006; ID., *Vita liquida*, Roma – Bari 2006; ID., *Modus Vivendi. Inferno e utopia del mondo liquido*, Roma – Bari 2008; ecc.

[11] La Dott.ssa M.E. Campagnola ha dedicato una parte non indifferente delle sue ricerche alla tematica inerente al matrimonio e alla famiglia. Di recente ha offerto il suo contributo sui «Matrimoni misti e dialogo interreligioso», per gli *Studi di diritto matrimoniale e processuale canonico in onore di mons. Antoni Stankiewicz*, curati dalla nostra Facoltà di Diritto Canonico, in collaborazione con la Pontificia Università della Santa Croce. Cf. «*Iustitia et iudicium*», ed. J. Kowal – J. Llobell, Studi Giuridici 89,

Infine, dopo le due relazioni principali, sarà offerto un breve spunto sulla *Communicatio in sacris* nelle cosiddette famiglie "miste".

Sempre più spesso il matrimonio unisce due persone con culture e tradizioni diverse. Se una coppia desidera creare una realtà armoniosa e duratura, comincia questo processo nel periodo di fidanzamento, con la conoscenza dell'altro/altra, con la comprensione delle differenze, con la ricerca di vivere le differenze, non come pretesa per scontri, bensì come arricchimento reciproco, nel massimo rispetto della libertà e dei diritti altrui. In questa prospettiva la fase di preparazione al matrimonio presenta un'efficace prevenzione delle rotture e della nullità del vincolo.

Questo discorso vale ancor di più nel caso dei matrimoni *misti*, in senso ampio della parola. La conoscenza di diverse realtà religiose può ulteriormente approfondire e saldare le relazioni che si intrecciano in una coppia di sposi appartenenti a diverse confessioni. Tali matrimoni e famiglie sono senza dubbi luoghi ecumenici e ponti di dialogo *sui generis* tra diverse religioni e culture e quindi la loro stabilità risulterà

Città del Vaticano 2010, 1083-1106. Ha affrontato la medesima tematica anche in altre sue pubblicazioni precedenti, per esempio: «La riforma del matrimonio canonico nello schema "De matrimonio"», *Il Diritto Ecclesiastico* 89 (1978) 426-437; «La forma di celebrazione del matrimonio nel diritto canonico orientale», in *Die Grundrechte des Christen in Kirche und Gesellschaft. Akten des IV. Internationalen Kongresses für Kirchenrecht. Freiburg (Schweiz) 6-11. X. 1980*, ed. E. Corecco – N. Herzog, Freiburg i. Br. 1981, 1055-1064; «Società industriale e famiglia cristiana», *Il Diritto Ecclesiastico* 98 (1987) 137-154; «La trasmissione della fede nella famiglia», in *Parola di Dio e missione della Chiesa. Aspetti giuridici*, ed. D. Cito – F. Puig, Milano 2009, 315-328.

molto vantaggiosa, sia per il movimento ecumenico, sia per la riconciliazione tra diverse confessioni e un proficuo dialogo tra le religioni.

Speriamo che le considerazioni proposte negli interventi di questo Solenne Atto Accademico, offrano un valido impulso per lo studio e per la riflessione circa le sfide che il matrimonio e la famiglia pongono davanti a ciascuno di noi.

JANUSZ KOWAL, S.J.

LE SFIDE DELLA "SOCIETÀ LIQUIDA" ALL'ISTITUZIONE MATRIMONIALE[1]

Introduzione

Il tema che mi è stato proposto è di elevata complessità. Qualsiasi tentativo di circoscriverlo e di definirlo si imbatte in problematiche sociali, culturali, economiche, simboliche, pratiche circa lo stato e il senso dell'istituzione familiare nel XXI secolo. La famiglia è, dal punto di vista storico, una difficilissima materia di studio[2] di natura multidimensionale, tenuto conto dei profondi cambiamenti giuridici, sociologici, antropologici in corso attorno all'unione di uomo e donna. Più precisamente, la relazione sociale di coppia fra persone di sesso differente istituzionalizzata mediante il matrimonio può presentarsi in forme variabili a seconda dei fattori considerati, come ad esempio il numero di donne e di uomini coinvolti. Questa variabilità non esclude però il diffondersi di forme modali. Ad esempio, sebbene in passato le forme matrimoniali poligamiche risultassero le più frequenti, nondimeno il modello monogamico si è progressivamente diffuso, divenendo quello prevalente (almeno nelle società occidentali contemporanee), perché non

---

[1] Le note citate in seguito si riferiscono all'elenco bibliografico che si trova alla fine dell'articolo.
[2] Cf. J. CASEY, *La famiglia*, 4-20.

soltanto ha dimostrato una maggiore capacità di adattamento all'organizzazione sociale, ma risulta più corrispondente di altri all'idea di dignità della persona che alberga nelle diverse culture umane.

Si tratta di un tema centrale che riguarda il futuro stesso, anche religioso della società. Da "nano sulle spalle dei giganti", l'itinerario di riflessione qui presentato prenderà le mosse da uno specifico approccio sociologico, la sociologia relazionale di Pierpaolo Donati, come teoria e metodo di conoscenza del sociale, fedele alla struttura ontologica del reale[3], la quale in questi decenni si è dimostrata feconda di intuizioni.

La sociologia relazionale è impegnata nel dare ragione della morfogenesi della famiglia, affrancandosi da quelle visioni riduttive, in quanto:

> fenomeno originario (cioè unico, che non ha equivalenti), originario (che nasce cioè dalle relazioni intersoggettive prima che dalla conformità a strutture sociali impersonali, anche se deve fare i conti con quelle), "primordiale" (cioè che non può essere annullato da nessuna cultura artificiale), che rimane tale anche nella società dopo-moderna verso la quale ci stiamo avviando[4].

Quale premessa generale, prenderei le mosse da una "strana sensazione" la quale induce le persone che abitano il nostro tempo a conferire una minore valenza pubblica alla scelta nuziale, rubricandola come una delle possibili opzioni, poiché tendono a rifiutare il fatto che si "debba cominciare a fare sul serio" nella vita umana e sociale. Una sorta di *fixing* azionario de-

---

[3] Cf. P. DONATI, *La famiglia*, 7-29.
[4] P. DONATI, *Manuale*, Intr. IX.

cide sullo stato attuale o in divenire della relazione sentimentale, nella convinzione che il lungo termine sia insignificante, come sostengono alcuni interpreti della società:

> Solo che in questo caso non c'è nessuna borsa valori e nessuno che si sobbarca per te l'onere di calcolare le probabilità e valutare le possibilità [...]; sembra proprio una situazione senza via d'uscita. Peggio ancora, sembra comportare un odioso paradosso: la relazione non solo non soddisfa il bisogno che doveva (si sperava dovesse) placare, ma lo rende ancor più intenso e bruciante[5].

Ad entrare in crisi è l'indissolubilità del vincolo matrimoniale e l'orientamento della sessualità a fini procreativi, nonché la valenza sacramentale del rito di passaggio da una condizione esistenziale ad un'altra, da uno *status* sociale ad un'altro. Al massimo è considerato come un "rito di conferma" nella costruzione di rapporti sociali di legittimazione e di potere[6], tendendo a negare la famiglia come valore e relazione sociale di appartenenza, protagonista che compie molteplici mediazioni sociali.

Ragionare di famiglia e matrimonio nella "società liquida" significa interrogarsi se:

a) la famiglia possieda una sostanza sociale, tale da rinviare ad un modo peculiare di stare nella e di vivere la società;

b) la famiglia sia un'istituzione sociale, tale da presentare un assetto normativo coniugale[7].

---

[5] Z. BAUMAN, *Amore liquido*, 22.
[6] Cf. C. SARACENO – P. NALDINI, *Sociologia*, 85-121; L. AROSIO, *Sociologia*, 32-55.
[7] Cf. P.L. BERGER – H. KELLNER, *Il matrimonio*, 95-96.

Si tratta, pertanto, di affrontare il tema dell'istituzione matrimoniale in un mondo che non solo cambia, ma che è sempre più "liquido", laddove la dissoluzione del matrimonio da fenomeno accidentale, quale era in passato (morte di uno dei due coniugi) diventa un evento sempre più frequente, che inizia a coinvolgere il senso stesso dell'istituzione matrimoniale.

A informarci dei mutamenti della famiglia sono, anzitutto, statistiche ed indicatori. Ma, scrutando oltre l'orizzonte, la "società liquida" non solo non considera più il matrimonio come dovrebbe essere, unico, destinato a durare in eterno, ma spinge, ormai, a rappresentarlo alla stregua di una esperienza affettiva di breve durata. L'istituzione matrimoniale assume oggi una "geometria variabile" per ogni individuo, anche perché non più legato alla fecondità e alla centralità ella famiglia come «pre-requisito del processo di umanizzazione della persona»[8].

Ne scaturisce una visione di famiglia "a mosaico" che, come si vedrà, è originata da un sociale anonimo e asettico, per cui dare la vita non è più finalizzato a proteggere dalla morte e ad un piano generativo dell'esistenza. La famiglia, infatti, non è la semplice sommatoria di un insieme d'individui da analizzare oggettivamente, oppure, intersoggettivamente enfatizzando gli aspetti di "rottura", una sorta di "convergenza" di tragitti individuali di tipo riduttivo[9]. Al fine di una reale comprensione del cambiamento sociale della famiglia, è fondamentale definire la famiglia

---

[8] P. DONATI, *Manuale*, 7.
[9] Cf. M. BARBAGLI – M. CASTIGLIONI – G. DALLA ZUANNA, *Fare famiglia*, 13-73.

come relazione sociale e mantenere le connessioni significative fra la famiglia come *relazione inter-soggettiva* (definita da caratteristiche di *Lebenswelt*) e *come relazione istituzionale* (definita dalle aspettative degli altri sotto-sistemi o istituzioni della società). Per una tale comprensione occorre che l'osservatore adotti un punto di vista in base al quale la famiglia non può essere ridotta a corso di vita individuale e neppure a intrecci contingenti di essi[10].

Per interpretare i cambiamenti dell'istituzione matrimoniale si impone la scelta fra due prospettive: una prospettiva che considera la famiglia *qua talis* come un soggetto sociale e una prospettiva che invece attribuisce questa soggettività agli individui che ne fanno parte. Appare evidente che a seconda della prospettiva che si assume anche lo *status* dell'istituzione matrimoniale muta considerevolmente.

1. La famiglia è ancora un soggetto sociale e culturale?

Le evidenze statistiche, onde evitare superficialità ed inesattezze, consentono una comparazione prevalentemente a livello europeo, poiché il dato globale è caratterizzato da una situazione "a macchia di leopardo"[11].

Anche in Italia il fenomeno della dissoluzione matrimoniale si è progressivamente accentuato, senza però raggiungere i livelli registrati in altri paesi.

Storicamente dal 1995 ad oggi le separazioni hanno visto un incremento del 61%, mentre il numero di di-

---

[10] P. DONATI, *La società*, 243-244.
[11] Cf. A. DALE – A. SAMEERA, «Marriage and employement», 1-23.

vorzi è più che raddoppiato (+101%). A finire sono anche e soprattutto i matrimoni abbastanza lunghi, come ad esempio quelli che vanno oltre i 25 anni, passati dai 5.912 del 1995 ai 14.092 del 2008. Complessivamente, il dato sulle separazioni legali e sui divorzi forniti dall'Istat rispetto al 2008 traccia il seguente quadro: le separazioni sono state 84.165, i divorzi 54.351, con un incremento del 3,4% e del 7,3%. I matrimoni, viceversa, continuano a calare: nel 2008 sono stati 246.613 rispetto ai 250.360 del 2007. All'oggi, qualora si prendano in considerazione le cifre dei matrimoni che, secondo la stima dell'Istat, nel 2010 sono stati 216 mila, 15 mila in meno rispetto al 2009 e 30 mila in meno in riferimento al 2008, il tasso è di appena 3,6 matrimoni annui ogni mille abitanti. Il matrimonio è sempre meno frequente, soprattutto per quanto riguarda la voce primi matrimoni: dal 93,5% del totale delle nozze fra celibi e nubili nel 1972 siamo giunti all'86,2% nel 2008. Il 2008, infatti, ha fatto registrare 518 primi matrimoni per celibi e 580 per mille nubili. Si tratta di un quasi dimezzamento dei valori complessivi rispetto al dato di partenza. Il matrimonio, inoltre, è sempre più tardivo, gli sposi hanno in media 33 anni e le spose quasi 30. Le donne diventano madri molto tardi: l'età media del primo parto è di 31,1 anni. In costante crescita, viceversa, i secondi matrimoni, 13,8% e i matrimoni dove almeno uno dei due sposi è cittadino straniero (matrimoni misti) che rappresentano il 15% del totale. L'evidente incremento riguarda i matrimoni celebrati con il solo rito civile, in proporzione di uno su tre, anche e soprattutto per quel che riguarda le prime unioni.

Nel 2008, la durata media del matrimonio al momento dell'iscrizione a ruolo del procedimento di se-

parazione è risultata pari a 15 anni, 18 anni in media per i divorzi; l'età media alla separazione è di circa 45 anni per i mariti e 41 per le mogli; in caso di divorzio raggiunge rispettivamente 46 e 43 anni.

In Italia si è giunti a 286 separazioni e 17 divorzi ogni mille abitanti, cioè il numero delle separazioni legali e quello dei divorzi è in proporzione di sei separazioni ogni cinque divorzi. Un quarto delle separazioni si verifica per i matrimoni di durata pari o inferiore ai sei anni e oltre un divorzio su cinque coinvolge unioni celebrate da meno di dieci anni.

Il 70% delle separazioni e il 62,4% dei divorzi riguarda coppie con figli: 102.165 nelle separazioni, 53.008 nei divorzi. Più precisamente: il 52,3% delle separazioni e il 37,4% dei divorzi hanno origine da matrimoni con almeno un figlio minorenne. Tra separazioni e divorzi si contano 130 mila nuovi casi, tanto che vi è una rottura coniugale ogni due matrimoni.

Rispetto all'Unione europea, ancora a 27 Paesi (dati 2008), l'Italia è in forte sofferenza dal punto di vista anagrafico, assieme alla Germania (1,38) o al Portogallo (1,37). Ad esempio, rispetto al numero di famiglie anagrafiche in Italia – 23.421.000 – il 53,4% non ha figli; il 21,9% un figlio; il 19,5% due figli; il 4,4% tre figli; lo 0,7% quattro figli o più. Nel 2010 il numero medio di figli avuti è di 1,71, di poco inferiore all'1,42 del 2008 e nettamente insufficiente rispetto al numero medio di figli desiderati 2,13.

Per quanto riguarda la nuzialità l'indicatore scende dal 4,1 al 3,8 per mille. Al diminuire dei matrimoni crescono i divorzi (+7,3%) e le separazioni (+3,4%): nell'86,3% dei casi le coppie preferiscono sancire la fine del legame matrimoniale con una separazione consensuale e l'affidamento condiviso cresce notevolmente. In confronto all'Europa in Italia si divorzia di meno, tuttavia, il quadro statistico vede il proporsi di una nuova tipologia di "già-divorziati", cioè coloro che volontariamente si sono lasciati alle spalle un'esperienza nuziale, composto da femmine separate (55%) e divorziate (60%). Maggiormente presenti le convivenze *more uxorio* di coppie con figli, con solo figli dall'unione che attualmente vivono, oppure con figli di uno solo dei partner, o ancora, con figli dell'attuale o precedente unione. In Europa, invece, si registra una maggiore frequenza di famiglie ricostituite, cioè di una coppia, con o senza figli, al cui interno uno dei due partner ha avuto una precedente unione terminata per separazione/divorzio, oppure, per vedovanza: modello predominante nell'area baltica-anseatica-scandinava. La crisi coniugale colpisce anche i coniugi di diversa cittadinanza: gli uomini dopo aver sposato la straniera se ne separano. Nel 2008-2009 si è registrata una diminuzione del 30% dei matrimoni in cui almeno uno dei due sposi è di cittadinanza straniera, 37 mila nel 2008, pari al 15% del totale, mentre una quota significativa è rappresentata dalla celebrazione di oltre 24.000 matrimoni misti. Nel 2009 le nozze celebrate sono state 32 mila, pari al 14% del totale dei matrimoni con una contrazione di quasi 5 mila casi in meno rispetto al 2008.

Nell'ambito dei matrimoni in cui almeno uno dei due sposi è straniero, sono quelli misti (in cui un coniuge è italiano e l'altro straniero, oltre 21 mila celebrazioni nel 2009) a far registrare la riduzione più marcata (3.191 in meno rispetto al 2008). Otto matrimoni misti su dieci non durano, per cui le nozze fra un cittadino o una cittadina italiani e uno straniero registrano l'80% per cento di fallimenti, soprattutto, fra una donna italiana che crea una famiglia, con un marocchino (22,2%) o di altra nazione del Maghreb.

Eppure l'Italia sta cambiando e nei decenni è diventata sempre più multietnica. Sono ormai 3.432.651 le presenze di cittadini stranieri nel nostro Paese e ben 1.684.906 le famiglie con almeno un componente non italiano, pari al 6,9 per cento. È una realtà in continua crescita: in dieci anni i matrimoni tra stranieri e italiani si sono triplicati. Un aumento del 300 per cento. Non soltanto. Negli ultimi quattro anni, il numero dei bambini nati da coppie miste è lievitato del 2 per cento. Attualmente, infatti, sono circa 600 mila le convivenze stimate mentre i matrimoni misti hanno ormai superato la quota 200 mila e crescono al ritmo di 6.000 all'anno. Ma ben 4.800 di questi sono destinati al fallimento.

Pur in una situazione complessiva di forte mutamento, persiste il matrimonio religioso (62,5%). Sempre meno matrimoni, anche se in maggioranza di tipo religioso, sempre più secondi matrimoni e sempre più crisi coniugali, in linea con i dati europei che segnalano un calo numerico dei matrimoni, a fronte di un ritardo anagrafico nell'età dei coniugi al primo matrimonio di circa 4,5 anni rispetto alla media: uomini a 30 anni e donne a 28. La maternità in Italia è più tardiva, nel contesto euromediterraneo, rispetto alla Spagna e molto tardiva rispetto all'Est e al NordEuropa. L'instabilità matrimoniale rappresentata da divorzi e separazioni si allinea a nazioni, sino a pochi anni fa numericamente lontanissime, come Germania e Gran Bretagna. In Francia a fronte dei 400 mila matrimoni celebrati nel 1970, nel 2008 ne sono stati celebrati 273 mila, cifra che cade a 265 mila nel 2009. Il fatto è che in Italia e in Europa si celebrano in media il 30-40 per cento in meno di matrimoni rispetto a quarant'anni fa. Il dato riguardante la celebrazione di matrimoni nel 2008 è diminuito nell'UE da 6,3 matrimoni ogni mille persone a 4,9 nel 2008. I tassi di matrimoni più alti nel 2008 sono stati rilevati a Cipro (7,7), Lituania (7,2), Romania (6,9), Danimarca e Polonia (6,8). I più bassi in Slovenia (3,3), Bulgaria (3,6), Lussemburgo (3,9), Ungheria (4,0) e Italia (4,1).

La "glaciazione" delle nascite è più che evidente. Dal 1977 l'Italia è sotto la media di due figli per donna, oggi 1,6, si discosta dal dato la Francia con 2. Nell'arco di tre anni, tra il 2006 e il 2009, gli stessi migranti in Italia sembrano aver modificato i propri comportamenti riproduttivi, dal momento che il numero di bambini nati è scesa da una media di 2,6 a 2.

La percentuale di bambini nati fuori dal matrimonio è invece raddoppiata: dal 17,4% del 1990 al 35,1% nel 2008 ogni 100 mila nati in Italia. In Svezia è aumentata dal 47% al 55%. Più della metà delle nascite sono fuori del matrimonio anche in Estonia (59,0%), Slovenia (52,8%), Francia (52,6%) e Bulgaria (51,1%). Le percentuali più basse sono state registrate in Grecia (5,9%), Cipro (8,9%), Italia (17,7%) e Polonia (19,9%).

Le cifre degli'aborti sono consistenti e significa che gli assetti sociali non valorizzano la famiglia. Nell'Unione Europa a 27 (UE27) negli ultimi 15 anni non sono nati a causa dell'aborto 20 milioni di bambini: per ogni 100 nati vivi le percentuali più alte si registrano in Russia (40,3), Romania (31,3), Svezia (21,3), Inghilterra (17,5), Francia (17,4) e Spagna (11,8). In Italia, secondo il Ministero della salute, nel 2009 vi è stato un calo degli aborti passati nel 2009 da 121.301 a 116.933 (-4.368, pari al 3,6%), 10,3 per 1000 donne.

Belgio (9,6), Olanda (8,7), Germania (7) registrano una diffusione minore del fenomeno. Questa breve rassegna dei dati sembra negare come la famiglia soffra non solo e non tanto in termini di carenza di servizi e di precarietà, quanto piuttosto l'assenza di valori che rende oltremodo incerto il progetto matrimoniale, quasi paralizzandolo sotto la spinta di un crescente *gap* psicologico e culturale che non s'ispira ad una «visione umanizzatrice delle relazioni familiari, evitando di ridurre queste ultime alle dimensioni puramente utilitaristiche»[12]. L'utilitarismo sembra minare dall'interno anche le relazioni affettive. Esse nella descrizione che ne offre Bauman sarebbero

> investimenti come tutti gli altri, ma ti verrebbe mai in mente di pronunciare un giuramento di fedeltà alle azioni che hai appena acquistato dal tuo promotore finanziario? Di giurare che rimarrai loro *semper fidelis*, nella buona e nella cattiva sorte, nella ricchezza e nella povertà, "finché morte non vi separi"? Di non guardarti attorno laddove (non si sa mai) possano presentarsi occasioni migliori?[13].

I dati dunque sembrano confermare una tendenza ultraventennale di mancato *appeal* istituzionale del matrimonio, il quale perderebbe terreno rispetto a forme ed esperienze più libere e/o modificabili. Gli stessi dati restituiscono un quadro labile, al cui interno il matrimonio non costituisce più un fattore di crescita sociale e culturale, ma è addirittura percepito come ostacolo al pieno coinvolgimento e alla piena libertà espressiva e relazionale di ogni individuo.

---

[12] P. DONATI, «Presentazione», 10.
[13] Z. BAUMAN, *Amore liquido*, 20.

In linea generale, le ricerche questo dicono: dentro e fuori la famiglia vi è maggiore incertezza nel condividere un progetto matrimoniale duraturo per il bene comune, ridimensionando il portato storico della famiglia, in favore di più evanescenti intese emozionali.

La moratoria della responsabilità si riflette, in primo luogo, sul minore valore simbolico dell'idea di "alleanza sociale" di tipo politico (istituzionale) e sociale fra uomo e donna quale progetto di vita insieme.

Il matrimonio non è più quel rito di passaggio che per lungo tempo ha svolto la funzione di marcatore nitido della transizione all'età adulta, tanto che un'ulteriore interrogativo andrebbe posto sulla minor frequenza nuziale, come riflesso dell'aumento di convivenze *more uxorio* e da "prove tecniche di relazione" fra giovani soli. Soltanto l'arrivo del bambino spingerebbe i genitori a sposarsi, più per garantirlo che per corroborare socialmente l'unione: è il figlio a fare la famiglia e non viceversa, tuttavia il figlio non può più essere un'azzardo.

Da un punto di vista culturale, non vi sarebbe più un modello unico di famiglia, ma tante famiglie "al plurale" o "di scelta", in funzione di opzione di vita comune, preferenze e tentativi di *partnership*, in nome di ben poco specifiche "affinità elettive", prive di regole condivise ad intervalli biografici altalenanti fra l'essere single e il fare coppia.

Ed è proprio da qui che occorre avanzare alcune ipotesi di sfondo sulla messa in discussione, prima di tutto, della famiglia nucleare come universale culturale.

Il presupposto antropologico in base al quale ogni società definisce pubblicamente diritti e doveri della famiglia è stato studiato da Claude Lévi-Strauss, il quale individua nell'istituzione matrimoniale una precisa assunzione di responsabilità con la parentela e, più estesamente, con la società. Lévi-Strauss ritiene che la famiglia «costituita dall'unione più o meno durevole, socialmente approvata, di un uomo e di una donna, e i loro figli, è un fenomeno universale, presente in ogni e qualsiasi tipo di società»[14].

La sociologia relazionale di Pierpaolo Donati è interessata al perché[15] si formi un legame simbolico che oltrepassa il mero dato biologico, in grado d'instaurare l'ordine significativo del mondo, un legame che conferisce alle persone che vi partecipano una loro propria identità e una loro posizione di genere e di età.

In base a tale prospettiva, la famiglia è considerata come gruppo e istituzione sociale *sui generis*, vale a dire, costituisce una forma originaria, originale e infungibile, nei confronti della quale la distinzione specifica tra famiglia e non famiglia va posta osservando come una società, traccia o meno confini legittimi rispetto a relazioni intime fra i sessi, genitori e figli in termini di procreazione e inculturazione delle nuove generazioni. Il passaggio principale riguarda le relazioni fra i sessi che trasformano il gruppo in istituzione sociale e non in una pura e semplice convivenza.

La famiglia è quel sistema sociale vivente che presiede alla riproduzione del sociale, prendendosi cura dei bisogni primari delle persone nella quotidianità, producendo e trasmettendo capitale sociale e un certo livello di civilizzazione. Nella famiglia si passa dalla natura alla cultura, non solo per l'azione di vincoli e divieti, ma anche per l'essere-dover-essere una relazione di piena reciprocità fra i sessi e fra le generazioni.

---

[14] C. Lévi-Strauss, «Famiglia», 149.
[15] Cf. P. Donati, *Perché la famiglia?*, 8-18.

La "società liquida" delinea un quadro di estrema frammentazione delle scelte individualistiche e individualizzanti, la cui comprensione necessita della prospettiva relazionale, al fine d'individuare la multidimensionalità delle relazioni famigliari[16]. Nella "società liquida" s'enfatizza lo specifico bisogno e desiderio individuale, secondo una logica di mera contrapposizione alla configurazione di punti di prossimità e di comunanza relazionale:

> in breve la tesi che la famiglia diventi una "cosa liquida", non indica la scomparsa della famiglia, ma l'affermarsi di processi sociali che, se da un lato de-istituzio- nalizzano, dall'altro la rigenerano in nuove forme. In altre parole, la tesi è che siamo di fronte ad un processo socio-culturale di ri-differenziazione della famiglia[17].

La "società liquida" è incapace di osservare la famiglia quale sistema relazionale, che collega in un triplice livello sociale, familiare, individuale dalle ricadute molteplici circa i rapporti che si instaurano fra i generi e le generazioni. Va ricordato come, nella sociologia relazionale, la famiglia appartenga ad un'ordine di realtà sociale *sui generis*: una configurazione che oltrepassa la mera sommatoria di individui e non esaurisce le proprie possibilità in un puro e semplice organicismo, poiché è un "fenomeno sociale totale", in grado di coinvolgere tutte le dimensioni dell'esistenza umana.

Anche e soprattutto nella "società liquida" la famiglia non va pensata, al pari di una semplice forma di

---

[16] Cf. P. DONATI – P. DI NICOLA, *Lineamenti*, 27-78.
[17] P. DONATI, *Perché la famiglia?*, 14.

vita privata, frutto di un campionario di scelte affettive e in quanto tale plurale nelle sue articolazioni sancite da patti più o meno pubblici, ma ancor più come una forma sociale primaria.

L'idea che si ha della famiglia chiama in causa l'idea stessa di uomo in un'epoca di de-regolamentazione *post-human*, di forte indirizzo alla sperimentazione e previsione tecnologica, dal controllo delle nascita alla gestione del dolore e della morte.

Sembra che la famiglia sia d'ostacolo alla libera espressione e alla scelta autonoma delle persone, soprattutto, dal punto di vista dei bisogni e delle gratificazioni materiali immediate, dal momento che non la si considera più nei termini di una comunità familiare, prima che di uno spazio individuale.

La famiglia, e in particolare il matrimonio quale sua istituzione fondante, sono stati investiti – per certi versi travolti – da istanze ambivalenti di de-istituzionalizzazione e ri-normalizzazione che ne hanno ostacolato una comprensione in termini di relazione sociale. Di seguito vorrei accennare brevemente ad una triplice sfida che la cosiddetta "società liquida" pone all'istituzione familiare in particolare modo al matrimonio.

2. La prima sfida della "società liquida": la de-istituzionalizzazione

Come si è detto, la prospettiva che vede il matrimonio come *chance* individuale di *modus vivendi* emotivo e passionale che procede di storia in storia si differenzia nettamente dal progetto per la persona umana *embedded* in una rete di relazioni presenti e future. La "società liquida" tende a ridimensione «il punto di vista sociale della famiglia, come una relazione sociale che lega, in un certo modo e in un certo ordine, il problema del tempo con quello della differenziazione sessuale del genere umano»[18].

L'intermittenza della relazione, la spinta passionale e la noia profonda, rappresentano alcuni *step* duttili, al cui interno si registrano avanzamenti o bruschi ridimensionamenti di carriera affettiva. L'*aedo* della società liquida, Bauman, è per certi versi "notarile" nel constatare lo stato di paura di rimanere invischiati in una relazione duratura. Solo che l'unica via d'uscita è, non a caso, la convivenza malleabilmente basata sulle affinità elettive: «il matrimonio vecchio stile "finché morte non ci separi", già emarginato dalla coabitazione temporanea del tipo "vediamo se funziona", è sostituito da un modello flessibile, *part-time* di "stare insieme"»[19].

La scarsa propensione a creare coppie stabili, l'aumento delle dissoluzioni dell'unione matrimoniale, a causa dell'aspirazione o rassegnazione alla durata e alla permanenza segnalano quanto nella "società liquida" venga, anzitutto, a mancare un *continuum* di prossimità antropologica e sociale che appartiene al matrimonio.

Certo i numeri sono importanti, ma è una questione più ampia che coinvolge direttamente la vita delle persone e che implica la decisione di mettere al mondo un figlio, determinando l'impegno per far nascere e sostenere la famiglia, dal quale dipende l'evoluzione sociale della civiltà: a maggior ragione, oramai che tutte le transizioni sono vissute individualmente.

Il linguaggio stesso tende prepotentemente a decostruire la famiglia. Anche per l'ONU il codice simbo-

---

[18] R. Prandini, «La famiglia italiana», 146.
[19] Z. Bauman, *Amore liquido*, 51.

lico del genere non è più maschile e femminile, ma è classificato nei cinque generi dell'acronimo *LGBTQ*, cioè *lesbian, gay, bisexual, transexual* e *queer* (identità di genere che cambia con l'orientamento momentaneo). Si tratta di uno scenario sessuale e di genere che modula la propria rappresentazione in termini di dominio e di potere. Il punto di vista della comprensione del significato della relazione tra natura e cultura, maschile e femminile non è tenuto in considerazione, da una buona parte della letteratura sociologica, al cui interno

> predominano presupposti razionalistici e costruttivistici, come se le relazioni fra *sex* e *gender* fossero variabili a piacimento, ossia come se fossero una pura costruzione sociale. Le cose, evidentemente, non stanno così, perché le connotazioni biologiche e quelle culturali non possono essere radicalmente scisse fra loro[20].

La famiglia nucleare non sembra più coincidere "naturalmente" con la famiglia stessa, in quanto socialmente costruita e le nuove forme familiari, soprattutto le "famiglie ricomposte" costringono ad una diuturna attività combinatoria.

L'afasia profonda fra l'individualizzazione come separatezza e privatizzazione delle biografie individuali riguarda la generalizzata difficoltà a mantenere vive nel tempo relazioni familiari stabili che siano generative. La definizione di famiglia e il senso del matrimonio che hanno sempre risentito di una notevole variabilità storico-culturale diventano un tema eminentemente discorsivo. Di più: potremmo definirlo "liquido" per usare il termine reso popolare da Zygmunt

---

[20] P. DONATI, *Manuale*, 84.

Bauman. Il "raffinato marxismo" di Bauman sancisce lo "scioglimento iperindividualistico" della famiglia e del matrimonio: «In uno scenario di vita liquido-moderno, le relazioni sono forse le più diffuse, acute, sentite e sgradevoli incarnazioni dell'ambivalenza»[21].

La ricerca talvolta esasperata, talaltra disperata, di un riscatto emotivo consiglia di utilizzare, per felice metafora dello stesso Bauman, "mantelline leggere" al posto di "gabbie d'acciaio". Il passaggio al postmoderno si compie in un senso di generale abbandono e di defezione, prima di tutto, da se stessi, nella condizione paurosa di restare zavorrati da relazioni stabili, se non addirittura definitive.

Il narcisismo e l'individualismo sono le due facce dell'irresponsabilità da viversi in totale levità e libertà. Nella "società liquida" non vi è più la distinzione fra natura e cultura che, mediante la sessualità, ad esempio in Lévi-Strauss, crea il *taboo* dell'incesto. In particolare, il matrimonio, come «accettazione della consequenzialità che gli incontri casuali si rifiutano di accettare [...] per la durata del vincolo coniugale», mal si concilia con l'enfatizzazione dell' "individualismo affettivo" modernamente inteso[22], quale cifra significativa del passaggio da una fase storica contrassegnata dal matrimonio per interesse ad un'altra imperniata sull'amore romantico.

Nella nostra epoca si rifiuta l'ospitalità all'amore: l'esperienza che si prospetta nella formula "finché morte non ci separi" pare un ferrovecchio utopico, di fronte alla sarabanda di flirt, occasioni, sollecitudini erotiche "pronte all'uso". Ad importare è la liquefa-

---

[21] Z. BAUMAN, *Amore liquido*, 51.
[22] Cf. L. STONE, *Famiglia, sesso e matrimonio*; F. DE SINGLY, *Sociologia*.

zione dello stato affettivo, eminentemente in termini di personalizzazione delle "tante storie da avere e da vivere", finché serviranno a qualcuno o a qualcosa, con la conseguenza che il matrimonio non potrà che essere precario, poiché precaria è la vita e l'identità chi lo interpreta, meglio, re-interpreta.

Il bisogno di relazione è più importante della nascita di una famiglia per dare genitori ai figli, per consentire una maggiore mobilità sociale, del fare coppia sociologicamente inteso, come assunzione di precisi ruoli familiari. I legami sono "liquidi", svagati, innocui, salvo mutare, una volta che il costo sociale superi il possibile vantaggio utilitaristico, ridimensionando il matrimonio, come istituzione che "civilizza" e non neutralizza le differenze sessuali e culturali.

> Nessuna delle connessioni usate per colmare il vuoto lasciato dai vecchi legami ormai logori o già spezzati ha tuttavia garanzia di durata. E comunque, devono essere legami "allentati", di modo che si possano sciogliere senza troppe lungaggini non appena lo scenario venga a mutare – e nell'epoca della modernità liquida ciò accadrà di certo e ripetutamente[23].

Il matrimonio è "liquido" proprio alla luce della ri-differenziazione del concetto stesso di famiglia che, tuttavia, non può ridursi *sic et simpliciter*, ad una cosa, oppure, ad un luogo/spazio ultraindividualizzato, dal momento che «se da soli stiamo male, in due stiamo peggio».

La negazione riguarda non solo il *pattern* simbolico, ma la relazione sociale stessa, come reciprocità intersoggettiva che connette strutturalmente le persone.

---

[23] Z. BAUMAN, *Amore liquido*, 43.

3. La seconda sfida della "società liquida": la perdita di senso esistenziale del matrimonio

L'ansiosa ricerca di un coinvolgente idillio rappresenta l'assenza teleologica da ogni storia di una relazione, a vantaggio dell'incontro/scontro fra due monadi che procedono in parallelo, a partire dall' «io ancora una volta io poi come completamento di soddisfazione "tu" e se non "tu" allora "tu"»[24]. Un non so che di nevrotico s'integra al "normale caos dell'amore".

Si tratta di una lunga parabola storica che ha preso le mosse dal rifiuto della morte e della caducità, come principio guida dell'esistenza. Gli stili di vita, pur in quadro estremamente frammentato, paiono convergere su questo punto. In primo luogo, occorre modificare le tendenze di senso, secondo cui il matrimonio sembra perdere di significato esistenziale, a fronte della richiesta di legittimazione di uno *status quo*, forse, gentile *cadeau* espressivo di un potente individualismo e narcisismo. Tale traiettoria comporta una crisi di consenso sul matrimonio, come scelta di tipo permanente, poiché espungere il senso di morte, questo sì è il denominatore comune e stabile dell'intercambiabilità del matrimonio[25].

La "società liquida" coincide con l'illusione e mascheramento, in un certo senso, ideologico del poter fare a meno della singolarità sociale di uomo e donna, a tal punto che i ruoli divengono intercambiabili e fungibili per cause strutturali e non, la sessualità viene prima del matrimonio, e il sentimento deve, sempre e comunque, trionfare.

---

[24] U. Beck – E. Beck-Gernsheim, *Il normale caos*, 245.
[25] P. Yonnet, *Le recul de la mort*, 192 ss.

La società stessa tende a contemplare la "famiglia in disordine"[26]. Oggi lo *stop&go* caratterizzato dalle "pause di riflessione" e dall'interruzione del progetto nuziale indica una profonda trasformazione della condizione antropologica. Se, infatti, per Yonnet non si ha più paura della morte e se il rischio stesso di morte è, per così dire, controllato/calmierato, il rapporto fra giovani e anziani, padri e figli, in termini di socializzazione e tramissione culturale viene a mancare, in quanto obsolescente retaggio del passato o inutile vincolo ad una società e ad una cultura. Si tratta di un mutamento demografico e sociologico, determinato dall'allungamento della vita umana, in particolare dalla diminuzione della mortalità infantile o dai decessi causa parto, la cui conseguenza culturale riguarda la modificazione delle strutture familiari e la costruzione dell'identità individuale. Yonnet spiega come le donne e le giovani generazioni si siano giovate del progresso medico e abbiano, per certi versi, depotenziato il matrimonio, in nome della libertà sessuale e della rivendicazione di un diritto a fruirne in tal senso.

Il narcisismo più che metaforicamente ha invertito gli addendi sociologici di matrimonio, sessualità, bambini, sempre più "figli del desiderio" e non frutto Divino o del caso. Un'altra frenata è dovuta a certo pensiero postmoderno che vede nell'amore il prevalere di sentimenti egoistici, se non autoritari e nella seduzione un *surplus* di libera autodeterminazione, per diventare se stessi: unici ed irripetibili.

L'indifferenza ad ogni legame familiare, comunitario, religioso è orgogliosamente rivendicata sul piano emotivo prima che politico, quasi fosse una fe-

---

[26] E. ROUDINESCO, *La famiglia*, 109-111.

nomenologia diffusa in tutte le società che scontano il prezzo del calo della fecondità. I genitori stessi vivranno l'angoscia di riconfermare la qualità del desiderio che ha portato al concepimento del figlio, all'insegna dell'autonomia, ma anche dell'egocentrismo, quale portato specifico di una società degli individui, formata da "eterni adolescenti" che producono una cultura propria, a base ludica ed effimera, antipode dell'ereditarietà e della trasmissione culturale. La famiglia rischia di essere ridotta ad una pura tautologia e non più ad una società naturale fondata sul patto matrimoniale. Per esempio, Giddens sostiene che la famiglia si trasforma in una "relazione pura" all'insegna della negoziazione e soddisfazione individuale[27]. È un'unione o convivenza libera analogamente a quella di un uomo e una donna sposati, senza contrarre matrimonio.

La "famiglia di fatto", come relazionamento della persona al gruppo familiare senza diventare istituzione è una soluzione rischiosa, in quanto problematica per l'orientamento individuale, deficitaria per l'identità personale, non rispondente alle esigenze di prevedibilità e regolazione sociali. L'idea che la sessualità sia sganciata da ogni implicazione relazionale incontra seri limiti sociologici. Oggi, il solo prospettare l'esistenza di questi limiti, non fa che alimentare una discussione fuorviante che confonde la necessità di distinguere le diverse forme familiari con la volontà di discriminarle. Lo scopo della distinzione è la promozione le diverse qualità umanizzanti contenute nelle diverse forme di relazioni familiari. Il riconoscimento delle "famiglie" di fatto (al plurale) in base ad un legittimo principio di uguaglianza nella dignità umana diventa un effetto per-

---

[27] Cf. A. GIDDENS, *Le trasformazioni*, 47-56.

verso dell'indefferenziazione delle relazioni sociali proprie della famiglia come perdita del *proprium* sociologico che è diverso dallo "stare assieme".

Il matrimonio è l'istituzione che lega la differenza fra i sessi e quella fra le generazioni, al cui confronto, la "famiglia di fatto" non potrà mai essere un sostituto etico e funzionale del matrimonio in quanto istituzione sociale e reciprocità piena e comunitaria. Difficile pensare ad una società senza famiglia, sia dal lato individuale sia da quello istituzionale, dal momento che la famiglia esercita una mediazione unica e infungibile.

Il futuro della famiglia sta nella promozione della sua soggettività, come libertà nella responsabilità di mediazione sociale e, non seguendo Bauman, secondo cui la famiglia sarebbe sempre meno rilevante in una società che "individualizza gli individui". Entrambi i processi vanno correttamente intesi l'uno in presenza dell'altro. Infatti, è la rete di relazioni familiari che media il rapporto del singolo con la società più ampia, sebbene oggi lo faccia spesso in maniera latente.

4. La terza sfida della "società liquida": l'*happening* familiare

Il terzo punto d'osservazione è volutamente eccentrico e concerne la rappresentazione mediata della famiglia in *fiction* di grandissimo successo come un «Medico in famiglia» o «I Cesaroni». La *fiction*, infatti, rappresenta un genere televisivo, ma soprattutto un "evento" per la tv generalista: *asset* strategico della fruizione domestica di valori, idee, punti di vista.

I media sono ambienti di vita e di socializzazione che, da tempo, hanno iniziato ad inserire, al fine del mantenimento del *plot* narrativo, nuove tipologie di rappresentazioni familiari volutamente eccentriche, quali famiglie di fatto, monogenitoriali, uni personali, nonché rappresentazioni di rapporti affettivi tra persone dello stesso sesso.

Le famiglie ricostituite, poi, con una certa dose di felpata bonomia e con la scusante di dover rispecchiare una certa fedeltà drammaturgica sono tema d'approfondimento nei *talkshow*. Nei media si rappresentano immagini e tipologie di famiglia, dove quasi mai tutti i componenti vivono sempre sotto lo stesso tetto, i figli non sono solo consaguinei, non hanno lo stesso cognome e chi dovrebbe esercitare l'autorità risulta sfumato, collocato spesso sfondo, se non addirittura assente. Pronto a delegare ad altri la sua responsabilità.

Le serie televisive enfatizzano la liquidità dei legami, quasi si possano davvero sciogliere e ricomporre *ad libitum*; ma si tratta di una lettura elitaria, di pochi addetti ai lavori, di qualche *inner circle* che, più o meno, surrettiziamente ambisce a divenire *mainstream*. Non sarebbe male ogni tanto ricordare quanta amarezza possa lasciare lo scioglimento del matrimonio, dato che la relazione filiale che ha generato si estenderà oltre la presa d'atto formale della rescissione del legame fra le persone che vi sono all'origine.

Conclusioni

I quadri concettuali della sociologia relazionale possiedono una forza esplicativa e una capacità teorica di dare risposte a fronte della triplice sfida lanciata dalla "società liquida" all'istituzione matrimoniale, e ci permetto di rispondere positivamente all'interrogativo che ci siamo posti circa il persistere della soggettività della famiglia in un contesto sociale che apparentemente sembra divenire più liquido.

La prima risposta riguarda la sostanziale impossibilità a ridurre la famiglia a sfera privata complanare a tutte le altre relazioni affettive, in una sorta di equipollenza con le relazioni di convivenza:

> La famiglia è, e resta, la base strutturale più essenziale della società, in ciò che essa ha di più coesivo, produttivo e progettuale, in quanto suo "paradigma etico di base". Le tendenze a ridurla a "situazioni di fatto" che rispecchiano le mere volontà individuali, a dispetto e a discapito della sua sostanza relazionale, mostrano la loro dipendenza da una cultura neoilluminista fortemente asservita (e dunque sovra-strutturale) rispetto agli interessi dominanti del potere politico, economico e culturale[28].

Rispetto ai profondi processi di de-istituzionalizzazione che investono la famiglia nella "società liquida" la sociologia relazionale s'interroga sul significato sociologico della distinzione umano/non umano, laddove la forma sociale matrimonio è prodotta da soggetti che si orientano reciprocamente e sovra-funzionalmente.

La seconda risposta resa possibile dal realismo critico, analitico, relazionale mette a tema il matrimonio, in antitesi all'idea propria della "società liquida", per cui la sessualità sarebbe sganciata da ogni impegno relazionale. Tale affermazione incontra seri limiti nella perdita del *proprium* sociologico del matrimonio. Il matrimonio è l'istituzione che lega la differenza fra i

---

[28] P. DONATI, *Perché "la" famiglia?*, 100.

sessi e quella fra le generazioni, per cui non vi potrà mai essere un sostituto etico e funzionale del matrimonio in quanto istituzione sociale normata dalla reciprocità e pienamente inscritta nella comunità. Impensabile allora, secondo una certa *vulgata* postmoderna, che vede nella famiglia l'ostacolo per un sociale che deve "individualizzare gli individui". La sociologia relazionale aiuta a capire che cosa significhi dire che la relazione familiare è *sui generis* e che:

> In generale, la famiglia si forma allorché due persone si danno (donano) reciprocamente, riattivano questo dono attraverso la norma della reciprocità, e generano (hanno figli) attraverso la sessualità di coppia. Questa polidimensionalità si manifesta all'interno della famiglia come sua realtà costitutiva, tanto da identificare un codice simbolico specifico, quello dell'*amore*, che, appunto, viene inteso, di volta in volta, come dono, reciprocità, generazione, manifestazione sessuale[29].

La terza e ultima risposta riguarda il sociale della famiglia che si forma nella relazione fra sessualità, generazione, amore e reciprocità e non nella confusione linguistica e terminologica con ogni altro "stile di vita familiare", come amicizia, *partnership*[30], appagamento dei *desiderata* sessuali: «si tratta di *happening*, di carnevali, di mercati illusori, di rappresentazioni teatrali, di *fiction*, o di comunicazioni strategiche che debbono essere analizzate e interpretate caso per caso»[31].

---

[29] P. DONATI, *Manuale*, 9.
[30] Cf. M. BARBAGLI – G. DALLA ZUANNA – F. GARELLI, *La sessualità degli italiani*, 295-306.
[31] P. DONATI, *Manuale*, 169.

In definitiva, dietro le sfide della "società liquida" all'istituzione matrimoniale si cela un tragico abbaglio a proposito della costante interscambiabilità dei contesti e delle premure, in ultima analisi, di rispetto della realtà personale e umana che sa narrare, in diversi momenti, asperrimi e deliziosi, significativi e insignificanti, la storia di un "per sempre" per "crescere e moltiplicarsi" dentro un futuro che s'incarna nel mistero e nella magia delle nuove generazioni.

Occorre fare attenzione a non considerare esaurita la missione della famiglia e il valore del matrimonio. Il problema è che la famiglia non ce la fa più come prima, in forme e declinazioni diverse, anche se ad una lettura più attenta, resiste la convergenza nell'ideale e nei modelli culturali, anche se per un giovane formare una nuova famiglia, distaccandosi da quella d'origine, per raggiungere obiettivi generativi e desideri progettuali è più difficile, complicato, ma non impossibile, tantomeno impraticabile[32].

La società del XXI secolo si crogiuola nel suo volere essere eticamente neutra, mettendo a tema l'estinzione della famiglia, per nulla attenta alle relazioni familiari come qualità distintive di un senso di vita fra madre-padre-figlio/a. Le altre strutture familiari dovranno dimostrare di reggere alla prova della riproduzione culturale di modelli e valori, che rappresenta il bando di prova della vitalità interna, della capacità di socializzazione, nonché della volontà di confronto con altre forme familiari come quelle dei migranti: «l'individuo del secolo XXI dovrà apprendere che non ci si sposa per autorealizzarsi o per soddisfare un impulso

---

[32] A-M. Castrén – F. Maillochon, «Who chooses the wedding guests», 369-389.

di amore (romantico), ma per ottenere i beni che le relazioni familiari, quella sponsale e quella genitoriale portano con sé»[33]. Ancora una volta, in un contesto multiculturale e multireligioso, il matrimonio sembra rivelarsi l'istituzione fondamentale del futuro di una civiltà.

Ivo Stefano Germano

Bibliografia

Arosio, L., *Sociologia del matrimonio*, Roma 2008.
Barbagli, M. – Castiglioni, M. – Dalla Zuanna, G., *Fare famiglia in Italia. Un secolo di cambiamenti*, Bologna 2003.
Barbagli, M. – Dalla Zuanna, G. – Garelli, F., *La sessualità degli italiani*, Bologna 2010.
Bauman, Z., *Amore liquido*, Roma – Bari, 2008.
Beck, U., – Beck-Gernsheim, E., *Il normale caos dell'amore*, Torino 1996.
Berger, P.L. – Kellner, H., *Il matrimonio e la costruzione della realtà*, ed. R. Prandini – L. Martignani, Roma 2009.
Casey, J., *La famiglia nella storia*, Roma 1991.
Castren, A.-M. – Maillochon, F., «Who chooses the wedding guests, the couple or the family?», *European Societies* 11 (2009) 3, 369-389.
Comitato per il Progetto culturale della Conferenza Episcopale Italiana, «Famiglia», in *La sfida educativa*, Roma 2010, 25-49.
Dale, A. – Sameera, A., «Marriage and employement patterns amongst UK-raised Indiani, Pakistani and

---

[33] P. Donati, «Riconoscimento come responsabilità», 388.

Bangladeshi women», *Ethnic and Racial Studies* 24 (2011) 6, 1.23.
DE SINGLY, F., *Sociologia della famiglia contemporanea*, Palermo 1996.
DONATI, P., *La famiglia come relazione sociale*, Milano 1989.
———, *Manuale di sociologia della famiglia*, Roma 2006.
———, «Riconoscimento come responsabilità della famiglia e verso la famiglia», in P. DONATI (ed.), *Riconoscere la famiglia: quale valore aggiunto per la persona e la società? Decimo Rapporto Cisf sulla Famiglia*, Cinisello Balsamo 2007, 385-412.
———, *Perché "la" famiglia? Le risposte della sociologia relazionale*, Siena 2008.
———, *La società dell'umano*, Torino 2009.
———, «Presentazione. Ripensare il 'costo dei figli' in una società incerta e rischiosa», in P. DONATI (ed.), *Il costo dei figli. Quale welfare per le famiglie. Undicesimo Rapporto Cisf sulla Famiglia*, Milano 2010, 10-18.
——— (ed.), *Famiglia e capitale sociale nella società italiana. Ottavo Rapporto Cisf sulla Famiglia*, Cinisello Balsamo 2003.
DONATI, P. – DI NICOLA, P., *Lineamenti di sociologia della famiglia. Un'approccio relazionale all'indagine sociologica*, Roma 2002.
GIDDENS, A., *Le trasformazioni dell'intimità. Sessualità, amore ed erotismo nelle società moderne*, Bologna 1992.
LÉVI-STRAUSS, C., *Le strutture elementari della parentela*, Milano 1991.
———, «Famiglia», in *Razza e storia e altri studi di antropologia. Le regole che condizionano il pensiero e la vita dell'uomo*, Torino 1967, 145-177.
PRANDINI, R., «La famiglia italiana tra processi di in-di-

stinzione e ri-distinzione relazionale. Perché osservare la famiglia come relazione sociale "fa la differenza"», in P. DONATI – I. COLOZZI (ed.), *Il paradigma relazionale nelle scienze sociali: le prospettive sociologiche*, Bologna 2007, 115-157.

ROUDINESCO, E., *La famiglia in disordine*, Roma 2006.

SARACENO, C. – NALDINI, M., *Sociologia della famiglia*, Bologna 2001.

SCABINI, E. – ROSSI, G. (ed.), *Promuovere famiglia nella comunità*, Milano 2007.

STONE, L., *Famiglia, sesso e matrimonio in Inghilterra tra Cinque e Ottocento*, Torino 1983.

YONNET, P., *Le recul de la mort. L'avènement de l'individu contemporain*, Paris 2006.

ZANATTA, A.L., *Le nuove famiglie*, Bologna 2008.

I MATRIMONI INTERCONFESSIONALI

Introduzione

Prima di affrontare il tema della relazione assegnatami vorrei precisare che il vigente *Codex iuris canonici*, accogliendo i *vota* dei Padri del Sinodo del 1967[1] non contiene traccia del termine matrimoni interconfessionali, ma adotta la locuzione "matrimoni misti". Il termine "matrimoni interconfessionali", invece, è usato nel dialogo a livello ecumenico tra la Chiesa cattolica e le altre Confessioni. Punto di partenza in tali dialoghi è la visione che le Confessioni hanno del matrimonio, che per la Chiesa cattolica e da ravvisarsi nella *caritas*, che lega due persone coscienti e libere, diverse nella loro struttura somatica, ma complementari nella loro sessualità. È l'unione così configurata ad essere elevata dalla sfera naturale alla sfera soprannaturale attraverso il sacramento del matrimonio. Per la tutela della sua naturalità, «della sua dimensione giuridica dei rapporti interconiugali di giustizia» e della sua sacramentalità, la Chiesa prescrive i requisiti per una sua valida celebrazione e precisamente la capacità degli sposi, l'emissione di un valido consenso e l'obbligo della forma canonica cui sono tenuti tutti i cattolici[2]. Il legislatore ecclesiale

---

[1] Cf. A. MONTAN, «Matrimoni misti e problemi pastorali», in *I matrimoni misti*, Città del Vaticano 1998, 25.
[2] Il can. 1117 del CIC prevede l'obbligatorietà della forma canonica per tutti i battezzati nella Chiesa cattolica o in essa accolti

«non rifiuta la celebrazione delle nozze a chi è *bene dispositus*, anche se imperfettamente preparato dal punto di vista soprannaturale, purché abbia la retta intenzione di sposarsi secondo la realtà naturale della coniugalità»[3]. Infatti tutti i popoli della terra sono chiamati a costruire la famiglia umana come comunità di pace e di giustizia e realizzare così una convivenza tra i diversi, la quale è anche strettamente connessa, come afferma la *GS* 47, ad «una felice situazione della comunità familiare e coniugale».

1. Matrimonio misto

La normativa giovanneo-paolina disciplina i matrimoni interconfessionali[4], che con la caduta di molte barriere e con la mobilità della famiglia umana diventano ogni giorno più numerosi, prevedendo sia quelli contratti tra persone battezzate nella Chiesa cattolica e persone battezzate nelle Confessioni acattoliche, sia quelli contratti tra un cattolico e un non battezzato. Il can. 1124 disciplina i matrimoni appartenenti alla prima fattispecie e non contempla più la parola impedimento ma una semplice proibizione alla celebrazione senza espressa licenza dell'Ordinario, in mancanza della quale il matrimonio è valido ma illecito. La licenza viene concessa a determinate condi-

---

e non separati da un atto formale, e, per quel che riguarda gli ortodossi, questi sono tenuti a celebrare le nozze avanti ad un ministro sacro *benedicentis*.

[3] GIOVANNI PAOLO II, Discorso ai Prelati Uditori del Tribunale della Rota Romana, 30 gennaio 2003, n. 8, *AAS* 95 (2003) 397.

[4] Cf. A. MONTAN, «Matrimoni misti e problemi pastorali» (cf. nt. 1), 24-26.

zioni quali l'esistenza di una giusta causa, la promessa della parte cattolica di mantenere la fede e di educare in essa i propri figli, la conoscenza di tali promesse da parte del coniuge non cattolico e la preparazione di entrambe all'assunzione degli impegni matrimoniali derivanti dai suoi fini e dalle sue proprietà (can. 1125). Per quel che concerne la forma canonica il can. 1127 §1 prevede, in via generale, la sua obbligatorietà, introducendo delle eccezioni per la parte non cattolica di rito orientale: in tale circostanza infatti la forma è richiesta solo per la liceità; per la validità, però, è comunque obbligatorio l'intervento di un ministro sacro.

Il n. 78 della *Familiaris consortio*, pur non nascondendo le difficoltà a cui andranno incontro gli sposi appartenenti a confessioni diverse, mette in evidenza «l'apporto che possono dare al movimento ecumenico», infatti «il comune battesimo e il dinamismo della grazia forniscono agli sposi, in questi matrimoni, la base e la motivazione per esprimere la loro unità nella sfera dei valori morali e spirituali». Il *Direttorio* per l'applicazione dei principi e delle norme sull'ecumenismo raccomanda ai pastori, in conformità alla legislazione canonica, di intrattenere rapporti con i pastori delle altre chiese o comunità ecclesiali per approntare così una cura particolare nella preparazione a tali nozze[5]. Pur conservando ciascun coniuge la propria fede, questi

---

[5] La preparazione a tali nozze «deve tener conto della concreta condizione spirituale di ogni coniuge, della sua educazione alla fede e della sua pratica della fede» e rispettare «la situazione particolare di ogni coppia, la coscienza di ogni coniuge e la santità dello stesso matrimonio sacramentale». PONTIFICIO CONSIGLIO PER LA PROMOZIONE DELL'UNITÀ DEI CRISTIANI, *Direttorio per l'applicazione dei principi e delle norme sull'ecumenismo*, 25 marzo 1993, n. 146.

dovranno, nel dialogo interreligioso[6] e culturale, approfondire lo studio delle reciproche convinzioni religiose in modo da mettere in evidenza gli elementi comuni che li uniscono e cercare di superare così le differenze per arrivare ad avere una comprensione maggiore della realtà matrimoniale, dei diritti e degli obblighi scaturenti dal loro *status*. Se non compete ai coniugi l'obbligo del dialogo a livello teologico, a loro compete però il dialogo della vita, il dialogo delle opere supportato dal dialogo della preghiera e soprattutto la formazione di una retta coscienza. La normativa canonica vigente, come si evince dal suo dettato, assume come punto di partenza, l'esistenza, tra la Chiesa cattolica e le Chiese non cattoliche orientali e le Chiese evangeliche, di una *communio* anche se *non perfecta*.

Per tutelare la *salus animarum* dei contraenti in tali matrimoni la Chiesa ha instaurato con alcune confessioni dialoghi a livello teologico, nei quali si sono presi in considerazione, in primo luogo, l'interpretazione della S. Scrittura e il significato e la valenza delle azioni sacramentali, partendo dall'esame della validità della formula con la quale viene amministrato il sacramento del battesimo.

---

[6] Solo attraverso una approfondita conoscenza delle reciproche credenze religiose il dialogo potrà essere costruttivo. Infatti, pur costituendo ciascun matrimonio un caso a sé, da parte di entrambi i coniugi è richiesta una fede matura ed un comune progetto di vita radicato nel messaggio evangelico ossia «del senso che Dio gli ha dato, della sua origine e del suo fine». *Catechismo della Chiesa Cattolica*, Città del Vaticano 1992, 410, n. 1602.

2. Matrimonio con disparità di culto

La mancata concessione della dispensa, al contrario, comporta la nullità del vincolo nei matrimoni contratti tra una parte cattolica e una parte non battezzata, come afferma il can. 1086 §1[7] che tra l'altro prescrive che la dispensa possa essere concessa alle condizioni previste dal can. 1127 §1. Nel §2 del can. 1127 è contemplata altresì un'ulteriore eccezione e precisamente la dispensa dalla forma canonica da parte del Vescovo, obbligando, comunque, gli sposi ad una celebrazione a carattere pubblico.

Non solo per dare certezza al vincolo matrimoniale e tutelare così le parti più deboli, come del resto era già stato previsto dal Concilio di Trento, ma per mettere in risalto i valori di tale istituzione e mettere così in luce che anche la mera celebrazione in forma civile dà vita ad una unione cristiana. Secondo Montan «si tratta di un'eccezione formalmente possibile. Il can. 1127 §2 *del Codice di diritto canonico* impone *per la validità* nel caso di matrimonio misto "una qualche forma pubblica di celebrazione" [...], non identificando la "pubblica" con la forma religiosa cattolica o acattolica e però lasciando spazio a un'eventuale celebrazione puramente civile, che per i cristiani, se consentita, ha valore sacramentale»[8].

---

[7] Il canone, come afferma Navarrete, non pone nessun problema per la clausola "non baptizata". «Invece è assai complessa l'interpretazione delle tre clausole "baptizata in Ecclesia catholica", in "eandem recepta", "nec actu formali ab ea defecerit". I problemi riguardanti il battesimo dubbio vengono previsti nel §3 del medesimo canone». U. NAVARRETE, «L'impedimento di "disparitas cultus"», in *I matrimoni misti* (cf. nt. 1), 123.

[8] A. MONTAN, «Matrimoni misti e problemi pastorali» (cf. nt. 1), 44.

La dispensa, come afferma parte della dottrina[9], è uno strumento di diritto ecclesiale ovverosia di diritto umano reso obbligatorio per tutelare i valori della fede del coniuge cattolico e della prole, come di diritto umano sono le promesse – *cautiones*. Ma entrambi gli istituti sono ritenuti strumenti idonei a riconoscere il diritto di libertà religiosa spettante ad entrambi gli sposi, ed un monito alle stesse del diritto-dovere che loro incombe di preservare l'unità della famiglia, di non mettere, cioè, a rischio il vincolo stesso[10]. Il can. 1126 demanda alle Conferenze Episcopali il compito di stabilire il modo e la forma mediante cui redigere e rendere conoscibile l'assunzione di tali promesse da parte cattolica; per quel che riguarda la parte non cattolica deve risultare la sua presa d'atto di tali impegni. Parimenti spetta alle Conferenze, in base al can. 1127 §2, determinare le condizioni per concedere la dispensa dalla forma canonica.

Tale novella, secondo Ërdo, «analogamente all'intento della tradizione giudaica, sembra preoccuparsi di proteggere l'identità religiosa della comunità cattolica»[11].

---

[9] Cf. U. NAVARRETE, «L'impedimento di "disparitas cultus"» (cf. nt. 7), 132.

[10] «Tenendo conto dell'essenziale dimensione apostolica dell'essere cristiano, nonché dell'indole duale del matrimonio e del suo costitutivo ordinamento ai figli […], ciò che è giusto in questa materia non può ridursi al dovere di conservazione di se stesso nella comunione, ma implica pure il dovere di testimoniare la fede e la vita cristiana dinanzi al coniuge e quello di trasmettere fedelmente tale patrimonio alla prole». C.J. ERRÀZZURIZ MACKENNA, «I matrimoni misti: approccio interordinamentale e dimensioni di giustizia», in *Sistema giuridico canonico e rapporti interordinamentali. XII Congresso Internazionale di Diritto Canonico*, Beyrouth (Liban) 2008, 465.

[11] P. ËRDO, «I matrimoni misti nella loro evoluzione storica», in *I matrimoni misti* (cf. nt. 1), 22.

Occorre aggiungere che se tale assunto poteva ritenersi pienamente valido in costanza del *Codex* del '17, dopo il Vaticano II si è messo altresì l'accento sul fatto che le coppie interconfessionali, se profondamente preparate e radicate nelle rispettive fedi, con la loro testimonianza di vita cristiana possono costituire un arricchimento spirituale «per le comunità cristiane e per il cammino ecumenico»[12], in quanto possono rappresentare "soluzioni parziali" alla divisione tra cristiani[13].

3. Matrimonio di un cattolico con un ortodosso

Per quel che attiene alle Chiese orientali non cattoliche, negli Accordi intercorsi negli USA con il Vescovo ortodosso di Boston nel 1981 viene permessa la benedizione delle nozze anche nella chiesa ortodossa, per la salvaguardia della piena comunione del coniuge ortodosso con la sua Chiesa, in deroga alle disposizioni contenute negli accordi ecumenici di vietare la doppia celebrazione[14]. Al riconoscimento che attra-

---

[12] A. MONTAN, «Matrimoni misti e problemi pastorali» (cf. nt. 1), 30-31.

[13] Si tratta di cercare la soluzione meno imperfetta per il bene della prole, per la coscienza di ciascun coniuge e per la causa dell'unità tra le Chiese. Cf. T. BERTONE, *Il magistero post-conciliare sul sacramento del matrimonio. Convegno di aggiornamento, Facoltà di Teologia della Università Pontificia Salesiana, Roma 1-4 novembre 1975*, Roma 1976, 228.

[14] ARCIVESCOVO CATTOLICO ROMANO DI BOSTON – IL VESCOVO GRECO ORTODOSSO DI BOSTON E NEW ENGLAND, Accordo sui matrimoni fra ortodossi e cattolici romani, Boston, 8 aprile 1981, in *Enchiridion Oecumenicum*, II, Bologna 1988, 3056 (1637-1638). Dalle lettura del paragrafo secondo del can. 780 CCEO si evince che, diversamente da quanto disposto dal can. 1059 CIC, «dichiara

verso questa benedizione il coniuge ortodosso raggiunge la piena comunione con la sua Chiesa, si contrappone la rassicurazione, per il coniuge cattolico, che tale benedizione non contrasta con la propria appartenenza alla Chiesa cattolica.

Il matrimonio tra una parte cattolica e una parte siro-malankarese è stato disciplinato nel 1994. Le due

---

applicabile» alla parte acattolica «quell'ordinamento, ecclesiale o meno, cui essa è tenuta [...] ovviamente nel rispetto del diritto divino, entrambe le parti» sono «rette da ordinamenti diversi in ciò che è di diritto umano, pur essendoci un solo vincolo matrimoniale in gioco». C.J. ERRÁZZURIZ MACKENNA, «I matrimoni misti: approccio interordinamentale e dimensione di giustizia», in *Sistema giuridico canonico* (cf. nt. 10), 456-457. Per quel che riguarda il diritto della comunità acattolica bisogna ricordare che in tali circostanze si applica la normativa di tali comunità riguardante gli impedimenti dirimenti che ostacolano la celebrazione del matrimonio e non riguarda la normativa concernente la nullità o lo scioglimento del vincolo. Quindi il can. 781 specifica l'ambito entro il quale la Chiesa cattolica ha competenza per dichiarare la nullità del vincolo matrimoniale ovverosia la capacità dei battezzati non cattolici a contrarre matrimonio e la forma della celebrazione dello stesso. Tale canone recepisce la giurisprudenza ed è guida nei casi in cui la parte acattolica si rivolga ai tribunali ecclesiastici per chiedere la nullità del matrimonio per poter contrarre nuove nozze con una parte cattolica. Infatti i vizi che i giudici possono prendere in considerazione sono quelli derivanti dall'inosservanza delle norme di diritto divino, per quel che riguarda il consenso o la capacità delle parti. Non così se trattasi di un vizio di natura ecclesiale (condizione – timore – grave errore doloso). Il *Responso* della Segnatura Apostolica del 1970 è diventato legge in forza dell'approvazione pontificia. Tale *Responso* dichiarava nullo un matrimonio tra due ortodossi celebrato avanti all'ufficiale di stato civile. Occorre inoltre osservare che se consta da un documento certo ed autentico l'inosservanza della forma legittima, prevista per la celebrazione del matrimonio, dal processo ordinario si passa al processo documentale. Cf. D. SALACHAS, «I matrimoni misti nel codice latino e in quello delle Chiese Orientali Cattoliche», in *I matrimoni misti* (cf. nt. 1), 57-63.

Chiese, pur riconoscendo come regola generale la celebrazione di matrimoni all'interno della medesima confessione, accettano la realtà dei matrimoni misti. In tale contesto, in presenza di una sostanziale identità di vedute sulla sacramentalità del matrimonio tra cristiani e sulla sua indissolubilità, i problemi posti dalle rispettive discipline alla celebrazione di queste unioni si riducono all'osservanza delle normative e quindi gli sposi devono chiedere ai propri Vescovi il permesso di celebrare tale matrimonio, scegliere la chiesa in cui celebrarlo e adempiere a tutte le altre formalità. È esclusa la concelebrazione e la benedizione congiunta, ma è possibile una qualche forma di partecipazione del sacerdote dell'altra confessione, che si svolga in seno alla stessa messa, ove tutti gli appartenenti alle famiglie degli sposi possono accedere all'eucaristia. La registrazione va effettuata nella chiesa ove il matrimonio è stato celebrato, ma si devono compilare i certificati di cui dovrà esservi traccia nei registri dell'altra chiesa[15]. Le decisioni relative alla validità del vincolo che comportino la nullità saranno prese in considerazione solo con il consenso dei Vescovi di entrambe le parti. Il problema dell'educazione cristiana della prole non è stato oggetto dell'accordo, vi è solo il richiamo alla parte cattolica dei suoi obblighi. Tale Accordo riveste un'importanza particolare in quanto è la conseguenza degli Accordi intercorsi nel 1984 tra Giovanni Paolo II e il patriarca Zakka I di Antiochia[16].

---

[15] COMMISSIONE MISTA DI DIALOGO CATTOLICI – SIRO-ORTODOSSI, Accordo sui matrimoni interecclesiali, 25 gennaio 1994, in *Enchiridion Oecumenicum*, III, Bologna 2004, 2049-2054 (891-897).

[16] GIOVANNI PAOLO II – MORAN MAR IGNATIUS ZAKKA IWAS I, Dichiarazione comune, 23 giugno1984, in *Enchiridion Oecumenicum*, III (cf. nt. 15), 2006-2015 (867-871).

In Europa interessanti sono state le direttive impartite in Svizzera. Si è riconosciuto valido, previa dispensa, il matrimonio celebrato nella Chiesa ortodossa. Per la *salus animarum* si è prevista altresì «una celebrazione comune che contenga gli elementi essenziali del rito matrimoniale di entrambe le Chiese e venga presieduta dagli officianti di ognuna delle due Chiese, senza ripetere il sacramento»[17]. Tali nozze sono pienamente valide, intercorsa l'autorizzazione, in quanto, come afferma l'*Unitatis redintegratio* n. 15, nelle Chiese ortodosse si ritrovano «veri sacramenti e soprattutto, in virtù della successione apostolica, il sacerdozio e l'Eucaristia, per mezzo dei quali esse restano unite con noi da strettissimi vincoli». Nel dialogo con gli ortodossi un grave problema è da ricercarsi nella possibilità che questi, in determinate circostanze, prevedano lo scioglimento del matrimonio ed inoltre identificano, in genere, nel presbitero il ministro del sacramento del matrimonio, al contrario di quanto avviene nella Chiesa cattolica di rito latino, in cui gli sposi sono considerati i ministri del sacramento.

4. Matrimonio di un cattolico con un fedele delle comunità ecclesiali d'Occidente

Per quel che riguarda le comunità ecclesiali d'Occidente rilevanti sono gli Accordi intercorsi tra la CEI e la Comunità valdese o metodista. Il documento dal titolo *Testo comune per un indirizzo pastorale dei ma-*

---

[17] COMMISSIONE PER IL DIALOGO FRA ORTODOSSI E CATTOLICI ROMANI IN SVIZZERA, Matrimoni interconfessionali fra cristiani e ortodossi, in *Enchiridion Oecumenicum*, IV, Bologna 1996, 2452 (819).

trimoni *tra cattolici e valdesi o metodisti,* dopo aver ottenuto la *recognitio* dalla S. Sede e l'approvazione dal Sinodo Valdese, è stato firmato dai rappresentanti di entrambe le Chiese nel 1997[18]. La Comunità valdese, pur riconoscendo l'importanza del matrimonio sul piano naturale, ne disconosce la valenza sul piano sacramentale. Un'altra difficoltà incontrata nel dialogo è il fatto che la Comunità valdese, in caso di crisi coniugale, ammette la possibilità di divorzio. Per tale Comunità i coniugi si scambiano il consenso con l'intento di unirsi in una comunione d'amore e di vita duratura in conformità alle parole del Cristo «l'uomo non separi ciò che Dio ha unito»[19]. In nome dello stesso Evangelo, però, non è possibile chiedere ai coniugi di continuare il loro rapporto coniugale diventato insostenibile, consentendo così agli sposi di accedere allo scioglimento del vincolo, e una volta ottenutolo, di potersi risposare in chiesa osservando tuttavia delle speciali modalità[20]. Un altro grande ostacolo alla piena comunione è l'affermazione della validità del matrimonio da parte dei Valdesi nel caso di esclusione

---

[18] CONFERENZA EPISCOPALE ITALIANA – SINODO DELLE CHIESE VALDESI O METODISTE, Testo comune per un indirizzo pastorale dei matrimoni tra cattolici e valdesi o metodisti in Italia, Roma 16 giugno 1997, in *Enchiridion CEI*, VI, Bologna 2002, 751-805 (390-418); segue ID., Testo applicativo del testo comune per un indirizzo pastorale dei matrimoni tra cattolici e valdesi o metodisti in Italia, 25 agosto 2000, in *ibid.*, 2993-3050 (1597-1617).
[19] Testo comune (cf. nt. 18),773-775 (401-402).
[20] Testo comune (cf. nt. 18). I Valdesi non riconoscono i provvedimenti canonici che dichiarano la nullità o lo scioglimento del matrimonio, però accordano a tali persone la possibilità di celebrare nuove nozze con le formalità previste per le seconde nozze e dietro presentazione del certificato attestante lo stato libero rilasciato da organi dello Stato.

della prole[21]. Riguardo alla educazione dei figli, stante l'obbligo fatto, in via generale, in ciascun ordinamento[22] dai rispettivi fedeli di educarli secondo la propria fede, le due Chiese convengono che il problema va affrontato preliminarmente e non rinviato o demandato alla prole stessa quando questa raggiunga la maturità e, di conseguenza, viene esclusa «ogni pressione da parte» delle due Chiese «sulla coscienza dei coniugi». Parimenti le due confessioni si obbligano a rispettare le decisioni che questi, nell'esercizio responsabile del loro diritto, prenderanno in ordine al battesimo e alla educazione dei figli[23]. Resta però il diritto/dovere del coniuge aderente all'altra confessione di testimoniare la propria fede con la parola e con l'esempio.

Per la forma matrimoniale le Chiese hanno previsto di demandare agli sposi la scelta della celebrazione. In ottemperanza al can. 1125 l'accordo stesso è ritenuto "giusta causa" per la concessione della licenza, a meno che non constino impedimenti o motivi di nullità evidenti. Il coniuge che avrà celebrato un matrimonio misto, in forza dell'accordo dovrà provvedere a registrarlo, ove sia richiesto, presso la propria comunità religiosa. È quindi

---

[21] Testo comune (cf. nt. 18), 776 (402). «La Chiesa cattolica ritiene che l'esclusione della prole con atto positivo di volontà di uno o di ambedue i coniugi al momento della celebrazione renda nullo il matrimonio [...]. La seconda divergenza riguarda la regolazione delle nascite». Ambedue le chiese condividono «il principio secondo cui la regolazione delle nascite rientra nel campo della responsabilità umana e cristiana degli sposi. Vi è però diversità di giudizio circa la liceità morale di alcuni metodi di regolazione delle nascite. Questa questione non riguarda, però, la natura del matrimonio né le sue proprietà essenziali e, come tale, non incide sulla validità del matrimonio misto». Testo comune (cf. nt. 18), 776-777 (402-403).

[22] Testo comune (cf. nt. 18), 778-781 (403-405).

[23] Testo comune (cf. nt. 18), 778-781 (403-405).

possibile che il matrimonio venga celebrato avanti ad un ministro delle due Chiese o avanti all'ufficiale dello stato civile. Nel primo caso si applicano le norme relative alla celebrazione della comunità prescelta, ed il ministro di quella comunità riceverà il consenso degli sposi, il ministro dell'altra, eventualmente presente, non celebrerà ma testimonierà la sollecitudine della sua Chiesa. Nel secondo caso la celebrazione civile sarà preceduta da incontri effettuati dai rispettivi pastori per mettere in evidenza che anche con il rito civile essi creeranno un vincolo cristiano e successivamente potrà essere previsto un incontro ecumenico nel quale poter inserire l'annuncio dell'Evangelo e la benedizione degli sposi senza per questo dover rinnovare il consenso. Tale eccezione, del resto, è conforme a quanto disposto dal Decreto Generale sul matrimonio emanato dalla CEI nel 1990.

Nel 2007 si sono conclusi i lavori della Commissione congiunta tra la CEI e l'Unione cristiana evangelica battista d'Italia, per predisporre un documento comune per un indirizzo pastorale dei matrimoni tra cattolici e battisti, da sottoporre all'approvazione delle parti. Come base delle discussioni è stato preso l'Accordo intercorso tra la Conferenza e il Sinodo delle Chiese Valdesi o Metodiste. Il Documento è stato sottoscritto da entrambe le parti il 30 giugno del 2009. Il testo mette in evidenza il ruolo che il matrimonio e di conseguenza la famiglia interconfessionale rivestono, nelle rispettive comunità religiose, in quanto rappresentano non solo una testimonianza della capacità di dialogo ecumenico, ma soprattutto come «comune adesione e sequela dell'unico Signore»[24], per permettere loro di essere autentici testimoni dei propri principi.

---

[24] Per le Chiese battiste il matrimonio non è considerato un sacramento, ma un "dono" del Signore. Per quel che attiene all'in-

Nel caso di matrimoni misti validi per una sola delle due Chiese (ad esempio matrimoni canonici non aventi effetti civili, matrimoni valdesi, evangelici o metodisti di divorziati) non si avrà alcun riconosci-

---

dissolubilità occorre osservare che, pur considerando il matrimonio un'unione che dura per tutta la vita, è possibile chiedere il divorzio e contrarre nuove nozze, in considerazione del fatto che una convivenza forzata e problematica non giova al bene della prole. Tale divergenza, per l'ordinamento canonico, rileva solamente se entrambe o una delle parti esclude l'indissolubilità. Per quel che attiene l'ordinazione del matrimonio alla prole non vi sono divergenze. Sussiste, invece, divergenza sul problema della liceità morale di alcuni metodi di regolazione delle nascite, ma tale decisione viene lasciata alla responsabilità e alla libertà degli sposi. Anche per l'educazione religiosa, da impartire ai propri figli, sono state ricalcate le regole che vigono per il matrimonio tra cattolici e valdesi e parimenti sono riprese le disposizioni per quel che riguarda le investigazioni prematrimoniali, l'obbligo della forma canonica per il coniuge cattolico per la celebrazione delle nozze e la licenza dell'Ordinario nel caso in cui siano presenti ostacoli particolari ad ottemperare a tale prescrizione, nonché la conoscenza da parte del non appartenente alla Chiesa cattolica dell'impegno che il cattolico ha di conservare la propria fede e di educare in essa la prole, nei limiti del diritto che grava sull'altro coniuge. Il can. 1125, 1° è stato oggetto di osservazioni e precisamente per quel che riguarda la dichiarazione di essere «pronta ad allontanare i pericoli di abbandonare la fede», deve essere osservato che "i pericoli" non sono da imputarsi al coniuge evangelico il quale ugualmente può incorrere nel pericolo dell'indifferentismo, per scongiurare, quindi, la possibilità che entrambi abbandonino la propria Chiesa devono entrambi farsi carico di vigilare che ciascuno viva in modo autentico e coerente la propria fede. Quanto al battesimo e all'educazione dei figli, qualora per il genitore cattolico non sia possibile battezzare nella Chiesa cattolica la prole questi è tenuto comunque a farsi parte attiva ad attuare in seno alla famiglia un'atmosfera cristiana e testimoniare i valori peculiari della tradizione cattolica». CONFERENZA EPISCOPALE ITALIANA – UNIONE CRISTIANA

mento, ma le comunità non escluderanno dall'attenzione pastorale i nuovi nuclei familiari così formati.
L'azione pastorale di inserimento nelle parrocchie riguarda non solo queste famiglie, ma tutte le famiglie interecclesiali. Come possiamo constatare la profonda differenza dei principi relativi al matrimonio nelle due comunità non ha impedito il raggiungimento di un accordo che consente la celebrazione di un matrimonio misto. È evidente, però, che questo è possibile solo se, concretamente, i coniugi accettano una visione coerente con i principi matrimoniali delle due comunità, ipotesi possibile quando le due concezioni non si pongono su posizioni antagoniste.

5. Matrimonio con disparità di culto

I matrimoni tra cattolici e non battezzati non possono essere elevati dal piano naturale a quello soprannaturale, pur tuttavia in essi devono potersi sviluppare i «valori propri al matrimonio naturale»[25], ossia una relazione basata sul rispetto, sull'affetto e sulla misericordia reciproca, aperta alla nascita di eventuali figli.

La prudenza pastorale ha dettato al legislatore umano della Chiesa cattolica di imporre allo *ius connubii* un limite, fondato sul diritto naturale radicato nella stessa sessualità umana[26], allorché ci si trovi in presenza di matrimoni contratti tra persone battezzate

---

EVANGELICA BATTISTA D'ITALIA, Documento comune per un indirizzo pastorale dei matrimoni tra cattolici e battisti in Italia, nn. 2.1.-2.6., 4.6.

[25] CONFERENZA EPISCOPALE ITALIANA, «I matrimoni tra cattolici e musulmani in Italia. Indicazioni della Presidenza della CEI», in *Enchiridion CEI*, VII, Bologna 2006, 2185 (1224).

e persone non battezzate. In questi casi può essere maggiormente messa in pericolo la fede del coniuge cattolico, sia in un paese democratico, sia in contesti culturali e civili in cui l'ordinamento è legato ad una concezione religiosa particolare.

Non bisogna dimenticare che in alcuni contesti culturali si accetta una fondamentale diseguaglianza tra uomo e donna, una diseguaglianza tra genitori e figli, una soggezione al capo della famiglia allargata. Tali posizioni si riverberano nella formulazione del diritto familiare, del diritto patrimoniale e del diritto ereditario.

Occorre rilevare che, in genere, le altre religioni sono concordi nello sconsigliare ai propri fedeli la possibilità di contrarre nozze con persone appartenenti ad altri credi[27]. Il matrimonio con disparità di culto, cioè, non viene ammesso dalle confessioni di appartenenza. Di conseguenza tali matrimoni possono essere celebrati solo canonicamente, previa dispensa, ma non sono riconosciuti come matrimoni religiosi dalle altre confessioni. L'unica possibilità per le coppie in questa condizione è quella che la parte cattolica abiuri e si converta alla fede del futuro coniuge. In questo caso, evidentemente, non si può parlare di matrimonio misto.

Resta certamente la possibilità di celebrare il matrimonio civilmente, sempre che la legge personale di entrambi i coniugi lo consenta, e sempre che esista un matrimonio puramente civile[28]. La questione più in-

---

[26] Cf. U. NAVARRETE, «L'impedimento di "disparitas cultus"» (cf. nt. 7), 116.

[27] Una rilevante eccezione è la possibilità per un musulmano di sposare un'ebrea, una cristiana o una zoroastriana. Vedi *infra*.

[28] In Libano, per es., si hanno solo matrimoni religiosi e di conseguenza la possibilità di matrimoni misti si riducono ai matrimoni tra un musulmano sunnita ed una cattolica, salvo con-

sidiosa si annida, infatti, nel così detto statuto personale[29], nel fatto cioè che normalmente la capacità, e in genere i rapporti familiari, sono regolati dalla legge nazionale di ciascun coniuge e questa può, e negli stati islamici deve, identificarsi con la legge religiosa. In quel contesto occorrerà vedere se la normativa ostativa al matrimonio viene ammessa dallo stato in cui il matrimonio viene celebrato, ma anche se non venisse ammessa, il matrimonio, così celebrato, non avrebbe effetti nello stato di provenienza, e ciò inciderebbe evidentemente non solo sullo stato di coniuge ma anche su quello dei figli, che al più verrebbero considerati, in quegli ordinamenti, come figli naturali e non legittimi.

5.1 *Matrimonio tra un cattolico ed un ebreo*

Interessante, per quel che riguarda il matrimonio tra cattolici ed ebrei, è stato il Comunicato congiunto della Commissione mista per il dialogo cattolico-ebraico del 2003, nel quale è stato ribadito il comune intento di voler promuovere tra tutti gli uomini "la cultura della vita", ed in esso è stato altresì messo in evidenza l'importante ruolo che in tale impegno riveste la famiglia. Nel testo del Comunicato, inoltre, si legge che «sulla base delle nostre ricche tradizioni religiose»

---

versioni. Ma sembra che le cose nei fatti vadano poi diversamente. Cf. J. TRAD, «Libano: un modelo de libertad y reciprocidad entre religiones», in *Libertà religiosa e reciprocità*, Milano 2009, 153.

[29] Nel sistema islamico la dhimma. M. BORRMANS, «La libertà religiosa nei Paesi musulmani tra teoria e prassi», in *Libertà religiosa e reciprocità* (cf. nt. 28), 53-60.

le due confessioni sono contrarie a "modelli alternativi" di unioni di coppia e di famiglia»[30].

Pur nella condivisione dei valori della vita e della realtà coniugale, però, non esiste, per l'ebraismo ortodosso, la possibilità di contrarre dei matrimoni interreligiosi. Infatti, in base ai precetti dell'Antico Testamento è vietato il matrimonio con persone appartenenti ad altre religioni[31] e, trattandosi di un precetto inserito nella Toràh, il matrimonio eventualmente contratto è nullo. Del resto nella concezione ebraica il matrimonio è visto come rappresentazione allegorica del Tempio, nel quale tutti i membri della famiglia vivono in osservanza della Toràh secondo il tradizionale stile di vita ebraico, il che è evidentemente impossibile nei matrimoni misti. È da notare, però, che negli USA alcuni rabbini, non di stretta osservanza, hanno celebrato con rito ebraico tali matrimoni anche senza chiedere la conversione alla fede del Popolo di Abramo della persona non-ebrea[32]. Alla coppia mista

---

[30] COMMISSIONE PER IL DIALOGO CATTOLICO-EBRAICO TRA RAPPRESENTANTI DELLA COMMISSIONE DELLA SANTA SEDE PER I RAPPORTI RELIGIOSI CON L'EBRAISMO E DEL GRAN RABBINATO D'ISRAELE, *Comunicato congiunto,* Grottaferrata – Roma, 26 febbraio 2003, nn. 4.5, 5.4.

[31] *Dt* 7,3-4. È da considerarsi «proibito o nullo il matrimonio "misto", [...] infatti per il Diritto ebraico il matrimonio può aver luogo soltanto fra ebrei e qualunque unione fra un ebreo e una ebrea con chi non appartiene all'ebraismo [...] è considerata vietata e, se avvenuta, come matrimonio nullo e illegittimo». A. MORDECHAI RABELLO, *Introduzione al diritto ebraico. Fonti, Matrimonio e Divorzio, Bioetica,* Torino 2002, 111.

[32] Secondo il commento di A. Somelkh pubblicato su *Ha Keillah* nel febbraio del 1999, alla presentazione del libro *Riformati come i farisei* di S.J. Maslin, già presidente dell'Assembea dei Rabbini Riformati americani, tradotto da F. Levi.

quindi, in generale, è preclusa la possibilità di potersi sposare con il rito ebraico e l'unica strada possibile per la celebrazione delle nozze rimane il matrimonio civile o quello canonico, previa dispensa.

Per la validità di un tale matrimonio civile occorre però controllare la nazionalità del coniuge ebreo. Se è israeliano non vi sono problemi perché quello stato ammette il matrimonio civile, ma se si tratta di stati che fanno riferimento alla legge religiosa di appartenenza, la questione evidentemente si complica.

Per gli ebrei il matrimonio è un contratto che i futuri sposi si scambiano per tutelare, anche sul piano economico, la donna soprattutto in caso di divorzio. Solamente con lo scambio dei consensi e con la consegna della *Ketubà*, documento contenente i diritti e i doveri dello sposo anche in ordine finanziario, il vincolo viene formalizzato[33].

5.2 *Matrimonio tra un cattolico e un musulmano*

Alla donna islamica è assolutamente vietato contrarre il matrimonio con un non musulmano. Se ciò avvenisse il matrimonio sarebbe nullo[34].

---

[33] Cf. A. MORDECHAI RABELLO, *Introduzione al diritto ebraico* (cf. nt. 31), 96-106.

[34] Tale divieto è presente anche nelle legislazioni statali dei paesi musulmani che hanno regolato direttamente il matrimonio: art. 31 della legge algerina sulla famiglia del 1984, art. 29 della Mudawwana marocchina del 157-158, art. 12 della legge libica. In Tunisia si devono rammentare due circolari aventi questo tenore. La famiglia islamica disegnata dal Corano, dalla Sunna e dal diritto è di tipo patriarcale e patrilineare ed è fondata sul legame di sangue e sul coniugo. Interessante è osservare che esi-

È invece possibile, per i sunniti, il matrimonio tra un musulmano e una ebrea o una cristiana[35] o zorastriana. È però da tenere presente che secondo tre autorevoli scuole giuridiche sunnite, un tale matrimonio è sconsigliabile. Un tale matrimonio è, invece, escluso dagli sciiti, per i quali è possibile in questo caso un matrimonio a tempo.

I problemi che pongono tali nozze discendono da una parte dalla normativa islamica che regola il matrimonio e la vita della famiglia e, dall'altra, dagli obblighi che deve assumere la donna cattolica.

Il matrimonio islamico, pur assolvendo un obbligo religioso e adempiendo una necessità sociale, è essenzialmente un contratto privato. È, cioè, il contratto in forza del quale l'uomo acquista il diritto sulla donna pagando il *mahr* al padre della sposa che interviene al matrimonio come suo tutore – *walì* – (o del giudice religioso – *qàdì* – se manca il primo), e con il quale si obbliga a mantenere lei e la prole[36].

L'uomo può avere contemporaneamente quattro mogli[37] e altre donne come concubine. Solo in Tunisia la poligamia è vietata, mentre in Marocco, in Siria ed in Iraq la moglie può chiedere al marito l'impegno monogamico, ma la violazione di tale obbligazione comporta solo la dissoluzione di quel vincolo e non invalida i matrimoni successivi. In Algeria la prima moglie può chiedere il divorzio se il marito prende

---

stono impedimenti permanenti e temporanei e tra i primi è da annoverarsi l'impedimento di latte. B. GHIRINGHELLI – A. NEGRI, *I matrimoni cristiano-islamici in Italia: Gli interrogativi, il diritto, la pastorale*, Bologna 2008, 10-23.

[35] Cf. Corano 5, 5-7.
[36] Cf. B. GHIRINGHELLI – A. NEGRI, *I matrimoni* (cf. nt. 34), 15-18.
[37] Cf. Corano 4, 3.

altre mogli e queste devono essere informate del preesistente matrimonio. Il marito, salva l'autonomia della moglie sul suo patrimonio personale, ha una potestà ampia sulla moglie che include il potere di correzione[38]. Deve, però, rispettare l'esercizio della religione cristiana da parte della moglie[39]. Il marito può ripudiare liberamente la moglie[40]. I figli portano il nome del padre, hanno la sua nazionalità, devono seguire la sua religione. La potestà su i figli, personale e patrimoniale, spetta solo al padre, e se questi muore al tutore testamentario. Se questi manca, è il giudice a designarlo. Solo in Algeria e in Tunisia, se viene meno il padre, la tutela legale passa alla madre.

È quindi evidente che la donna cattolica non può, ragionevolmente, assumere le obbligazioni previste nelle *cautiones*. Apparentemente non vi sarebbero problemi solo per il mantenimento della sua fede. Ma non si deve dimenticare che la donna cattolica non ha diritti successori rispetto ai musulmani. Se è ripudiata, in molti stati islamici, a cominciare da quelli del Maghreb, non ha diritto di cittadinanza e potrebbe essere allontanata perdendo così la possibilità anche solo di vedere i figli, ecc.

Ci chiediamo se in questi casi ha senso assumere l'obbligazione di fare il possibile perché i figli siano battezzati ed educati cristianamente. Si sa perfetta-

---

[38] Cf. Corano 4, 34.

[39] Cf. Corano 2,256, Nessuna costrizione in religione.

[40] Cf. Corano 2, 228. Secondo i giuristi islamici solo il marito come acquirente può ripudiare la moglie, poiché così facendo si limita a rinunciare all'acquisto [...]. Diverse sono le modalità a secondo che l'atto di ripudio sia emanato dall'uomo o dalla donna. PRESIDENZA DELLA CEI, I matrimoni tra cattolici e musulmani in Italia. Indicazioni, Roma, 26 aprile 2005, in *Enchiridon CEI*, VII, Bologna 2006, 2232-2233 (1239-1240).

mente che essi per la legge islamica sono considerati musulmani dalla nascita e che se volessero abbandonare quella fede, sarebbero passibili della pena di morte o quantomeno sarebbero condannati alla morte civile[41]? E ancora ci domandiamo che senso ha chiedere che entrambi i coniugi siano istruiti sulle proprietà del matrimonio e quindi sull'unità e l'indissolubilità del matrimonio, quando queste proprietà sono in evidente contrasto con la poligamia e con il ripudio?

5.3 *Matrimonio con un induista o un buddista*

Per l'induismo il matrimonio è monogamico, ma il matrimonio tra un indù ed un seguace di un'altra religione è considerato nullo. Se una coppia interconfessionale vuole sposarsi, può:
– scegliere il matrimonio civile;
– ricorrere all'istituto della dispensa canonica qualora una parte sia cattolica;
– la parte cattolica può conventirsi all'induismo perché la coppia si sposi secondo il rito indù.

Per i seguaci del buddismo lo stato matrimoniale, sia che derivi da un impegno religioso sia che scaturisca da un impegno preso in sede civile, non riveste alcuna rilevanza religiosa. Tuttavia possono demandarne la celebrazione sia nel tempio buddista sia nella casa comunale[42].

---

[41] Nel codice sudanese del 1991 all'art. 126 e in quello mauritano all'art. 306, è espressamente prevista la pena di morte.
[42] A. ALBISETTI, «Il "mancato" matrimonio buddhista», in *Studi in Onore di A. Ravà*, Torino 2003, 13.

6. Dispensa

Ogni singolo matrimonio, ovviamente, costituisce un caso a sé e questa peculiare situazione, che coinvolge in un primo momento due persone, necessita da parte di entrambe un comune progetto di vita.

È quindi evidente che la Chiesa cattolica, in tale contesto culturale e religioso, si è venuta orientando per un indirizzo sempre più rigoroso quanto al rilascio della dispensa.

Ad esempio, la Conferenza Episcopale Italiana nel 1993, nell'adottare il Direttorio di pastorale familiare (n. 89), si era limitata a sottolineare la necessità che «i nubendi abbiano una giusta concezione del matrimonio in particolare sulla natura monogamica e indissolubile» e più pragmaticamente richiede di controllare la legislazione matrimoniale dello stato di appartenenza della parte islamica e di tenere presente il luogo in cui i coniugi fisseranno permanentemente la loro dimora.

La CEI, inoltre, preoccupata del fallimento di queste unioni, fallimento che ha recato grandi sofferenze soprattutto alla donna, successivamente ha emanato nel 2005 delle *Indicazioni sui matrimoni tra cattolici e musulmani in Italia*[43], indirizzate ai pastori per la concessione della dispensa sulla *disparitas cultus*, nelle quali giungeva (§3) «a sconsigliare o comunque non incoraggiare questi matrimoni, secondo una linea di pensiero condivisa dai musulmani». Tali indicazioni

---

[43] Queste direttive sono in linea con le Direttive che le Conferenze Episcopali dei paesi europei hanno emanato per avere un indirizzo comune nella pastorale di questi matrimoni. Cf. PRESIDENZA DELLA CEI, I matrimoni (cf. nt. 40), 217-2242 (1220-1245).

tendono a rendere la sollecitudine pastorale delle chiese locali nel territorio italiano più omogenea e più attenta alla *salus animarum* del coniuge cattolico. Nelle *Indicazioni* della CEI la dispensa deve essere subordinata alla verifica di determinate circostanze, prima fra tutte se la coppia stabilirà la propria dimora in Italia o in un Paese islamico. Successivamente viene presa in considerazione la possibilità che per la parte cattolica non vengano messi in pericolo la fede e il suo esercizio; si verifica che la parte musulmana «non rifiuti i fini e le proprietà essenziali del matrimonio e non sia legata da un vincolo matrimoniale valido, o che lo scopo di tale unione non sia quello di ottenere la cittadinanza italiana, il lavoro (o l'asilo politico)»[44].

Conclusione

È evidente che il matrimonio tra un cattolico e un fedele di una religione non cristiana non è possibile, se entrambi aderiscono sinceramente alla rispettiva fede, volendo quindi che lo stesso matrimonio sia riconosciuto nell'ambito religioso al quale si vuole restare fedeli.

Resta la possibilità che il nubendo non cristiano accetti di contrarre un matrimonio che non è valido per la sua fede religiosa. In tal caso il matrimonio sarà possibile. La parte cattolica, tuttavia, potrà ottenere la dispensa, se avrà, almeno astrattamente, possibilità di adempiere le promesse – *cautiones*.

---

[44] PRESIDENZA DELLA CEI, I matrimoni (cf. nt. 40), 2190 (1226). Cf. A. ALBISETTI, «A proposito del matrimonio islamico in Italia», in S. FERRARI (ed.), *Islam in Europa. Islam in Italia tra diritto e società*, Bologna 2008, 127.

Non è questo il caso in cui la parte non cattolica sia soggetta alla legge personale che obbliga la prole di assumere una confessione religiosa non cristiana. In tal caso, infatti, occorrerebbe prevedere che la prole abbia la residenza stabile in uno dei Paesi che hanno sottoscritto le Convenzioni sui diritti dei minori.

La Chiesa cattolica, per una maggiore tutela della fede e la salvaguardia dei diritti del coniuge cattolico, potrebbe chiedere ai nubendi di sposarsi nei paesi in cui sono riconosciuti tutti gli aspetti del contratto matrimoniale (p.es. l'affidamento della prole e la libera educazione religiosa).

MARIA ELENA CAMPAGNOLA

COMMUNICATIO IN SACRIS
NEI MATRIMONI INTER-RELIGIOSI

Introduzione

La *communicatio in sacris* di cui si tratta nella presente relazione, viene descritta dal *Direttorio ecumenico* del 25 marzo 1993 come «condivisione di attività e di risorse spirituali» che «comprende realtà quali la preghiera fatta in comune, la partecipazione al culto liturgico in senso stretto [...], e così pure l'uso comune dei luoghi e di tutti gli oggetti liturgici necessari»[1]. Tale *communicatio* può essere definita anche come «la relazione tra i fedeli a motivo di "realtà sacre", come i sacramenti o altre celebrazioni liturgiche o altre preghiere o anche luoghi o cose»[2].

A seguito della relazione della Dott.ssa M.E. Campagnola su «I matrimoni interconfessionali», sarebbe

---

[1] PONTIFICIO CONSIGLIO PER LA PROMOZIONE DELL'UNITÀ DEI CRISTIANI, *Direttorio per l'applicazione dei principi e delle norme sull'ecumenismo* (= *DE*), 25 marzo 1993, n. 103. Su questo documento cf. G. SEMBENI, *Direttorio Ecumenico 1993: sviluppo dottrinale e disciplinare*, Tesi Gregoriana, Diritto Canonico 19, Roma 1997.

[2] Cf. F. COCCOPALMERIO, «La "communicatio in sacris" nel Codice di Diritto Canonico e negli altri documenti ecclesiali», in *La funzione di santificare della Chiesa. XX Incontro di Studio Passo della Mendola – Trento, 5-9 luglio 1993*, ed. Gruppo Italiano Docenti di Diritto Canonico, Quaderni della Mendola 2, Milano 1995, 221.

opportuno cambiare il titolo del presente intervento, al fine di precisare che la *communicatio* riguarda principalmente i matrimoni interconfessionali, ossia tra membri delle diverse Chiese e comunità cristiane[3]. In fondo, però, alcune forme della «condivisione di attività e di risorse spirituali» potrebbero essere messe a profitto anche nei matrimoni e nelle famiglie tra cattolici e non battezzati.

Questo intervento non vuole analizzare dettagliamente la normativa sulla *communicatio*, né tanto meno svolgere l'esegesi dei canoni codiciali che regolano diverse possibilità della comunicazione nelle "realtà sacre". Intende, al contrario, presentare soltanto un breve spunto, offrire un panorama della normativa circa la *communicatio in sacris*, al fine di avere una base per l'applicazione pratica alle cosiddette famiglie "miste".

Come già menzionato nell'*Introduzione alla tematica dell'Atto Accademico*[4], la conoscenza e la comprensione, sia delle differenze, sia degli elementi in comune, tramite i quali le relazioni che si intrecciano tra gli sposi appartenenti alle diverse confessioni, possono essere ulteriormente approfondite e possono giovare alla saldezza e alla stabilità dei matrimoni e delle famiglie miste. Già il fatto che spesso i matrimoni *misti* sono allo stesso tempo *interculturali*, e forse almeno uno degli sposi non è ancora stato condizionato dalla mentalità tipica della *società liquida*, mentalità consumistica senza legami con gli oggetti da *usare e gettare*[5],

---

[3] Cf. sopra, M.E. CAMPAGNOLA, «I matrimoni interconfessionali», 355.

[4] Cf. «Introduzione alla tematica dell'Atto Accademico», 320.

[5] Cf. sopra, I. GERMANO, «Le sfide della "società liquida" all'istituzione matrimoniale», 341-343.

porta ad una maggiore stabilità matrimoniale rispetto agli altri. O, perlomeno, negli ultimi anni non hanno dimostrato una stabilità minore a quella di altre coppie[6]. Tali matrimoni, quindi, possono essere visti come luoghi ecumenici e ponti di dialogo *sui generis* tra diverse religioni e culture[7].

Oltre trent'anni fa ormai, il Beato Giovanni Paolo II, nell'Esortazione Apostolica *Familiaris consortio* constatava che i matrimoni misti offrono

> pur nella loro particolare fisionomia, numerosi elementi che è bene valorizzare e sviluppare, sia per il loro intrinseco valore, sia per l'apporto che possono dare al movimento ecumenico. Ciò è particolarmente vero quando ambedue i coniugi sono fedeli ai loro impegni religiosi. Il comune battesimo e il dinamismo della grazia forniscono agli sposi, in questi matrimoni, la base e la motivazione per esprimere la loro unità nella sfera dei valori morali e spirituali (*FC* 78).

Tale costatazione è nata senza dubbio dalla positiva esperienza del cammino delle coppie miste/interconfessionali, iniziato fin dagli anni '60, sotto la spinta delle istanze ecumeniche del Concilio Vaticano II[8].

---

[6] Cf. «Introduzione alla tematica dell'Atto Accademico», 319-320.

[7] Cf. G. CERETI, «I matrimoni interconfessionali come sorgente di incontro», in *Uniti nel battesimo e nel matrimonio: famiglie interconfessionali, chiamate ad una vita comune nelle Chiese per la riconciliazione delle nostre Chiese. 2° Incontro mondiale delle famiglie miste interconfessionali, Rocca di Papa (Roma), 24-28 luglio 2003*, Quaderni di Studi Ecumenici 9, Venezia 2004, 58-60.

[8] Cf. A. TACCIA, «Da "Ginevra" a "Roma"», in *Uniti nel battesimo* (cf. nt. 7), 7.

Questa esperienza, di fatto, continua a svilupparsi, comprovando che la stabilità dei matrimoni misti risulta molto vantaggiosa, sia per tutto il movimento ecumenico, sia per una maggiore riconciliazione tra diverse confessioni e religioni[9]. Le coppie possono iniziare dall'ignoranza e dal pregiudizio circa le loro rispettive comunità, tuttavia riuscendo durante il percorso «a comprendere che non tutte le differenze dividono, ma che molte sono complementari e possono portare all'arricchimento della diversità»[10]. Non va dimenticato, infine, l'aiuto per la comprensione del valore del matrimonio per l'unità delle chiese.

Giovanni Paolo II ha suggerito che per valorizzare e sviluppare bene i numerosi elementi presentati da matrimoni fra cattolici ed altri battezzati, nonché per sottolineare l'importanza ecumenica di un tale matrimonio «va ricercata – anche se non sempre ciò si rivela facile – una cordiale collaborazione tra il ministro cattolico e quello non cattolico, fin dal tempo della preparazione al matrimonio e delle nozze» (*FC* 78).

Nello stesso numero della *Familiaris consortio* il Santo Padre menziona, inoltre, esplicitamente la partecipazione del coniuge non cattolico alla comunione eucaristica, rimandando alle norme allora in vigore, impartite dal Segretariato per l'Unione dei Cristiani. I principi fondamentali di queste norme sono stati suc-

---

[9] Si veda, a proposito, i «Rapporti» sulle attività dei diversi gruppi di coppie miste in Italia, Francia, Svizzera, Gran Bretagna, Austria e Germania, in *Uniti nel battesimo* (cf. nt. 7), 63-98. Cf., inoltre: C. MUBANDA KYALIKI, *La legislazione canonica sulla "Communicatio in sacris" nel dialogo interconfessionale: il caso dei matrimoni misti*, Romae 2004, 146-154, 166-167.

[10] «Uniti nel Battesimo e nel Matrimonio», in *Uniti nel battesimo* (cf. nt. 7), 28.

cessivamente inclusi nel Codice di Diritto Canonico, promulgato nel 1983, e nel *Direttorio ecumenico* del 1993: battezzati non cattolici possono eccezionalmente accedere alla Comunione, a determinate condizioni e in rari casi particolari; i cattolici, invece, lo possono fare soltanto nelle Chiese in cui è valido il Sacramento dell'Eucaristia[11].

1. Panorama delle norme vigenti

A partire dai menzionati Codice di Diritto Canonico e *Direttorio ecumenico*, diverse norme sulla *communicatio in sacris* sono diventate parte della legislazione universale della Chiesa cattolica. Il Codice, oltre le regole generali riguardanti la comunicazione nei sacramenti della Penitenza, l'Eucaristia e l'Unzione degli infermi (can. 844), contiene anche diverse norme particolari. Si tratta, specificamente, delle seguenti disposizioni:
– ammissione dei non cattolici a svolgere la funzione del testimone, insieme ad un padrino cattolico nel Battesimo e nella Cresima (cann. 874 §2 e 893);
– divieto di concelebrare l'Eucaristia con i sacerdoti o i ministri delle Chiese o delle comunità ecclesiali, che non sono in piena comunione con la Chiesa cattolica (can. 908);
– permesso di celebrare l'Eucaristia nel tempio di una Chiesa o Comunità ecclesiale non cattolica (can. 933);
– necessità della licenza per la celebrazione dei matrimoni misti (can. 1124), riconoscimento della validità dei matrimoni misti celebrati con il rito sacro (can. 1127) e altre disposizioni al riguardo;

---

[11] Cf. can. 844 §2 CIC/83; *DE* 160.

– permesso della concessione delle esequie ecclesiastiche ai battezzati iscritti a una Chiesa o Comunità ecclesiale non cattolica (can. 1183 §3);
– e, infine, le pene per la partecipazione vietata alle sacre celebrazioni (can. 1365)[12].

Le norme su altre forme della *communicatio in sacris*, non considerate nel Codice, si trovano nel *Direttorio ecumenico* del 1993. In questo documento-guida per l'applicazione dei principi e delle norme sull'ecumenismo vengono trattate:
– la preghiera in comune con cristiani appartenenti ad altre Chiese e comunità ecclesiali (*DE* 108-115);
– la condivisione della liturgia non sacramentale tra le persone di tradizioni liturgiche diverse (*DE* 116-121);
– la possibilità di svolgere reciprocamente la funzione di lettore, di cantore, di predicatore, ecc. (*DE* 118; 126; 133-135);
– la possibilità di concessione dei posti e degli onori liturgici che convengono al loro rango e al loro ruolo alle autorità non cattoliche nelle celebrazioni cattoliche e il permesso di usare le vesti ecclesiastiche cattoliche nelle celebrazioni non cattoliche (*DE* 119);
– la condivisione di altre risorse per la vita e l'attività spirituale, specialmente l'uso di chiese, edifici cattolici, cimiteri e gli oggetti liturgici necessari per celebrare degnamente le cerimonie religiose (*DE* 137-140);
– il servizio spirituale e sacramentale di non cattolici in scuole, ospedali, case per persone anziane e nelle istituzioni analoghe dei cattolici (*DE* 141-142);

---

[12] Cf. F. COCCOPALMERIO, «La "communicatio in sacris"» (cf. nt. 2), 221-222.

– la possibilità per i cattolici di svolgere la funzione di testimone a matrimoni celebrati in altre Chiese e comunità ecclesiali, e viceversa (*DE* 128; 136)[13].

Tra queste forme (e norme) della *communicatio*, le più rilevanti per un matrimonio interconfessionale e per la vita quotidiana di una famiglia "mista" sono senza dubbio: quelle riguardanti la comunicazione nei

---

[13] Cf. F. Coccopalmerio, «La "communicatio in sacris"» (cf. nt. 2), 221-222. L'Autore elenca altrove anche altri casi o forme della *communicatio in sacris*, che si ricavano dalla prassi e dalla storia di essa, per esempio: la "commemorazione" di un acattolico nella liturgia, la celebrazione della Messa per lui, preghiere per un capo di Stato acattolico, o la concelebrazione. Cf. Id., *La partecipazione degli acattolici al culto della Chiesa cattolica nella pratica e nella dottrina della Santa Sede dall'inizio del secolo XVII ai nostri giorni. Uno studio teologico sull'essenza del diritto di prendere parte al culto cattolico*, Brixiae 1969, 241-242, nt. 1. Quanto alla concelebrazione, però, va ricordato che attualmente è severamente «vietato ai sacerdoti cattolici concelebrare l'Eucaristia con i sacerdoti o i ministri delle Chiese o delle comunità ecclesiali, che non hanno la piena comunione con la Chiesa cattolica» (can. 908). La violazione di questo divieto è considerato uno dei *graviora delicta* riservati alla Congregazione per la Dottrina della Fede. Cf. Congregazione per la Dottrina della Fede, *Normae de delictis Congregationi pro Doctrina Fidei reservatis* seu *Normae de delictis contra fidem necnon de gravioribus delictis*, 21 maggio 2010, *AAS* 102 (2010) 422: «Art. 3 §1. Delicta graviora contra sanctitatem augustissimi Eucharistiae Sacrificii et sacramenti, Congregationi pro Doctrina Fidei cognoscendo reservata, sunt: [...] 4° vetita in can. 908 Codicis Iuris Canonici et in can. 702 Codicis Canonum Ecclesiarum Orientalium eucharistici Sacrificii concelebratio, de qua in can. 1365 Codicis Iuris Canonici et in can. 1440 Codicis Canonum Ecclesiarum Orientalium, una cum ministris communitatum ecclesialium, qui successionem apostolicam non habent nec agnoscunt ordinationis sacerdotalis sacramentalem dignitatem».

sacramenti (can. 844), quelle relative al Battesimo e alla funzione di padrino nel Battesimo e nella Confermazione (can. 874 §2; 893), tutte le disposizioni sulla celebrazione dei matrimoni misti ed infine quelle circa la condivisione delle altre attività spirituali come le preghiere, esequie ecclesiastiche, ecc.

2. La comunicazione nei sacramenti

Prima di concedere e specificare i permessi in questo campo, il Legislatore ecclesiastico ribadisce il principio fondamentale secondo cui «i ministri cattolici amministrano lecitamente i sacramenti ai soli fedeli cattolici, i quali parimenti li ricevono lecitamente dai soli ministri cattolici» (can. 844 §1). I motivi dottrinali di questo principio sono stati esposti nel Codice stesso, che nei canoni precedenti mette in evidenza la relazione essenziale tra i Sacramenti – che, intesi come azioni di Cristo e della Chiesa, «sono segni e mezzi mediante i quali la fede viene espressa e irrobustita, si rende culto a Dio e si compie la santificazione degli uomini, e pertanto concorrono sommamente a iniziare, confermare e manifestare la comunione ecclesiastica» (can. 840) – e la Chiesa «che è "sacramento di unità", cioè popolo santo radunato e ordinato sotto la guida dei Vescovi» (can. 837 §1)[14].

---

[14] Il *Direttorio ecumenico* riassume i principi dottrinali costatando che: «La celebrazione di un sacramento in una comunità concreta è il segno della realtà della sua unità nella fede, nel culto e nella vita comunitaria. In quanto segni, i sacramenti, e in modo particolarissimo l'Eucaristia, sono sorgenti di unità della comunità cristiana e di vita spirituale e mezzi per incrementarle. Di conseguenza, la comunione eucaristica è inseparabilmente legata

Nello stesso tempo «la Chiesa cattolica insegna che mediante il battesimo i membri di altre Chiese e comunità ecclesiali si trovano in una comunione reale, anche se imperfetta, con la Chiesa cattolica e che "il battesimo costituisce il vincolo sacramentale dell'unità"» (*DE* 129). Per questa ragione la Chiesa riconosce che, in certe circostanze, in via eccezionale e a determinate condizioni, può essere autorizzata l'ammissione ai sacramenti a cristiani di predette Chiese e comunità. Di conseguenza nel Codice non soltanto viene permessa a un fedele cattolico la ricezione dei sacramenti della Penitenza, dell'Eucaristia e dell'Unzione degli infermi da un ministro non cattolico, ma anche l'amministrazione di questi Sacramenti da parte di un ministro cattolico a un fedele non cattolico membro di una Chiesa Orientale ed ai fedeli non cattolici di altre Comunità ecclesiali (can. 844 §§2-4).

2.1 *La ricezione dei sacramenti da un ministro non cattolico*

La norma riguardante la prima situazione, cioè la ricezione dei sacramenti da un ministro non cattolico da parte di un fedele cattolico, prevede che:

Ogniqualvolta una necessità lo esiga o una vera utilità spirituale lo consigli e purché sia evitato il pericolo di errore o di indifferentismo, è lecito ai fedeli, ai quali sia

---

alla piena comunione ecclesiale e alla sua espressione visibile». Perciò «la Chiesa cattolica, in linea di principio, ammette alla comunione eucaristica e ai sacramenti della penitenza e della unzione degli infermi esclusivamente coloro che sono nella sua unità di fede, di culto e di vita ecclesiale» (*DE* 129).

fisicamente o moralmente impossibile accedere al ministro cattolico, ricevere i sacramenti della penitenza, dell'Eucaristia e dell'unzione degli infermi da ministri non cattolici, nella cui Chiesa sono validi i predetti sacramenti (can. 844 §2).

Dal tenore della norma stessa risulta chiaro che la condizione essenziale della ricezione dei sacramenti è la validità di essi, quindi nella Chiesa dove sono validi, oppure dal ministro non cattolico che «possa amministrare validamente i sacramenti di quali trattasi, e ciò in forza di una valida ordinazione»[15].

Diverse altre condizioni indicate nella norma vengono richieste per la liceità della *comunicazione*. Deve trattarsi anzitutto delle situazioni, nelle quali la ricezione dei tre Sacramenti è richiesta dalla "necessità", oppure consigliata da una "vera spirituale utilità". Si tratta, senza dubbio, di due requisiti da applicare disgiuntamente ai Sacramenti in questione trattati separatamente, per esempio, "necessità" della Penitenza per ritornare allo stato di grazia e "vera utilità spirituale" nel conforto dell'Eucaristia[16]. Altra condizione,

---

[15] Cf. F. COCCOPALMERIO, «La "communicatio in sacris"» (cf. nt. 2), 223. Anzi, secondo B.F. PIGHIN, *Diritto sacramentale*, Venezia 2006, 90: «Ciò implica che ci sia la continuità nella successione apostolica, che garantisca la capacità del ministro ordinato di confezionare validamente detti segni sacramentali, sui quali sia conservata la fede sostanzialmente uguale a quella dei cattolici». Cf. C. FABRIS, *Fare verità nella carità. Prospettive canonistiche inerenti la "communicatio in sacris" sacramentale*, Siena 2007, 39-40; G.-H. RUYSSEN, *Eucharistie et oecuménisme. Évolution de la normativité universelle et comparaison avec certaines normes particulières. Canons 844/CIC et 671/CCEO*, Paris 2008, 231-233.

[16] Cf. C. FABRIS, *Fare verità nella carità* (cf. nt. 15), 37-38; B.F. PIGHIN, *Diritto sacramentale* (cf. nt. 15), 89.

poi, riguarda l'impossibilità fisica o morale di accedere al ministro cattolico – l'impossibilità fisica piuttosto permanente (e non soltanto di breve durata) e quella morale di vario genere, che va comunque ben distinta dalla maggiore o minore comodità di accesso ai Sacramenti[17]. Va ricordato infine che il fedele deve evitare il pericolo di errore (di aderire all'errore o di perdere la fede cattolica) o di indifferentismo (cioè dell'affermazione che la Chiesa cattolica e quella non cattolica sono in piena comunione)[18].

È chiaro come queste norme codiciali costituiscano soltanto una faccia della medaglia: un cattolico, pur avendo questo permesso da parte del proprio ordinamento, deve rispettare i requisiti e condizioni poste da parte dell'ordinamento giuridico della Chiesa nella quale desidera ricevere i Sacramenti. Il *Direttorio ecumenico* avverte al riguardo che le Chiese orientali, a causa della loro propria comprensione ecclesiologica, possono avere una disciplina più restrittiva, che gli altri devono rispettare. Risulta, quindi, «necessario che i pastori istruiscano con cura i fedeli, perché abbiano una chiara conoscenza delle precise ragioni di tale condivisione nel campo del culto liturgico» (*DE* 122). Tale conoscenza servirà, anzitutto, per non suscitare scandalo e diffidenza tra i cristiani orientali e, a tal scopo, «Un cattolico che desidera legittimamente ricevere la comunione presso i cristiani orientali deve, nella misura del possibile, rispettare la disciplina orientale e, se questa Chiesa riserva la comunione sacramentale ai propri fedeli escludendo tutti gli altri, deve astenersi dal prendervi parte» (*DE* 124).

---

[17] Cf. B.F. PIGHIN, *Diritto sacramentale* (cf. nt. 15), 89-90.
[18] Cf. F. COCCOPALMERIO, «La "communicatio in sacris"» (cf. nt. 2), 223-224.

2.2 L'amministrazione di alcuni Sacramenti ai non cattolici Orientali

La disciplina cattolica risulta, comunque, meno restrittiva quanto all'amministrazione dei sacramenti da parte del ministro cattolico a un fedele non cattolico membro di una Chiesa orientale (o un'altra che si trovi nelle stesse condizioni). Secondo il dettato codiciale:

> I ministri cattolici amministrano lecitamente i sacramenti della penitenza, dell'Eucarestia e dell'unzione degli infermi ai membri delle Chiese orientali, che non hanno comunione piena con la Chiesa cattolica, qualora li richiedano spontaneamente e siano ben disposti; ciò vale anche per i membri delle altre Chiese, le quali, a giudizio della Sede Apostolica, relativamente ai sacramenti in questione, si trovino nella stessa condizione delle predette Chiese orientali (can. 844 §3).

L'ambito della *comunicazione* rimane ovviamente sempre limitato ai tre sacramenti della Penitenza, della Eucaristia, dell'Unzione degli infermi, ma le condizioni per la liceità rimangono praticamente soltanto due: la richiesta spontanea dei predetti sacramenti e la disposizione necessaria per la ricezione di essi. Per di più si tratta, in effetti, delle stesse condizioni che sono richieste dai cattolici. Il can. 843 §1, nel circoscrivere il c.d. "diritto ai sacramenti" precisa, infatti, che «I ministri sacri non possono negare i sacramenti a coloro che li chiedano opportunamente, siano ben disposti e non ne abbiano dal diritto la proibizione di riceverli»[19].

---

[19] Cf. F. COCCOPALMERIO, «La "communicatio in sacris"» (cf. nt. 2), 230-231.

Forse l'unica differenza pratica riguarda la "richiesta spontanea", che nel caso dei non cattolici deve essere valutata ed applicata minuziosamente (senza, cioè, insinuazioni, pressioni o forzature da parte del ministro): affinché essi non siano indotti nell'indiferentismo religioso e sia evitata inoltre ogni apparenza di proselitismo[20].

Alquanto problematico, invece, risulta l'ultimo inciso del can. 844 §3, nel quale il Supremo Legislatore dichiara che le regole della *communicatio*, descritte sopra, valgono anche «per i membri delle altre Chiese, le quali, a giudizio della Sede Apostolica, relativamente ai sacramenti in questione, si trovino nella stessa condizione delle predette Chiese orientali». Di solito i Commentatori costatano che la norma si riferisce ai Vecchi Cattolici (in Germania e/o Paesi Bassi), aggiungendo a volte i Lefebvriani[21], ma di fatto l'unica Chiesa ufficialmente riconosciuta da parte della Santa Sede è la *Chiesa Cattolica Nazionale Polacca* negli Stati Uniti e Canada[22]. Per i Vecchi Cattolici dei Paesi Bassi è stata dichiarata una "reciprocità" nell'ammissione alla Parola e ai Sacramenti, mentre manca un simile riconoscimento per quelli di Germania e Svizzera[23].

---

[20] Cf. C. FABRIS, *Fare verità nella carità* (cf. nt. 15), 47-48.

[21] Cf. B.F. PIGHIN, *Diritto sacramentale* (cf. nt. 15), 88; C. FABRIS, *Fare verità nella carità* (cf. nt. 15), 49, nt. 36. Com'è stato, però, giustamente osservato, nel caso dei Lefebvriani non si tratta di una chiesa "non cattolica" bensì di una comunità "cattolica-scismatica", il che cambia totalmente la fattispecie considerata. Cf. G.-H. RUYSSEN, *Eucharistie et oecuménisme* (cf. nt. 15), 256-257.

[22] Cf. G.-H. RUYSSEN, *Eucharistie et oecuménisme* (cf. nt. 15), 254-255.

[23] Cf. G.-H. RUYSSEN, *Eucharistie et oecuménisme* (cf. nt. 15), 255-256. Sottostanno al problema pratico della mancanza dei riconoscimenti caso per caso da parte della Santa Sede almeno due

2.3 L'amministrazione dei sacramenti ai membri di altre comunità ecclesiali

Viene permessa, infine, l'amministrazione degli stessi tre Sacramenti ai cristiani non ortodossi, cioè non cattolici che appartengono alle altre comunità ecclesiali[24]:

---

ulteriori problemi teorici: il primo riguarda il concetto stesso delle "Chiese orientali". Come giustamente osserva C. Fabris «Non si può mancare di notare che la voce chiese orientali è assai generica: si pensi alle Chiese giacobite dell'India, o ai gruppi di armeni ortodossi che vivono in Brasile o in Canada, ecc.» (*Fare verità nella carità* [cf. nt. 15], 48). Cf. G.-H. RUYSSEN, *Eucharistie*, 257-258; S. KUTTIYIL JOY, *"Communicatio in sacris": a juridico-theological study in the context of Catholic and non-Catholic Eastern Churches in India (CCEO cc. 670 & 671)*, Romae 2005, 57-58.

Seconda questione è la base teorica della equiparazione tra le Chiese orientali e le altre, che, rispetto ai Sacramenti in questione, si trovino nella stessa condizione. Dall'analisi dell'*iter* di redazione della norma e dalle sue fonti normative risulta che il principio distintivo consiste nella presenza o meno della validità dei tre sacramenti. Nondimeno, come osserva F. Coccopalmerio, «motivo della maggiore o minore facilità di conferire i tre sacramenti pone problemi di ordine teoretico. Infatti la possibilità più ampia o più stretta, della quale trattasi, può e deve fondarsi solo sulla maggiore o minore misura di comunione ecclesiale. Questa misura, a sua volta, si fonda essenzialmente non nella presenza della validità dei sacramenti, bensì nella maggiore o minore professione di fede e di riconoscimento dell'autorità. La presenza, quindi, in una certa Comunità, di validi sacramenti non è assolutamente di per sé segno di un maggiore grado di comunione ecclesiale: infatti quella Comunità, per quanto abbia validi sacramenti, può essere in questioni gravi in divergenza dalla Chiesa cattolica». ID., «La "communicatio in sacris"» (cf. nt. 2), 231-232.

[24] La norma parla, esattamente, degli "altri cristiani" – "*ceteris christianis*", e con questa espressione «ordinariamente si intende coloro che fanno parte delle chiese derivate dalla Riforma». C. FABRIS, *Fare verità nella carità* (cf. nt. 15), 49.

Se vi sia pericolo di morte o qualora, a giudizio del Vescovo diocesano o della Conferenza Episcopale, urgesse altra grave necessità, i ministri cattolici amministrano lecitamente i medesimi sacramenti anche agli altri cristiani che non hanno piena comunione con la Chiesa cattolica, i quali non possano accedere al ministro della propria comunità e li chiedano, spontaneamente, purché manifestino, circa questi sacramenti, la fede cattolica e siano ben disposti (can. 844 §4).

La Chiesa insegna che i membri di altre Chiese e comunità ecclesiali si trovano in una comunione reale (benché imperfetta) con la Chiesa cattolica mediante il battesimo e quindi, nonostante la mancanza della piena comunione ecclesiale, riconosce che «in certe circostanze, in via eccezionale e a determinate condizioni [...] può essere autorizzata e perfino raccomandata» l'ammissione di questi cristiani ai sacramenti della Penitenza, dell'Eucaristia e dell'Unzione degli infermi (*DE* 129).

Perciò il Legislatore anzitutto indica nella norma le due circostanze eccezionali, nelle quali si apre la possibilità dell'amministrazione dei sacramenti. Si tratta della situazione di pericolo di morte (quando, cioè, a giudizio del ministro dei sacramenti la morte costituisce una minaccia probabile in tempi prossimi), oppure della situazione di un'altra grave e urgente necessità (giudicata non più dal ministro dei sacramenti, ma soltanto dal Vescovo diocesano oppure dalla Conferenza Episcopale)[25].

Quanto alla seconda circostanza, qualora cioè "urgesse altra grave necessità", dal fatto che il giudizio circa di essa viene demandato al Vescovo o alla Con-

---

[25] Cf. F. Coccopalmerio, «La "communicatio in sacris"» (cf. nt. 2), 224.

ferenza Episcopale, si deduce che si tratti di situazioni piuttosto prolungate o ricorrenti. E di fatto gli Autori indicano come esempi: lo stato di guerra, di oppressione, di persecuzione, di carcerazione, ecc.[26]. Il giudizio e la verifica della circostanza in ogni caso va realizzato sulla base delle norme promulgate dal Vescovo o dalla Conferenza Episcopale, anche se poche di queste ultime si sono prodigate per precisare le condizioni dell'applicazione della norma in esame. Purtroppo tra le 112 Conferenze Episcopali esistenti attualmente nel mondo[27], soltanto 21 hanno indirizzato esplicitamente la questione nelle Legislazioni complementari al Codice[28]: a) dieci di esse hanno lasciato ai Vescovi diocesani la determinazione delle fattispecie che sono ammessi nel concetto di "grave necessità"; b) quattro hanno rimandato alla norma codiciale; c) una ha deliberato che nel suo territorio il can. 844 §4 va applicato soltanto in pericolo di morte[29]. A tal punto soltanto sei

---

[26] Cf. B.F. PIGHIN, *Diritto sacramentale* (cf. nt. 15), 92; C. FABRIS, *Fare verità nella carità* (cf. nt. 15), 50-51; G.-H. RUYSSEN, *Eucharistie et oecuménisme* (cf. nt. 15), 262-264; P. SGROI, «I matrimoni interconfessionali, sfida e risorsa per le chiese. Verso una teologia ecumenica del matrimonio», in *Uniti nel battesimo* (cf. nt. 7), 202-203.

[27] Cf. *Annuario Pontificio per l'anno 2011*, Città del Vaticano 2011, 1082-1099.

[28] Cf. J. MARTÍN DE AGAR – L. NAVARRO, *Legislazione delle Conferenze Episcopali complementare al C.I.C*, 2ª edizione aggiornata, Roma 2009, 1364-1365; www.bibliotecanonica.net/conf_episcopali.htm [accesso: 28 gen. 2012].

[29] Sono le seguenti Conferenze: a) Bolivia, Cina, Filippine, Gambia e Sierra Leone, India, Nigeria, Paraguay, Scandinavia, Sri Lanka e Zimbabwe; b) Giappone, Honduras, Malta e Panama; c) Ecuador. Cf. J. MARTÍN DE AGAR – L. NAVARRO, *Legislazione* (cf. nt. 28), rispettivamente pagine: a) 157, 261, 342, 407, 565, 827, 946, 1089, 1180 e 1353; b) 486, 552, 724 e 903; c) 328.

Conferenze hanno segnalato esplicitamente i casi di necessità, nei quali si possono amministrare alcuni sacramenti ai cristiani non orientali. La "grave necessità" viene riconosciuta, quindi, nei seguenti casi:
– il caso di incidente o di catastrofe; incarceramento o persecuzione; la grave necessità spirituale a causa di migrazione o diaspora; altri casi determinati dal Vescovo diocesano (Argentina);
– che sia arduo rimanere a lungo senza comunione (Haiti);
– incarceramento, distanza dalla propria comunità (Kenya);
– nelle carceri e negli ospedali, quando i ministri propri non si presentino a prestare il servizio nel termine di tre mesi; con gli stessi criteri anche ai: perseguitati o rifugiati, o a coloro i quali manifestino il desiderio, veemente e legittimo, di ricevere (Messico);
– l'urgenza di coscienza o la difficoltà grave con i ministri della propria chiesa (Repubblica Dominicana);
– ai rifugiati, nelle situazioni di incarceramento, inondazione, grave personale necessità spirituale (Tanzania)[30].

La possibilità, quindi, di amministrare alcuni sacramenti ai cristiani non orientali, rimane aperta soltanto in due situazioni: nel pericolo di morte e in un'altra grave e urgente necessità, però anche in quelle circostanze devono essere adempiute altre condizioni indicate dal Legislatore, ovvero:
– impossibilità di accedere al ministro della propria comunità;
– spontanea richiesta di uno dei tre Sacramenti;

---

[30] Cf. J. Martín de Agar – L. Navarro, *Legislazione* (cf. nt. 28), 76, 545, 689, 770, 1050, 1293.

– buona disposizione;
– manifestazione della fede cattolica relativamente ai sacramenti in questione.

Senz'altro l'impossibilità (fisica o morale) richiamata nella prima condizione, va valutata secondo gli stessi criteri che si adoperano quando un cattolico riceve i Sacramenti fuori della Chiesa (cf. can. 844 §2)[31]. Similmente, quanto alla spontaneità della richiesta, come nel caso dei cristiani orientali, questa assicura debita attenzione al pericolo dell'indifferentismo e rimuove eventuali sospetti di proselitismo. A proposito di questa condizione il *Direttorio ecumenico* sottolinea che la richiesta deve essere fatta "del tutto" spontaneamente (cf. *DE* 131), e tale rafforzamento indubbiamente mette in risalto l'eccezionalità del caso[32]. Un cristiano deve, infine, avere una disposizione necessaria, insieme con la manifestazione della fede cattolica. Queste vanno previamente verificate mediante qualche prova consistente della esternazione dei propri convincimenti circa la dottrina sacramentaria della Chiesa (magari dopo qualche opportuna spiegazione da parte del ministro cattolico)[33].

---

[31] Benché nella fattispecie contemplata nel can. 844 §4, specie nel contesto delle coppie / famiglie miste, l'impossibilità sembra derivare piuttosto dalla natura dell'evento o della situazione: la celebrazione cattolica del matrimonio misto, funerali, giubilei, ecc. Alcune Conferenze Episcopali, come per esempio quelle di Inghilterra, Irlanda e Scozia, hanno già preso in considerazione anche la natura dell'evento; sarebbe auspicabile che anche le altre, oppure altre Autorita ecclesiastiche competenti, dessero i chiarimenti al riguardo. Cf. G.-H. RUYSSEN, *Eucharistie et oecuménisme* (cf. nt. 15), 266 e 462, nt. 662.
[32] Cf. B.F. PIGHIN, *Diritto sacramentale* (cf. nt. 15), 93.
[33] Cf. B.F. PIGHIN, *Diritto sacramentale* (cf. nt. 15), 93.

È importante, poi, che tutte le condizioni si verifichino insieme e simultaneamente[34], nonostante oggettivamente sia sommamente complesso il loro accertamento nei singoli casi, a motivo del difficile riscontro contemporaneo oggettivo.

La questione, in verità, è molto più complessa di quanto sembri a prima vista. Ciò diventa palese già a partire dalla separata analisi dei tre sacramenti della Penitenza, dell'Eucaristia e dell'Unzione degli infermi. Questi sacramenti vengono trattati nella norma in studio in modo unitario, benché non abbiano tutti e tre le stesse esigenze. Anzitutto l'Unzione degli infermi: per sua natura non si può amministrare che ai fedeli, i quali, per causa di malattia o di vecchiaia, cominciano a trovarsi in pericolo di morte, più o meno immediato. In pratica l'amministrazione di questo sacramento rientra nella clausola generale di "pericolo di morte", senza di fatto richiedere altra specificazione normativa.

Per ricevere validamente il sacramento della Penitenza è neccessario credere che con la confessione dei propri peccati fatta a un sacerdote cattolico, Dio perdona i peccati commessi. A prescindere delle spiegazioni teoriche, non sembra difficile che i cristiani delle chiese / comunità che non hanno il sacerdozio ministeriale, nel richiedere tale Sacramento abbiano e manifestino la fede cattolica sufficiente al riguardo.

---

[34] Lo ricorda esplicitamente anche l'Istruzione *Redemptionis Sacramentum*, su alcune cose che si devono osservare ed evitare circa la Santissima Eucaristia: «le condizioni stabilite dal can. 844 §4, alle quali non può essere derogato in alcun modo, non possono essere separate tra loro; è, pertanto, necessario che tutte siano sempre richieste simultaneamente». CONGREGAZIONE PER IL CULTO DIVINO E LA DISCIPLINA DEI SACRAMENTI, Istr. *Redemptionis Sacramentum*, 25 marzo 2004, n. 85, *AAS* 96 (2004) 573.

Il problema della fede, invece, si pone con peculiare gravità riguardo all'Eucaristia. Sembra, infatti, incompatibile la fede cattolica nell'Eucaristia (con la conoscenza, quindi, sufficiente del Mistero) e l'appartenenza in buona fede ad una chiesa o comunità ecclesiale nella quale manca il sacerdozio ministeriale e quindi il sacramento dell'Eucaristia. Come pare, infatti, soltanto uno stato di notevole ignoranza e confusione di idee può rendere possibile la coesistenza nella stessa persona della fede cattolica nel sacramento dell'Eucaristia e la volontà di restare nella chiesa o comunità ecclesiale che non ha questo Sacramento, senza percepire l'obbligo in coscienza di aderire alla Chiesa cattolica. Se, invece, la persona percepisce questo obbligo e non è pronta ad assolverlo, non ha la buona disposizione (non è *rite dispositus*) per ricevere il Sacramento, mancando quindi di una delle condizioni richieste dal Legislatore ecclesiastico[35].

Nonostante le difficoltà prospettate e la complessità della questione occorre peculiare attenzione a tutte queste inderogabili condizioni poiché, come avverte il Beato Giovanni Paolo II, «il rifiuto di una o più verità di fede su questi Sacramenti e, tra di esse, di quella concernente la necessità del Sacerdozio ministeriale affinché siano validi, rende il richiedente non disposto ad una loro legittima amministrazione»[36].

Da questa considerazione del Santo Padre non si può trarre la conclusione che le possibili gravi diffi-

---

[35] Per una trattazione più completa della problematica inerente all'interpretazione della "manifestazione della fede cattolica", cf. G.-H. RUYSSEN, *Eucharistie et oecuménisme* (cf. nt. 15), 268-276.

[36] GIOVANNI PAOLO II, Lett. Enc., *Ecclesia de Eucharistia*, 17 aprile 2003, n. 46, *AAS* 95 (2003) 463-464.

coltà dei cristiani non orientali nella contraddizione prospettata sopra, precludono l'accesso ai sacramenti della Chiesa cattolica. Non si può affermare neppure che la mancanza di sacerdozio ministeriale in una determinata chiesa o comunità ecclesiale costituisca un intralcio tale, da impedire ad un cristiano appartenente ad essa di ricevere, in alcune circostanze (anche fuori del pericolo di morte o di situazioni del tutto eccezionali), i sacramenti della Penitenza, dell'Eucaristia e dell'Unzione degli infermi da parte di un ministro cattolico. Il contrario significherebbe rendere del tutto inoperante il can. 844 §4, che si riferisce esclusivamente ai cristiani appartenenti alle chiese o alle comunità ecclesiali che non hanno il sacerdozio ministeriale.

È del tutto evidente, invece, che la mancanza del sacerdozio ministeriale costituisce un ostacolo insuperabile affinché i cattolici possano ricevere i tre sacramenti dai ministri appartenenti alle chiese o comunità ecclesiali che non hanno il sacerdozio[37]. I ministri di queste chiese o comunità ecclesiali, non avendo ricevuto il sacramento dell'Ordine, non sono capaci di effettuare/amministrare questi sacramenti e perciò «un fedele cattolico non potrà ricevere la comunione presso una comunità mancante del valido sacramento dell'Ordine»[38].

Si tratta, in fondo, di una ragione per cui non si può permettere la *communicatio* nemmeno in situazioni o casi particolari. Tale ragione e posizione della Chiesa cattolica, basata sullo stesso fondamento ecclesiologico della Chiesa, risulta ben compresa (anche se non condi-

---

[37] Cf. B.F. PIGHIN, *Diritto sacramentale* (cf. nt. 15), 93-94.
[38] GIOVANNI PAOLO II, Lett. Enc., *Ecclesia de Eucharistia* (cf. nt. 36), 464. Cf. C. FABRIS, *Fare verità nella carità* (cf. nt. 15), 52.

visa) dai cristiani di altre comunità ecclesiali che hanno a cuore l'unità, e si impegnano a proseguire il dialogo[39]. Dal punto di vista dei cattolici, invece,

> La fedele osservanza dell'insieme delle norme stabilite in questa materia è manifestazione e, al contempo, garanzia di amore sia verso Gesù Cristo nel santissimo Sacramento, sia verso i fratelli di altra confessione cristiana, ai quali è dovuta la testimonianza della verità, come anche verso la stessa causa della promozione dell'unità[40].

3. Il Battesimo e la funzione del padrino

Un'altra forma di comunicazione rilevante per la vita della coppia e della famiglia interonfessionale, specialmente dal punto di vista dei vincoli famigliari e sociali degli sposi, può essere la possibilità di svolgere o meno la funzione di padrino nei Sacramenti del Battesimo e della Confermazione.

Il Battesimo stesso, in vista della sua funzione incorporatrice alla Chiesa, non può essere, ovviamente, celebrato che nella determinata Chiesa o comunità ecclesiale. Nella Chiesa Latina, perciò, il battesimo ordinariamente viene conferito dal Vescovo, presbitero o diacono, e soltanto in caso di necessità lo può fare chiunque, purché mosso da retta intenzione (cf. can.

---

[39] «Uniti nel Battesimo e nel Matrimonio», in *Uniti nel battesimo* (cf. nt. 7), 39.
[40] GIOVANNI PAOLO II, Lett. Enc., *Ecclesia de Eucharistia* (cf. nt. 36), 464. Cf. P. SGROI, «I matrimoni interconfessionali» (cf. nt. 26), 200-201.

861 §§1-2). Secondo le norme del Codice latino è altrettanto possibile, in pericolo di morte, battezzare i bambini di genitori cattolici e persino di non cattolici (cf. can. 868 §2). Il Codice dei Canoni delle Chiese Orientali, invece, fa un passo avanti, stabilendo che «Il bambino di cristiani acattolici viene battezzato lecitamente se i genitori, oppure almeno uno di essi o colui che ne fa legittimamente le veci, lo richiedono e se ad essi è fisicamente oppure moralmente impossibile recarsi dal proprio ministro» (can. 681 §5 CCEO). Tale norma, com'è stato giustamente osservato, «può costituire un altro caso di *communicatio in sacris* permessa, e una sostanziale novità ecumenica, tanto che sarebbe da riconsiderarsi la possibilità di applicarla anche dai sacerdoti latini. [...] Ma il Direttorio del 1993 stranamente non fa menzione di questa possibilità...»[41].

Il *Direttorio*, invece, affronta un altro problema della celebrazione del battesimo, che si prospetta specialmente nelle famiglie miste, cioè la celebrazione congiunta della liturgia battesimale. I coniugi di una famiglia interconfessionale, cercando di condividere l'esperienza della vita e del culto dell'altra chiesa, normalmente educano i loro figli a sentirsi a loro agio nelle tradizioni di entrambi i genitori. Cercando del loro meglio per far crescere i figli nelle due comunità, invitano i ministri delle due chiese a partecipare al loro battesimo e fanno frequentare il catechismo nelle due chiese[42]. In queste circostanze, però, poiché secondo la tradizione cattolica il battesimo è amministrato da un solo celebrante, il *Diret-*

---

[41] P. GEFAELL, «Il nuovo Direttorio ecumenico e la "communicatio in sacris"», *Ius Ecclesiae* 6 (1994) 272.
[42] Cf. «Uniti nel Battesimo e nel Matrimonio», in *Uniti nel battesimo* (cf. nt. 7) 26.

torio ricorda che «un battesimo non deve essere conferito congiuntamente da due ministri appartenenti a Chiese o a comunità ecclesiali diverse» (*DE* 97). È possibile, invece, la partecipazione attiva del ministro non cattolico nelle altre parti della liturgia battesimale:

> Per ragioni pastorali, in circostanze eccezionali, l'Ordinario del luogo può tuttavia permettere che il ministro di una Chiesa o comunità ecclesiale partecipi alla celebrazione, proclamando una lettura o facendo una preghiera, ecc. La reciprocità è possibile solo nel caso in cui il battesimo celebrato in un'altra comunità non sia in contrasto né con i principi né con la disciplina della Chiesa cattolica (*DE* 97)[43].

Rispetto all'ufficio del padrino, le norme in vigore partono dal principio che egli, oltre ad essere co-responsabile per l'educazione cristiana del battezzato (o cresimato), è inoltre rappresentante di una comunità di fede, garante della fede e del desiderio di comunione ecclesiale del candidato. Di conseguenza il *Direttorio ecumenico* afferma che «Secondo il pensiero cattolico, i padrini e le madrine, nell'accezione liturgica e canonica, devono essere membri della Chiesa o della comunità ecclesiale nella quale viene celebrato il battesimo» (*DE* 98).

Coerentemente con questi principi e affermazioni il Legislatore ecclesiastico stabilisce che all'incarico di padrino:

> Non venga ammesso un battezzato che appartenga ad una comunità ecclesiale non cattolica, se non insieme ad un padrino cattolico e soltanto come testimone del battesimo (can. 874 §2).

---

[43] Cf. C. FABRIS, *Fare verità nella carità* (cf. nt. 15), 69.

Similmente, come precisa il *Direttorio ecumenico*, anche un cattolico può svolgere la funzione del testimone del battesimo per una persona battezzata in un'altra comunità ecclesiale e tale apertura viene fatta in vista del «battesimo comune, e a causa dei vincoli di parentela o di amicizia» (*DE* 98, 1).

La distinzione (anche terminologica) tra cristiani delle Chiese non cattoliche orientali e quelli delle chiese o comunità non orientali, adoperata nel caso dell'amministrazione e la ricezione dell'Eucaristia, viene precisamente osservata anche nel presente caso. Di conseguenza si afferma che l'espressione "comunità ecclesiale" non include le Chiese orientali che non sono in piena comunione con la Chiesa cattolica[44]. Di fatto, sia il Codice dei Canoni delle Chiese Orientali, sia il *Direttorio ecumenico* ammettono che un membro della Chiesa ortodossa svolga non soltanto la funzione del testimone, ma anche del padrino, insieme con il padrino cattolico. Il Codice stabilisce che «Per una giusta causa è lecito ammettere un fedele cristiano di una Chiesa orientale acattolica alla funzione di padrino, ma sempre assieme a un padrino cattolico» (can. 685 §3 CCEO), e il *Direttorio* ne presenta le basi e spiega più ampiamente la norma:

> In forza della stretta comunione esistente tra la Chiesa cattolica e le Chiese orientali ortodosse, è consentito, per un valido motivo, ammettere un fedele orientale con il ruolo di padrino congiuntamente ad un padrino cattolico (o una madrina) al battesimo di un bambino o di un

---

[44] «Notatur insuper Ecclesias Orientales Orthodoxas in schemate sub nomine communitatis ecclesialis non venire». «*Acta Commissionis*», *Communicationes* 5 (1983) 182. Cf. F. COCCO-PALMERIO, «La "communicatio in sacris"» (cf. nt. 2), 228-229.

adulto cattolico, a condizione che si sia sufficientemente provveduto all'educazione del battezzato e che sia riconosciuta l'idoneità del padrino (*DE* 98, 2).

Va accennato, infine, come non risultino delle norme specifiche circa la designazione e idoneità di padrino nel Sacramento della Cresima o Confermazione; il Codice afferma semplicemente che deve soddisfare le stesse condizioni richieste per il padrino al Battesimo (cf. can. 893 §1). L'affermazione aggiunta a questo rinvio dice infatti che «è conveniente che come padrino venga assunto colui che ebbe il medesimo incarico nel battesimo» (can. 893 §2), sollecitando l'applicazione degli stessi criteri e soluzioni che sono stati addottati per il Battesimo.

4. Matrimoni misti

Quanto ai matrimoni misti, tralasciamo sia la normativa generale a riguardo (cf. cann. 1124-1129)[45], sia

---

[45] Cf. M.E. CAMPAGNOLA, «I matrimoni interconfessionali», sopra, 355-358. Un profilo generale dei matrimoni misti è stato ben sintetizzato nel *Direttorio eccumenico*: «Quando, per "una causa giusta e ragionevole", viene richiesto il permesso di contrarre un matrimonio misto, le due parti dovranno essere istruite sui fini e sulle proprietà essenziali del matrimonio, che non devono essere escluse da nessuno dei due contraenti. Inoltre, si chiederà alla parte cattolica, secondo la forma stabilita dal diritto particolare delle Chiese orientali cattoliche o dalla Conferenza episcopale, di dichiararsi pronta ad allontanare i pericoli di abbandonare la fede e di promettere sinceramente di fare quanto è in suo potere perché tutti i figli siano battezzati ed educati nella Chiesa cattolica. L'altra parte deve essere informata di tali promesse e responsabilità. Al tempo stesso, bisogna constatare che la parte non cattolica può

la preparazione dei fidanzati per i matrimoni interconfessionali, accennata all'inizio della presente relazione e sollevata ormai da più istanze[46].

Rispetto alla *communicatio in sacris* nella celebrazione di questi matrimoni, invece, risulta rilevante l'apertura e l'attenzione costruttiva nei confronti degli altri cristiani, espressa anzitutto nella norma riguardante la forma canonica vincolante per la celebrazione del matrimonio misto tra un cattolico e un non cattolico appartenente alla Chiesa orientale:

> Relativamente alla forma da usare nel matrimonio misto, si osservino le disposizioni del can. 1108; se tuttavia la parte cattolica contrae matrimonio con una parte non cattolica di rito orientale, l'osservanza della forma canonica della celebrazione è necessaria solo per la liceità; per la validità, invece, si richiede l'intervento di un ministro sacro, salvo quant'altro è da osservarsi a norma del diritto (can. 1127 §1).

Nel caso del matrimonio misto tra cattolici e cristiani di altre chiese e comunità ecclesiali, la forma canonica del matrimonio rimane richiesta per la vali-

---

essere tenuta ad un obbligo analogo in forza del proprio impegno cristiano. È da notare che, nel diritto canonico, non è richiesta a questa parte nessuna promessa, né scritta né verbale» (*DE* 150).

[46] «Uniti nel Battesimo e nel Matrimonio», in *Uniti nel battesimo* (cf. nt. 7), 34-35: «l'aumento del numero dei matrimoni tra cristiani di diverse comunità ecclesiali ha fatto sì che, in alcune località, questi matrimoni sono più numerosi di quelli tra membri della stessa chiesa. Da qui la necessità per i matrimoni interconfessionali di ricevere una preparazione che tenga conto della loro diversità ecclesiastica. Le chiese locali nella preparazione di tali matrimoni, dovrebbero anche valersi del contributo di elementi laici o di coppie interconfessionali in grado di portare le loro esperienze personali».

dità. L'Ordinario del luogo della parte cattolica può però, per gravi motivi, dispensare dall'osservanza di essa, chiarificando ad entrambe le parti alcune implicazioni che derivano da tale dispensa[47]. La norma codiciale non precisa quali siano i motivi validi per la dispensa. Secondo il *Direttorio* «possono essere tenuti presenti la conservazione dell'armonia familiare, il raggiungimento dell'accordo dei genitori per il matrimonio, il riconoscimento del particolare impegno religioso della parte non cattolica o del suo legame di parentela con un ministro di un'altra Chiesa o comunità ecclesiale» (*DE* 154)[48].

Il Legislatore canonico, per sottolineare l'unità del matrimonio, esclude una duplice manifestazione del consenso, cioè due celebrazioni religiose distinte. Lo scambio del consenso in questo caso sarebbe espresso due volte. Il Legislatore esclude anche un solo servizio religioso durante il quale lo scambio del consenso verrebbe richiesto congiuntamente o successivamente dal ministro cattolico e da quello non cattolico:

> È vietato, sia prima sia dopo la celebrazione canonica a norma del §1, dar luogo a un'altra celebrazione religiosa del medesimo matrimonio nella quale si dia o si rinnovi il consenso matrimoniale; parimenti non si deve fare una celebrazione religiosa in cui l'assistente cattolico e il ministro non cattolico, celebrando ciascuno

---

[47] Cf. G. SEMBENI, *Direttorio Ecumenico* (cf. nt. 1), 188.

[48] Come, però, puntualizza lo stesso *Direttorio*: «L'obbligo, imposto da alcune Chiese o comunità ecclesiali, di osservare la forma del matrimonio loro propria non costituisce una causa di automatica dispensa dalla forma canonica cattolica. Le situazioni particolari di questo tipo devono essere oggetto di dialogo tra le Chiese, almeno a livello locale» (*DE* 155).

il proprio rito, richiedano insieme il consenso delle parti (can. 1127 §3)[49].

Al livello pratico, un presbitero cattolico o un diacono, se è invitato e ha l'autorizzazione dell'Ordinario del luogo, «può essere presente o in qualche modo partecipare alla celebrazione dei matrimoni misti, allorché sia stata accordata la dispensa dalla forma canonica». Ovviamente, anche in questo caso può esservi soltanto una sola cerimonia, ma «il presbitero cattolico o il diacono può recitare preghiere supplementari e appropriate, leggere le Scritture, fare una breve esortazione e benedire la coppia» (*DE* 157). Con piena reciprocità, sempre su richiesta della coppia e col permesso dell'Ordinario del luogo, il presbitero cattolico può invitare «il ministro della Chiesa o della comunità ecclesiale della parte non cattolica a partecipare alla celebrazione del matrimonio, proclamarvi le letture bibliche, fare una breve esortazione e benedire la coppia» (*DE* 158).

Quello che, invece, viene permesso in modo generale dalla normativa canonica è la presenza e partecipazione di un ministro cattolico a una cerimonia di matrimonio che si svolge in una Chiesa orientale, tra cristiani orientali o tra due persone di cui una è cattolica e l'altra cristiana orientale[50]. Inoltre il *Direttorio ecumenico* quasi incoraggia ad invitare come testimoni le persone che appartengono alla Chiesa orientale o altre chiese o comunità ecclesiali, visto che la legge universale non pone ai testimoni nessun requisito legittimante, se non uso di ragione e capacità di testimoniare:

---

[49] Cf. C. Fabris, *Fare verità nella carità* (cf. nt. 15), 243-249.
[50] Cf. *DE* 127, il quale precisa in seguito che questo avviene sull'invito dall'autorità della Chiesa orientale, e deve conformarsi alle norme date per i matrimoni misti, là dove vengono applicate.

Una persona appartenente a una Chiesa orientale può fare da testimone a un matrimonio in una chiesa cattolica; allo stesso modo una persona appartenente alla Chiesa cattolica può fare da testimone a un matrimonio, celebrato secondo le norme, in una Chiesa orientale. In ogni caso, questa prassi deve essere conforme alla disciplina generale delle due Chiese, riguardante le regole di partecipazione a tali matrimoni (*DE* 128).

I membri di altre Chiese o Comunità ecclesiali possono fare da testimoni a una celebrazione di matrimonio in una Chiesa cattolica. Anche i cattolici possono essere testimoni a matrimoni celebrati in altre Chiese e Comunità ecclesiali (*DE* 136).

5. La condivisione di altre attività spirituali

La coppia nel matrimonio misto, contratto tra un uomo e una donna battezzati, oltre il vincolo del matrimonio, legami affettivi, ecc., è anzitutto incorporata a Cristo grazie al battesimo e ha in comune molti elementi della vita cristiana. Esiste, quindi, tra di loro e tra i membri della loro famiglia, una reale comunione, alla cui condivisione e approfondimento sono veemente incoraggiati. Tale comunione, benché imperfetta, può essere espressa in molti modi, inclusa la condivisione della preghiera e del culto liturgico, condivisione di attività e risorse spirituali, e quindi, in fondo, la condivisione dell'eredità spirituale comune, da effettuare al livello comunitario, ma anzitutto nel seno delle stesse famiglie miste[51].

A partire dal Concilio Vaticano II, diversi documenti della Chiesa hanno trasmesso l'incoraggiamento da

---

[51] Cf. *DE* 104 a, 102.

parte dei Suoi Pastori a continuare in vari modi la condivisione con altri cristiani e tali sollecitazioni, in modo più organico e sistematico, sono riportati nel *Direttorio ecumenico* del 1993. Nello stesso tempo questo *Direttorio* raccoglie le «norme di condivisione spirituale tenendo conto della diversità di situazione ecclesiale esistente tra le Chiese e le comunità ecclesiali che vi sono implicate, in modo che i cristiani apprezzino le loro ricchezze spirituali comuni e ne gioiscano, ma siano anche resi consapevoli della necessità di superare le separazioni che tuttora esistono» (*DE* 104 d).

Secondo le disposizioni ivi raccolte, ai cattolici viene anzitutto raccomandata la preghiera comune per impetrare la grazia dell'unità, ma anche per presentare a Dio, insieme con gli altri cristiani,

> le necessità e le preoccupazioni che condividono – come ad esempio la pace, le questioni sociali, la mutua carità tra gli uomini, la dignità della famiglia, le conseguenze della povertà, la fame e la violenza, ecc. Si equiparano a tali casi le occasioni in cui, secondo le circostanze, una nazione, una regione o una comunità vuole comunitariamente render grazie a Dio o implorare il suo aiuto; ciò può avvenire nella ricorrenza di una festa nazionale, così pure in tempo di calamità o di lutto pubblico, nel giorno della commemorazione dei caduti per la patria, ecc. (*DE* 109).

Si raccomanda, inoltre, come molto utile, la condivisione spirituale sotto la forma di ritiri, di esercizi spirituali, di comunicazione di tradizioni di spiritualità, o altre forme per l'approfondimento di una vita spirituale comune, senza trascurare in tutte queste forme il riconoscimento delle reali differenze dottrinali che esistono (cf. *DE* 114).

Oltre alla sopra analizzata condivisione di vita sacramentale, ed in particolare dell'Eucaristia, viene raccomandata ai cattolici, e permessa ai non cattolici, anche la partecipazione agli altri atti di culto di carattere non sacramentale. Si consiglia ai cattolici di prender parte alla recitazione dei salmi, dei responsori, degli inni, ai gesti comuni della Chiesa che li ha invitati e possono leggere una lettura o predicare (cf. *DE* 118). NB: la lettura delle Sacre Scritture è permessa ai cattolici che prendono parte nella liturgia sacramentale nella Chiesa Orientale. Lo stesso vale per i fedeli delle Chiese Orientali nella liturgia sacramentale della Chiesa cattolica. Fedeli di altre chiese o comunità ecclesiali devono avere per la stessa azione, in occasioni eccezionali e per una giusta causa, il permesso del Vescovo diocesano[52].

Un occasione particolare per la condivisione della vita spirituale, sia dal punto di vista pastorale, sia da quello ecumenico, è la liturgia delle esequie. In questo momento le due comunità possono congiuntamente rendere grazie per la vita del fratello defunto ed annunciare la Buona Novella della risurrezione e della vita eterna in Cristo. Perciò il Legislatore ecclesiastico permette, sotto certe condizioni, la celebrazione dell'esequie per i non cattolici:

> A prudente giudizio dell'Ordinario del luogo, si possono concedere le esequie ecclesiastiche ai battezzati iscritti a una Chiesa o comunità ecclesiale non cattolica, a meno che non consti della loro volontà contraria e purché non sia possibile avere un ministro proprio (can. 1183 §3).

---

[52] Cf. *DE* 126, 133; P. GEFAELL, «Il nuovo Direttorio» (cf. nt. 41), 271.

Dal testo normativo risultano, quindi, le seguenti condizioni:
- il prudente giudizio dell'Ordinario del luogo;
- l'assenza di un ministro proprio;
- l'assenza di una volontà contraria manifestata in vita dal defunto[53].

Le condizioni sono dettate soprattutto dalla prudenza pastorale: si cerca di evitare lo scandalo e rispettare l'appartenenza ecclesiale della persona defunta. Il giudizio dell'Ordinario potrebbe includere anche l'indicazione circa il luogo della celebrazione delle esequie, diverso dalla chiesa parrocchiale (un oratorio, il cimitero, ecc)[54].

Va menzionato, infine, il desiderio della Chiesa di condividere le Sue risorse spirituali con i non cattolici anche attraverso benedizioni e preghiere pubbliche. A questo proposito il *Direttorio* afferma la possibilità di impartire le benedizioni, che sono normalmente impartite ai cattolici, anche agli altri cristiani, su loro richiesta, in conformità alla natura e all'oggetto della benedizione. Ad eccezione dell'anafora eucaristica, inoltre, possono essere offerte, durante le litanie e altre invocazioni di un servizio liturgico, preghiere pubbliche per altri cristiani, vivi o defunti, per i bisogni e secondo le intenzioni delle altre Chiese, comunità ecclesiali e dei loro capi spirituali (cf. *DE* 121).

---

[53] Cf. F. COCCOPALMERIO, «La "communicatio in sacris"» (cf. nt. 2), 227-228.

[54] Cf. B.F. PIGHIN, *Diritto sacramentale* (cf. nt. 15), 83, 344-345.

Conclusione

Questa breve relazione ha tentato di offrire un panorama abbastanza ampio delle opportunità che i matrimoni e le famiglie *miste* propongono al nostro studio e alle nostre riflessioni. Ogni coppia e specialmente ogni famiglia è una chiesa domestica, ma anche una cellula della chiesa locale. Potenzialmente è anche un valido *agente* delle strutture ecumeniche locali. Le famiglie interconfessionali in diversi modi formano una specie di rete, di tessuto connettivo che si estende tra le Chiese e le comunità ecclesiali[55].

La presentazione e l'approfondimento di questi modi può offrire alle famiglie *miste* nuove prospettive di dialogo e miglioramento nella reciproca comprensione e partecipazione alla vita delle rispettive Chiese o comunità.

Per gli altri, che non fanno parte delle coppie / famiglie interconfessionali, una celebrazione inter-comunitaria degli eventi importanti della famiglia, come per esempio il matrimonio, il battesimo o la presentazione dei figli, la prima comunione o la Cresima, un anniversario del matrimonio o un funerale, permette di scoprire l'importanza e la gioia di sentirsi uniti nel Signore.

Le presenti riflessioni, invece, possano essere a loro aiuto nel conoscere meglio le realtà in questione, e sviluppare la propria sensibilità per la ricchezza delle altre realtà ecclesiali, insieme alle quali la Chiesa cattolica vuole percorrere la strada verso l'unità.

Janusz Kowal, S.J.

---

[55] Cf. «Uniti nel Battesimo e nel Matrimonio», in *Uniti nel battesimo* (cf. nt. 7), 32.

DIBATTITO

P. JANUSZ KOWAL, s.j.

Ovviamente durante questo Solenne Atto Accademico della nostra Università non può mancare uno spazio sia per le domande ai Relatori, sia per la discussione o una eventuale condivisione, riguardante i temi trattati nelle conferenze e la tematica della Giornata Accademica in genere.

L'ultima delle tre relazioni dell'Atto Accademico ha indirizzato la tematica della *communicatio in sacris* nei matrimoni misti – tematica tanto cara e tanto studiata da parte della S.E.R. Mons. Francesco Coccopalmerio, Presidente del Pontificio Consiglio per i Testi Legislativi, presente nell'Aula Magna. Mentre ringrazio la Sua Eccellenza per la partecipazione nell'Atto Accademico organizzato dalla Facoltà di cui è, del resto, professore, vorrei chiederLe di condividere le sue esperienze in questo campo, magari accennando a qualche altro luogo ecumenico propizio per i matrimoni e le famiglie miste.

S.E.R. Mons. FRANCESCO COCCOPALMERIO

Da una parte, le famiglie miste, quindi per la definizione, una parte cattolica e una parte non-cattolica, ma evidentemente cristiana, sono tenute a condividere la fede cristiana nei punti essenziali. In questo senso è molto interessante il rapporto, che è stato citato da dottoressa Campagnola, tra Chiesa cattolica e comunità ecclesiali valdesi, metodiste, e poi battiste, in cui si dice: L'importante è che nella famiglia si professino, si amino, si mettano in comune gli elementi essenziali della fede cristiana, lasciando a margine altri aspetti che sono, sì, importanti, al limite essenziali, che però non sono così centrali come quel nucleo che deve essere, invece, tenuto presente, professato profondamente. Il problema della *communicatio in sacris* si pone a volte in modo drammatico perché un coniuge e, p.es., una parte dei figli battezzati nella Chiesa cattolica, e un altro coniuge ed eventualmente altri figli battezzati in un'altra Chiesa o comunità ecclesiale, si trovano per esempio la domenica nella difficoltà di celebrare insieme l'Eucaristia nella stessa chiesa, intesa come edificio e intesa anche come comunità.

A volte si pongono, appunto, i problemi difficili, a volte drammatici, che vengono poi risolti in vario modo, anche in modo sostanzialmente accettabile, quando, p.es., tutta la famiglia si reca una domenica in chiesa cattolica e l'altra domenica in una chiesa ortodossa. Tenendo conto che una cosa è partecipare alla celebrazione eucaristica, altra cosa è accostarsi al sacramento dell'Eucaristia. Non tanto dal punto di vista della normativa cattolica che è abbastanza ampia e accogliente, quanto dal punto di vista, p.es. della normativa delle Chiese ortodosse che, invece, è molto severa. Per cui, se la famiglia partecipa alla liturgia ortodossa, partecipa alla Messa, evidentemente, in modo assolutamente valido, però la parte cattolica dovrà astenersi dal ricevere l'Eucaristia, in omaggio alla posizione più severa delle Chiese ortodosse. Mentre, invece, sarà molto facile e molto auspicabile la *communicatio in sacris* in tutte quelle altre forme di preghiera che non implicano la partecipazione ai sacramenti, p.es. le preghiere di tutti i giorni, la condivisione della lettura della

DIBATTITO

Sacra Scrittura, che in molte famiglie interconfessionali è molto praticata e molto amata, in modo che veramente tutti insieme leggono la parola di Dio, la condividono come il nucleo della fede cristiana comune. Così altre forme di preghiera, anche pubblica, anche liturgica, anche se non sacramentale, che vengono molto praticate. Il problema è, comunque, che in queste famiglie a volte si pongono delle situazioni di difficoltà, talvolta drammatiche, per il fatto di non poter partecipare tutti insieme, come già menzionato, a certe forme di condivisione sacramentale. E' una pastorale difficile che richiede molta intelligenza da parte dei singoli pastori e anche da parte delle chiese e comunità ecclesiali che sono implicate. Grazie.

P. João J. Vila-Chã, s.j. – Facoltà di Filosofia, PUG
La mia domanda riguarda la sociologia relazionale: quale è il contributo, cosa può dire la sociologia relazionale ai modelli educativi, a un modello di educazione che ci permette di credere, di aspettare, di sperare che il matrimonio come forma vitale di relazione interumana a sostegno della società abbia un futuro?

Prof. Ivo Germano:
Primo punto: l'emergenza educativa c'è. Le rispondo concretamente. C'è a partire dalla negazione della relazione stessa, ad esempio: un bambino in famiglia non veda singolarmente e univocamente un padre e una madre, ma vede la relazione fra un padre e una madre. Vede le relazioni, si relaziona con delle relazioni che, ribadisco, non sono di prassi. Non è una cosa astratta la famiglia, non è un tetto sotto cui si sta a riparo dalla pioggia, perché per quello va benissimo un cinema o un ipermercato, per ripararsi la testa dalla

pioggia se non c'è un ombrello, o un portico o un porticato. Non è neanche un luogo in cui ripararsi, non è una cosa e soprattutto non è astratta.

L'educazione, in quanto sostanza educativa, è negli atti, è nelle forme. Se io concretamente imparo ad ascoltare in famiglia, ascolto meglio nel sociale. Se io apprendo delle pratiche e non semplicemente le confronto su ciò che è esterno, immerso come sono in quegli ambienti di socializzazione che sono i media, la realtà è quella, è anche quella, se non ho un principio di riferimento nel tener vive e soprattutto finalmente trasmissibili nel tempo e non solo nello spazio le relazioni, non posso oggettivamente contestualizzarmi in un tempo di forte deficit educativo. Cioè, la questione antropologica riguarda la famiglia che non può più solo delegare, ma riguarda anche la possibilità (perché da sola la famiglia non ce la fa – non è che non esista, non ce la fa) ad essere aiutata in un progetto educativo.

Secondo me, non per citare Francesco Belletti che neanche qualche mese fa alla conferenza nazionale delle famiglie diceva che a costo zero delle politiche famigliari non si possono fare, perché ci vogliono 16 milioni di euro solo per iniziare un discorso. Se intendiamo l'educazione come senso e non come una socializzazione tipo istruzioni per l'uso, per sopravvivere nel sociale, allora la famiglia è relazione. È sostanza, è relazione, è attenzione, è attraverso... Io qualcosa ho letto, forse male, ma qualcosa ho letto. E cerco di studiare una materia che davvero è infinita. Però una cosa ho imparato dai maestri, anche dal pensiero sociologico: l'educazione riguarda sempre l'entità culturale. E ci si arriva attraverso una socializzazione, una tensione, l'altro, l'alterità, però in un quadro, in un orientamento unitario, non come se fosse un elastico. Di

DIBATTITO

solito l'elastico è un eccessivo permissivismo, oppure un senso di autorità anche un po' incartapecorito che non è più riproponibile. Ma la chiave è nella relazione. La relazione è un equilibrio di sostanza, di forma, di oggetto e di soggetto.

P. GIANFRANCO GHIRLANDA, s.j – *Facoltà di Diritto Canonico, PUG*

Ricollegandomi a questo concetto base di sociologia della relazione, la società liquida che Lei ha descritto mi sembra "liquefare" il concetto di diritto naturale che nel pensiero cristiano è fondamentale, ma non soltanto nel pensiero cristiano, ma anche nel pensiero classico. Se andiamo alla relazione nel matrimonio, tra l'uomo e la donna, così come il diritto canonico lo descrive nel can. 1057, è costituita dall'atto con il quale l'uomo e la donna si danno, danno se stessi mutuamente. È una relazione del tutto particolare, perché è una relazione che ha come contenuto la donazione della propria persona all'altro. Quindi non di una cosa. La persona trascende sempre qualsiasi atto che compie e questo dà proprio la consistenza stessa all'atto che la persona compie, ancor più nella relazione matrimoniale perché dà se stessa. Appunto proprio sulla relazione non si basa, anche da un punto di vista razionale, quindi antropologico-razionale, effettivamente, la necessità di recupero del diritto naturale, perché altrimenti la relazione tra persone sarebbe semplicemente una relazione "liquida", e quindi un avvallare la liquidità della società nella quale siamo con tutte le conseguenze negative che sperimentiamo in tale società. Secondo me, nella relazione stessa si trova quello che è lo *ius* che è ben distinto dalla *lex*. Che cosa allora è lo *ius*, che fonda la relazione tra l'uomo e la donna, al di là di quello che una qualsiasi *lex* possa stabilire? La *lex* oggi stabilisce la possibilità del divorzio, ma certamente quella *lex* non esprime assolutamente lo *ius*. Perché lo *ius* è espresso, invece, dalla relazione in cui si danno le due persone. E la liquidità è data proprio perché oggi ci basiamo semplicemente sulla *lex*, perdendo di vista, invece, lo *ius*.

Prof. GENNARO AULETTA- *Facoltà di Filosofia, PUG*
Se non ho capito male quanto dice prof. Germano, in una società nella quale è sempre più difficile mantenere un regime concorrenziale, dal punto di vista economico e in cui necessariamente bisogna ridurre un pochino le spese sociali, per forza di cose per quello che riguarda il lavoro ecc. – Lei sta suggerendo, forse, che in una società come quella italiana, cattolica, visto che il budget è limitato, bisognerebbe spostare un po' più queste risorse dalle questioni concernenti il lavoro, la pensione, ecc., verso il sostegno più esplicito della famiglia?

Prof. IVO GERMANO
Mi ricollego alla pertinentissima accezione su *ius* e *lex*. All'inizio ho citato che l'assenza di normatività del matrimonio significa anche un forte deficit simbolico. Vediamolo dal punto di vista delle politiche sociali, dell'idea del *welfare* che c'è attualmente. Non sono un economista, non sono un giurista del terzo settore, però capisco che i tempi di uno Stato, di una statualità cui delegare, aspettare che, come manna dal cielo, arrivi un investimento indiscriminato e per certi versi de-responsabilizzante (parola per me molto importante, la responsabilità) non è più tempo e soprattutto il contesto transnazionale, degli istituti e della *governance* che re-

DIBATTITO

gola i bilanci pubblici di ogni nazione, non lo consente. Ci vorrebbe una sfida culturale, invece, cioè immaginare elementi che già esistono e che, però, non sono così intensificati (per ritardi, pigrizia, ecc).

Due elementi: da un lato la sussidiarietà, cioè più società meno stato; dall'altro, la responsabilità, non come interventi in corner, in assenza di alternative, dopo che si è provato in ogni modo a rappezzare o a tirare una coperta che la allunghi da un lato e accorci dall'altro... ma come sfida culturale di intervento, tenendo al centro la famiglia. Cioè, concretamente: asili nido, politiche della popolazione, non la famosa autarchia... Non mi equivocate... Cercare di sgravare quella fatica strutturale di chi, non per vezzo, non per necessità, ma perché "ci crede", è convinto che quello che sta facendo è utile, è orientato a un progetto familiare, non riesce tecnicamente più a fare.

Poi, non sono un economista, non mi intendo di finanza pubblica, ecc. – in altri paesi esiste il quoziente familiare. In altri paesi esistono esempi di tassazione agevolata. In altri paesi hanno sperimentato dei sistemi di politica pubblica, di *governance* che non nascondono come polvere sotto il tappeto questi problemi, ma li considerano delle variabili dello sviluppo, delle variabili della crescita. Allora, un demografo intelligente mi ribatterebbe: «guarda che per Europa sei molto eurocentrico da questo punto di vista. Perché non solo il vecchio continente non potrà più mantenere il livello, ma lo vedrà negli anni scemare, ma sta diventando un continente vecchio». Allora io ribalto la relazione. Intanto proviamoci, cioè: facciamo un discorso di equilibrio economico-finanziario, provando ad immaginarlo come una sfida culturale. Non partire, cioè, da individui, partiamo dai nuclei, partiamo da quel gruppo primario, cerchiamo di agevolarlo in qualche modo. Se rimane come lettera d'intenti, lo spazio concreto per cercare un modo orizzontale (non la manna dal cielo), non solo verticistico, di creare delle nuove energie, delle nuove possibilità, perché no? Ma, qui mi fermo, perché non ho conoscenze, non è il mio campo; ho conoscenze dal dibattito da lettori dei giornali, da compulsatori di fonti, ma questo è molto aperto. Se non si inizia, poi non si finisce.

P. JANUSZ KOWAL, s.j.

Grazie tante per le risposte, per la Vostra attiva partecipazione.

Ed, infine, anche una parola di ringraziamento ai Relatori, a tutti coinvolti nella preparazione della Giornata di Studio e del Solenne Atto Accademico, in modo speciale dottoressa Mirjam Kovač, della Facoltà di Diritto Canonico; a tutti coinvolti nello svolgimento della Giornata: *team* tecnico del Centro Interdisciplinare sulla Comunicazione Sociale sotto la guida del signor Umberto Rossi, gli Studenti della Facoltà di Diritto Canonico; ed a tutti i partecipanti del Solenne Atto Accademico, specialmente gli ex-studenti ed amici della Facoltà di Diritto e della nostra Università. Grazie a tutti!

INDICE

JANUSZ KOWAL, *Presentazione della Giornata Accademica*   3-9

ANTONIO NITROLA, *La famiglia "sacramento" del dia-logos*   13-29

EMANUELA ZURLI, *L'impegnativo cammino verso l'"altro": una prospettiva biblica sul matrimonio*   31-37

ROBERT CHEAIB, *Le nozze: idolo, icona e sacramento*   39-49

LINDA GHISONI, *La prevenzione della nullità del matrimonio nella preparazione immediata alle nozze*   53-77

TOMASZ POCAŁUJKO, *La preparazione alle nozze e il diritto di contrarre un "matrimonio valido"*   79-87

TATSUYA MAEDA, *Preparazione al matrimonio in Giappone*   89-97

ROSANNA FINAMORE, *Una sfida per il futuro e l'umanità: la cultura della vita*   101-125

MICHELE SCIOTTI, *Elementi filosofico-antropologici della realtà matrimoniale e familiare come realizzazione dell'amore e nell'amore*   127-134

Matrimonio e famiglia

Lydia Salviucci, *Il matrimonio e la famiglia nell'arte del Rinascimento e del Barocco* — 137-155

Norman Tanner, *Marriage and the family according to the ecumenical councils* — 157-165

Livia Mandalà, *Caratteristiche dell'istituto matrimoniale in epoca pre-tridentina* — 167-177

Stefano Brancatelli, *Unioni di fatto e concubinato: una possibile linea di continuità?* — 179-190

Adnane Mokrani, *Matrimonio e famiglia nell'islam europeo* — 193-205

Rezart Beka, *Comunione matrimoniale secondo i testi fondanti dell'islam* — 207-212

Masahiko Okamoto, *Tenrikyo and its teaching of husband and wife as the "origin" to settle a family* — 213-220

Isabella Pitoni, *La famiglia tra lavoro e dinamiche socio-economiche* — 223-228

Riccardo Cinquegrani, *La famiglia tra crisi istituzionale e problemi relazionali* — 229-245

Donna Orsuto, *Una spiritualità del matrimonio e famiglia oggi, un percorso dalla fede all'accoglienza* — 249-262

Emma Caroleo, *Dalla fede in Cristo crocefisso all'accoglienza dell'alterità nel matrimonio* — 263-269

INDICE

PAUL ROLPHY PINTO, *Fede vissuta per l'accoglienza nella famiglia. Un "case study" indiano*   271-276

GIOVANNI CUCCI, *Il matrimonio, l'ultimo simbolo di eternità nel tempo*   279-295

THELMA D'PAULA, *Il matrimonio nella cultura indiana. Stato del Karnataka*   297-301

MARY PENAYO MONGES, *Il matrimonio nella cultura paraguaiana*   303-306

AGOSTINHO MAHOLELE, *Matrimonio e famiglia nel contesto della Diocesi di Maputo nel sud del Mozambico*   307-311

FRANÇOIS-XAVIER DUMORTIER, *Saluto inaugurale*   315-316

JANUSZ KOWAL, *Introduzione alla tematica dell'Atto Accademico*   317-323

IVO STEFANO GERMANO, *Le sfide della "società liquida" all'istituzione matrimoniale*   325-354

MARIA ELENA CAMPAGNOLA, *I matrimoni interconfessionali*   355-379

JANUSZ KOWAL, *Communicatio* in sacris *nei matrimoni inter-religiosi*   381-414

Dibattito   415-422

Indice   423-425

PERIODICA DE RE CANONICA

Vol. 101/2012

Pubblicata trimestralmente dai Professori di Diritto Canonico, Teologia Morale e Liturgia, «Periodica» offre ricerche, articoli e saggi della più recente legislazione della Chiesa riguardanti Collegialità, Matrimonio, Vita Consacrata, Secolarizzazione.

Abbonamento per un anno: € 80,00
ISSN 0031-529X

www.gbpress.net

TESI GREGORIANA
DIRITTO CANONICO

93   DANTO, Ludovic

Le pouvoir des évêques en matière de dispense matrimoniale

2012 • pp. 336
ISBN 978-88-7839-234-2 • € 30,00

92   MEZZOGORI, Ciro

Vocazione sacerdotale e incardinazione nei movimenti ecclesiali. Una questione aperta

2012 • pp. 528
ISBN 978-88-7839-232-8 • € 34,00

91   FRANCHETTO, Fabio

"Error in persona"

2011 • pp. 512
ISBN 978-88-7839-212-0 • € 33,00

www.gbpress.net

TESI GREGORIANA
DIRITTO CANONICO

90 SARTOR, Roberto

Le convenzioni tra il Vescovo
diocesano e il Superiore
di un Istituto missionario a norma
del can. 790 §1, 2° del CIC
2011 • pp. 384
ISBN 978-88-7839-205-2 • € 27,00

89 POCALUJKO Tomasz

La prevenzione della nullità
del matrimonio
2011 • pp. 362
ISBN 978-887839-197-0 • € 25,00

88 IVANDIĆ, Petar

Die verbindlich vorgeschriebenen
Konsultationsorgane
Diözesanbischofs
2011, pp 272
ISBN 978-88-7839-192-5 - € 23,00

www.gbpress.net

Finito di stampare nel mese di Settembre 2015
presso Mediagraf Spa - Noventa Padovana (PD)